순정만화에서
SF의 계보를 찾다

순정만화에서 SF의 계보를 찾다

전혜진 지음

**강경옥의 『별빛속에』,
김진의 『푸른 포에닉스』부터**

**서문다미의 《END》를 거쳐
천계영의 《좋아하면 울리는》까지**

1987년부터 2020년까지
한국 대표 순정만화를 통해
고요하지만 굵직한 SF의 계보를 찾는다

✹ Content ✹

들어가며: 나의 오랜 억울함에 대하여   9

✹ 1부 우주를 무대로 인간을 생각한다 ✹

두 거장이 만들어 낸 커다란 흐름   35
- 강경옥의 『별빛속에』, 황미나의 『레드문』
절대적인 표준이라는 견고한 맹점의 벽을 뚫고   44
- 김진의 『푸른 포에닉스』
지극한 과학으로 만들어 낸, 친한 길들이 서로 만나는 곳   57
- 권교정의 『제멋대로 함선 디오티마』

✹ 2부 Feminism & Fight - 싸우는 여자들의 이야기 ✹

'낯설게 하기'로 다시 돌아보는 위험한 로맨스와 그에 대한 극복   71
- 신일숙의 『1999년생』
욕망에 충실한 미소녀들의 싸움   85
- 민송아의 《나노리스트》, 『좀비가 있어도 여고생은 잘 살고 있어요 ♥』
지금도 현재 진행형인 잔혹한 세계의 거울상   94
- 이미라의 『남성 해방 대작전』
알파 걸들의 경쟁 속에 드러나는 혐오와 숭배의 이중성   108
- 차경희의 『걸스 온 탑』

여성의 현실과 작가의 현실, 두 방향의 도전 121
- 수신지의 《곤 GONE》

🟊 3부 만들어 낸 인간의 권리를 묻는다 🟊

이 아이들은 인간이다. 만들었다고 부술 권리를 누가 주었느냐 133
- 김혜린의 『아라크노아』
아버지, 국가, 창조자가 아닌, 자신이 발견한 진정한 자신 146
- 강경옥의 『노말 시티』
그 모든 것을 용서하기까지 157
- 뺑의 《그리고 인간이 되었다》

🟊 4부 종말과 시작, SF 속 종교의 이미지 🟊

낙원 같은 학원에서 인간의 죄를 묻는 종교 SF 171
- 양여진의 『세인트 마리』
스타일리시한 액션 속에서 인간의 오만을 묻는다 185
- 서문다미의 『END』
종말과 구원, 시간과 공간을 아우르며 이어지는 작가의 세계관 194
- 임주연의 『천년도 당신 눈에는』
익숙한 창세 신화 속, 가부장제의 폭력성을 고발한다 203
- 신일숙의 『나의 이브』

✸ 5부 주먹을 쥐고 투쟁을 외치며 ✸

재활용품의 무게만큼 식량을 얻는 세계   213
- 이보배의 『이블자블 대소동』

온정적인 '왕'과 그의 '에스더'의 모험일까   217
- 김우현의 『밀레니엄』

다음 세대에게는 더 나은 세상을 주고 싶어서   224
- 전혜진, 김락현의 『리베르떼』

✸ 6부 대체 역사와 시간 여행자들 ✸

순정 SF 대체 역사물의 새로운 고전   233
- 박소희의 『궁』

시간 여행과 뒤바뀐 역사   245
- 원혜정의 『오늘은 조선 한양에서』

유능한 여성은 누구의 몸에 들어가도 성공을 노린다   252
- 허윤미의 『당신만의 앨리스』

반복되는 사랑, 반복되는 세계   258
- 신일숙의 『나무 박사를 찾아서』

7부 순정만화 속 미래의 풍경들

날아다니는 경찰차가 전부가 아닌 미래   265
- 강경옥의 『라비헴 폴리스』

소녀에게는 사랑을, 여성에게는 커리어를   274
- 원수연의 『휴머노이드 이오』

주인공과 작가, 함께 한 걸음 더 앞으로   282
- 네온비와 피토의 《세기의 악녀》

세계와 맞서고 생의 중심을 자신에게 두는 것   288
- 유시진의 《꽃밭에서》

기술이 바꾸어 낸 사랑의 방식   298
- 천계영의 《좋아하면 울리는》

붙임 1. 순정만화 속 BL(Boys Love), BL 속 SF   308
붙임 2. 어디에서 이 작품들을 읽을 수 있을까?   321
작가의 말   324

참고문헌   327

일러두기

· 단행본과 정기 간행물 등은 『 』로, 단편
작품과 논문, 기사 등은 「 」로, 웹툰은 《 》로,
애니메이션과 방송 제목, 전시 등은 〈 〉로,
시리즈 제목은 ' '로 표기하였습니다

들어가며:
나의 오랜 억울함에 대하여

순정만화 독자의 오랜 억울함

몇 년 전, 내가 스토리를 짠 만화 『레이디 디텍티브』가 해외 수출이 되었다. 어느 곳에서는 청소년 추천 만화로 선정되기도 했다. 그러자 추리 소설 분야의 어떤 분이 내게 축하 인사를 건네며 물어보셨다.

"『레이디 디텍티브』가 해외에 수출된 한국 최초의 추리 만화 같은데요."

높게 봐 주신 것은 감사하지만, 아마 그렇지 않을 것이다.

한국 순정만화들은 상당히 많이 수출되었고, 순정만화라는 형식으로 포장된 다른 장르들은 워낙 많으니까. 대놓고 '추리'를 내세우진 않았더라도, 실질적으로 추리물인 순정만화들은 늘 있어왔으니까.

SF 이야기를 한다더니, 왜 갑자기 추리 만화 이야기일까? 간단하다. 『점프』나 『챔프』에 연재되던 만화들은 그저 '소년 만화'가 아니다. 사극, 추리, SF, 스포츠, 학원물과 같은 장르로 호명된다. 그런데 순정만화는 그냥 '순정만화'로만 묶인다. 그뿐이 아니다. 다소 유치한 사랑 이야기는 종종 "순정만화 같다"고 뭉뚱그려진다. 그런 것을 볼 때마다 어린이 만화에 흔한, 말썽꾸러기, 떠버리, 신중한 타입, 온갖 성격의 남자아이들이 나오는 세계에서 상당히 많은 에피소드에 등장하지만 앞에서 활약하지는 못하는, 그저 '여자'인 것이 유일한 개성인 것처럼 취급되고, 메인 캐릭터 중에 여자아이를 한 명도 안 넣을 수는 없어서 그저 깍두기로 끼워 넣은 듯한 여자아이(뽀로로에 나오는 루피나 로보카 폴리의 앰버처럼) 캐릭터를 볼 때의 불쾌함과 슬픔이 느껴진다.

나는 아주 어렸을 때부터 만화를 읽었다. 같은 아파트 라인에는 비슷한 또래의 남자 친구들과 두서너 살 차이 나는 오빠들이 있었고, 『보물섬』 같은 만화 잡지나 『소년중앙』, 『새소년』 같은 어린이 잡지들을 돌려 읽었다. 아니, 정확히는 어린이 잡지에 부록으로 제공하던 두툼한 별책 만화 잡지였다. 그 잡지 한 권 안에 "여자애들이 보는 만화"와 "남자애들이 보는 만화"가 함께 모여 있었다. 물론 『여학생』이나 『여고시대』 같은, 언니들이 보는 잡지들이 따로 있었다고는 들었다. 하지만 적어도 어린이들이 보는 만화 잡지에는 그런 것들이 다 함께 있었다.

하지만 한 잡지 안에 모여 있어도, 또 조금 커서 단행본들을 찾아 읽을 때에도, 아이들이 "여자애들 만화" 또는 순정만화라고 나누는 것은 따로 있었다. 그리고 나의 친구들이나 동네 오빠들은, 바로 그 "여자애들 만화"를 좋아하면서도 당당하게 재미있다고 말하지 못했다. 아니, 조금 나이가 들면 그런 것은 "유치하다"거나 "재미없다"고 말하곤 했다. 사람들이 말하는 순정만화는 여자아이들의 로망이었고, 눈 큰 여자애들이 연애나 하는 이야기였다. 정말 그랬나?

『요정 핑크』는 판타지 만화가 아니라 "여자애들 보는 만화"였다.

『달려라 하니』는 스포츠 만화가 아니라 "여자애들 보는 만화"였다. 하다못해 이 만화에는 연애 비슷한 것도 나오지 않았다. 대신 이 만화에는 나애리가 나온다. 여성 라이벌 캐릭터 나애리가.

『코코나비』는 순정만화는 아니었지만, 여성 첩보원이 희한한 도구들을 사용해서 활약하는 SF였다. 이 만화에 대한 친구들의 반응은 극과 극이었는데, 일단 다 떠나서 여자가 주인공이니 재미가 없을 거라며 싫어하는 친구와, 코코가 쫄쫄이를 입고 나온다고 좋아하는 친구도 있었다.

조금 자라서 읽은 『북해의 별』은, 『오, 한강』과 마찬가지로 운동권들이 읽었다는 이야기도 들었지만, 그럼에도 내가 『북해의 별』을 읽었다는 아저씨에게 들은 말은 "순정만화 중에 그런 의식 있는 작품도 있더라"는 이야기였다. 그게 그 훌륭한 만화에 대고 할 말인가. 칭찬이 아니라 무척이나 무례한 말이지.

조금 자라서는 만화 단행본들을 읽었다. 매번 잡지를 살 수는 없고, 같이 잡지를 돌려 읽을 여자 친구들이 많지 않아서 『르네상스』는 꾸준히 읽진 못했다. 어쨌든 내가 처음 읽었던 『르네상스』 잡지에는 『엘리오와 이베트』의 회상 씬으로, 아직 소년인 라우드스가 모체리 가문에서 오메르타의 서약을 하는 장면이 실려 있었다. 그리고 시간이 지나며 순정만화 잡지들이 쏟아져 나왔다. 『댕기』, 『윙크』, 『파티』, 『이슈』, 『화이트』, 『나인』 같은. 그리고 아직 일본 문화 개방이 본격적으로 이루어지기 전이었던 1990년대에는, 흔히 그런 이야기들이 들려왔다.

만화는 위기라고.

일본 만화에 잠식되어서 위기를 맞고 있다고. 『드래곤볼』이나 『바람의 검심』, 『슬램 덩크』 같은 걸출한 일본 만화들에 밀려서 시장이 쪼그라들고 있다고. 실제로도 소년지에는 일본 만화나 일본 만화에 강하게 영향을 받은 작품들이 가득 실려 있었다.

하지만 순정만화는 달랐다. 잡지에는 『꽃보다 남자』나 『카시카』 같은 일본 만화들도 실려 있었지만, 주류는 분명 한국 만화였다. 그 안에는 학원물도, 사극도, 판타지도, SF도, 스릴러도 있었다. 잡지에서 『바람의 나라』를, 『열왕대전기』를 읽었을 때의 충격을 잊을 수가 없다. 큼직한 잡지 사이즈로, 가라한 아사가 아라의 아들, 어린 단목다루를 끌어안는 장면을 보았을 때 가슴이 욱신거리던 것도. 만화 잡지 『나인』이 주었던 충격도. 우리가 보았던 순정만화 잡지에는, 그 당시 우리가 상상한 온갖 장르가 다 있었다. 사실 순정만화란 그저 로맨스를 다루는 장르의 갈래가 아니라, 그냥 주력 향유층에 따른 갈래에 가까웠다. 그 갈래 안에서 순정만화를 빙자하여 온갖 것들이, 혁명을 말하는 청년들이, 부친 살해가, 싸우는 여자들의 이야기가, 자아에 대한 질문과 정상성에 대한 의문들이 쏟아져 나왔다.

하지만 그것들 모두는 그저 순정만화로 호명되었다.

순정만화 안에는, 모든 것이 다 있었다. 뛰어나고 걸출한 작품들이 많았다. 역설적으로, 그 모든 작업과 성과들이 하나하나의 장르로 분류되고 인정받는 대신 작가들과 독자들의 성별이라는 기준 하나로 '순정'이라고 거칠게 묶여버리는 가운데, 순정만화는 학문으로 치면 '통섭'이라 부를 만한 단계로 나아가며 발전했다. 다양한 장르의 영향을 받으며 깊이 있게 발전하고, 나아가 현실적인 제약이나 개별 장르의 전형적인 문법에서 파격을 이룰 수 있었다. 단, 제대로 된 분류와 이름이 붙지 못한 채로. 평론가들의 호명을 받는, 극히 일부의 작품만이 "순정만화를 뛰어넘었다"는 칭찬 같지 않은 칭찬과 함께, 그 장르의 이름으로 불리곤 했다.

순정만화 독자는 장르에 대한 충성도도 높고, 작가에 대한 충성도도 높다. 한 작가가 마음에 들면 그의 전작을, 데뷔작까지 마치 저인망으로 쓸어담듯이 쫓아다니며 읽는 독자도 많다. 좋아하는 만화를 읽다가 모르는 게 있으면 찾아서 공부도 한다. 나는 『바람의 나라』를 읽고 아예 『삼국사기』와 『삼국유사』를 독파한 친구들을 알고 있다. 설령 전부 읽지는 않았더라도, 적어도 고구려 초기 부분은 찾아서 읽은 친구들이 꽤 된다. 『베르사유의 장미』에서 시작하여 프랑스 혁명사를, 관련 소설들을, 속편인 『에로이카』와 연관이 있다며 나폴레옹을, 『레 미제라블』의 6월 항쟁을, 그런 것들을 줄줄이 파다파다 못해 파리 코뮌까지 시간순으로 덕질하는 사람도 보았다. 비단 옛날 일만은 아니다. 요시나가 후미의 『오오쿠』는 에도 막부 3대 쇼군인 도쿠가와 이에미츠 시대부터의 가상 역사를 다루고 있는데, 이 작품을 좀 더 제대로 즐기기 위해 실제 역사를 파다가 아예 막부 시대 일본사를 통으로 꿰게 된 사람도 알고 있다. 그런 독자들, 애정과 덕력과 자신이 좋아하는 작품을 위해 시간을 쏟아 공부하는 열성 팬들이 좋아하는 것이 바로 순정만화다.

　하지만 '순정'이라는 말은 종종 '여류'와 같은 은근한 비하로 쓰인다. 정교하게 만들어진 상상, 역사적인 스케일, 아직 오지 않은 기술에 대한 성찰은 중요하지 않다. 자유롭지 못한 현실에서 다른 세계로 떠나 사랑과 관계를 일종의 매개체 삼아 자신의 존재 가치를 찾아나가는 주인공들, 그 배경이 되는 다양한 세계들은 못 본 척하고, 씩씩한 소녀가 명도가 높은 머리색의 온미남과 흑발 냉미남을 옆구리에 끼고 연애하는 이야기일 뿐이라고 묶어서 배제할 때 적극적으로 사용되는 단어가 순정이다. 심지어는 만화 평론에서조차도 순정만화는 마치 판타지, 스포츠, SF, 사극에 이은 또 다른 장르인 것처럼, 그 규모가 축소되곤 했다.

세상에, 내가 사랑한 장르는 실시간으로 눈부신 성과를 거두고도 늘 말석에 놓였고, 당할 이유 없는 모욕을 받고 있었다. 그것이 1990년대 말, 신문에서 말하는 "한국 만화의 위기"나, 순정만화가 그저 한 장르로만 취급되는 것을 볼 때마다 느꼈던 억울함의 정체였다.

대략 그것은 '잃어버린 10년'과 같아서

지난 2016년, 부천만화박물관에서 〈소녀, 순정을 그리다〉 전시회가 열렸다. 상당히 훌륭한 전시였고, 큐레이터가 자신의 팬심을 담아 만든 듯한 부분들도 눈에 띄었다. 1980년대에서 1990년대 중반까지의 순정만화 중 당시를 추억할 만한 작품들을 잘 엄선해서, 그중 특히 아름답고 독자들의 기억에 남을 만한 페이지들로 원화를 전시해 놓은 귀중한 전시이기도 했다.

전시는 전체적으로 두 파트로 나뉘었다. 우선 1980년대부터 1990년대를 풍미한 만화가 선생님들의 작품 원화들과 옛 단행본이 전시되어 있었다. 황미나, 김진, 원수연, 신일숙, 김혜린, 이미라, 이은혜, 강경옥, 한승원, 김숙, 이해경, 여호경 선생님의 원화라니. 만화책에서 보던 것과 다른, 크고 선명하며 박력이 느껴지는 한편으로 섬세한 펜선과 스크린톤 기법이 사용된 원고들은 아름다웠다. 그때 그 시절 인쇄 기술로는 이런 선들을 제대로 인쇄하지 못하거나, 혹은 뭉개 버리고 말았을 것이다. 그런 손실분을 온전히 볼 수 있다니, 그것만으로도 감동적이었다.

그리고 2000년부터 2015년의 로맨스 웹툰들이 전시되었다. 1980년대에서 1995년까지의 만화들과 2005년에서 2015년의 로맨스 웹툰을 함께 놓고 다루며 형태는 바뀌었지만 순정만화의 세계는 계속된다는 점을 보여 주는 기획이었다.

하지만 그 전시에는 유감스럽게도 한 가지, 중요한 것이 빠져 있었다.

1995년부터 2005년까지, 그 사이에 순정만화에는 무엇이 있었는가. 모르는 사람이 보면 '잃어버린 10년'처럼 보일 것 같았지만, 사실 그 사이에도 순정만화의 역사는 지속되고 있었다. 위대한 고전과 걸출한 최신작 사이, 그 사이에 애매하고 적당한 만화들이 아니라 걸작들이 계속 나오고 있었는데. 지금은 없지만 『밍크』, 『케이크』, 『주띠』, 『비주』, 『오후』, 『허브』, 지금도 있는 『이슈』, 『파티』, 그리고 성인지였던 『화이트』와 『나인』. 다 그 시기에 창간되고, 걸출한 작가를 발굴하고, 훌륭한 작품을 쏟아냈던 잡지들이다. 현재와 과거, 두 시대 사이의 가교라는 점을 제하더라도, 이 시대의 순정만화는 그 전 시대와는 또 다른 모습과 양상과 소재를 보여 주었다. 그런데 이렇게, 흔적도 없이 들어내 버리다니. 마치 로맨스 웹툰을 "1980년대~1990년대 초반 순정만화"의 상속자로 삼기 위해 순정만화의 역사에서 빼놓을 수 없을 10년 남짓을 버린 자식 취급하는 것 같은 기분이 들어서 찜찜하기 그지없었다.

앞서 억울함을 담아 주장한 대로, 심지어는 평론에서조차도 순정만화는 마치 만화 독자의 절반이 향유하고 있다는 의미가 아닌, 그저 여러 장르 중 하나인 것처럼 그 규모가 축소되곤 했다. 그런데 덕질을 하는 입장에서는 더 큰 문제가 있었다. 내가 국민학교에 다닐 때 나오던 만화책들은 그 수는 적으나마 평론과 분석이 되었는데, 중고등학교에 다니면서 본격 "실시간으로 덕질하며 달린" 1990년대 중반 이후의 순정만화는, 이상할 정도로 평론의 대상이 되지 못했다. 아니, 21세기로 넘어온 이후에는 그 상황이 더 심각해졌다. 물론 드라마화가 된 만화들의 경우에는 사정이 좀 낫다. 드라마의 인기와 함께 만화 원작이 좀 더 조망되기도 하니까. 하지만 그런 원 소스 멀티 유스가 이루어지지 않은 만화는 어떨까? 한때 『이슈』를 대표하는 만화였고, 임주연의 대표작인 『씨엘 Ciel-The Last Autumn Story』에 대해 제대로 된 평론이 이루어졌던가? 이 글을 쓰고 있는 지금 한 잡지의 대표작이었고, 스물세 권에 달하는 이 대작에 대해 인터넷 뉴스 검색을 해 본다. 네이버 검색창에 "임주연 씨엘"로 검색하면, 단지 세 건의 뉴스 기사만 발견될 뿐이다. 한국 만화의 역사를 서술한 책에서도, 2000년~2010년 챕터에 한국 순정만화는 잡지 만화와 웹툰을 합쳐도 턱없이 적은 분량만 다루어졌다. 심지어는 드라마, 뮤지컬 등으로 만들어지며 문화 현상이라고 불러야 할 만한 인기를 누린 박소희의 대체역사물 『궁』에 대해서조차도, 그 원작 만화의 존재에 대해 제대로 언급하지 않는 경우가 허다하다.

　　나는 이런 상황들을 볼 때마다, 일부 정치인들이 민주 정부의 성과를 지우고 부정하는 프레임으로 썼던 '잃어버린 10년'이라는 말을 떠올린다. 실제로는 잃어버리지 않았지만, 오히려 뛰어난 작품들과 열광하는 팬덤이 계속 존재했지만, 누군가는 마치 그런 것따위 없었다는 듯 지워 버리려 드는. 누군가는 평론의 갯수가 중요한 게 아니라고 말할지도 모르지만, 모 카메라 광고의 카피처럼 기록은 종종 기억을 지배한다. 뻔히 실시간으로 보았던 업적들이 눈앞에서 지워지는 것을 보는 것은 고통스러운 일이고, 사실은 분노할 일이다. 내가 사랑하는 1990년대 이후 한국 순정만화들은, 눈부신 성과를 거두고도 종종 말석에 놓였고, 당할 이유 없는 모욕을 받았다. 게으를 정도로 평론되지 않았고, 부지런하다고 감탄하고 싶을 만큼 높은 확률로 지워졌다.

'순정만화'라는 표현은 여전히 유효할까?

순정만화는 단순히 로맨스를 취급하는 장르가 아니었다. 여성이 쓰고 그렸으며 여성이 읽은 여성 장르였다. 하지만 이 '순정'이라는 명칭 때문인지, 멋진 남자와의 로맨스만을 추구한다는 턱없는 오해는 뿌리깊고 유구하며, 바로 그런 착각에 기반하여 순정만화가 가부장제에 예속된 장르, 페미니즘적이지 못한 장르가 아니냐는 질문을 하는 사람도 있다. 한편 '순정만화'라는 말이 남성들의 만화보다 격이 떨어진다는 뉘앙스로 사용되었으므로, 포괄적으로 사용되던 그 말을 폐기하고 대신 각각의 장르인 SF나 스릴러, 사극, 로맨스 등의 명칭을 사용하거나, 굳이 묶어서 말할 때는 '여성 만화'라는 표현을 쓰는 것이 더 합당하지 않느냐는 의견도 있다.

하지만 어떤 말을 지운다는 것은, 그 단어에 포함된 역사를 지운다는 말과도 같다. '순정만화'가 단지 여성 작가와 여성 독자의 장르라는 이유만으로 마치 '공상과학'처럼 오해를 받거나 무례한 멸칭으로 오도되었던 것은, 이 말에 얽힌 여러 이야기 중 그저 시작일 뿐이다. 순정만화 잡지와 소년만화 잡지의 원고료는 달랐다. 불과 10년 전인 2010년에도, 바로 만화 잡지사에서 그 이야기를 재확인할 수 있었다. 그 차별의 역사는 웹툰으로 넘어와서도, 여성 작가에게 더 불리한 계약서를 강요하는 등의 억압으로 이어졌으며, 현재에도 계속되고 있다. 이 모든 차별과 불평등이 과거의 일이 되고, 한편으로 기록되어 두고두고 사람들에게 알려지기 전에 섣불리 말을 지운다는 것은, 그 차별과 불평등의 역사 역시 지워지게 만드는 결과를 낳을 수 있다.

순정만화들 중 여러 훌륭한 작품들이나 작가들이 종종 "순정만화답지 않다"거나 "순정만화의 한계를 뛰어넘었다", "작가주의적이다"라는 말을 들었던 것도 생각해야 한다. 그런 이야기를 듣던 작가들의 작품들은, 장르를 초월한 걸작 이전에 그 시대 순정만화의 대표작이라 불렸던 작품들이었다.

단적인 예로 1996년 9월 1호 『윙크』를 보자. 황미나의 『레드문』, 신일숙의 『에시리쟈르』, 박희정의 『호텔 아프리카』, 나예리의 『네 멋대로 해라』가 실려 있다. 물론 순정만화는 사랑'만' 이야기하는 게 아닐 뿐이지, 사랑 자체를 이야기하지 않는 장르는 아니어서, 발레, 록 가수, 출생의 비밀 등 트렌디한 코드를 담아 청춘과 사랑을 말하던 이은혜의 『BLUE』가 이 무렵 큰 인기를 끌고 있었다. 하지만 『BLUE』가 감각적인 일러스트와 감성적인 내레이션으로 당대에 엄청나게 큰 호응을 얻었던 것, 그 내레이션으로 프로젝트 음반이 두 개나 나왔던 것, 당시 중고등학교 근처 문구점마다 『BLUE』의 일러스트가 들어간 엽서와 노트, 연습장이 가득했던 것에 대해, 하다못해 산업적 측면에서라도 제대로 분석한 자료는 찾기 어렵다. 여러 성취를 거두었음에도 만화 원작에 대한 이야기는 은근슬쩍 지워지던 『궁』과 마찬가지다.

그러면 1996년 9월 1호 『윙크』에서 이 작품들을 전부 빼면 무엇이 남을까? 대형 신인 천계영의 『Come Back Home』을 비롯해서, 당시에는 아직 경력이 많지 않았던 하시현, 김언형, 박무직, 김나경, 신지상, 이소영의 만화들이 남는다. 돌이켜 생각해 보면 실로 화려한 목록이다. 아, 초대 단편이었던 김진의 「징우 샴촌의 어느 날」도 있다. "순정만화의 한계를 뛰어넘었다"는 말을 듣던 작가들의 대표작들이 이렇게 한 잡지 안에 가득한 것은, 연재 매체가 많지 않았다는 암담한 현실과 그 암담함을 훌쩍 뛰어넘었던 당시 순정만화의 성취를 짐작케 한다.

한편으로 순정만화라고 멋대로 선을 그어 나누고 원고료나 대우 면에서 차별한 뒤에, 역사에 남을 만한 작품이나 작가는 "순정만화를 넘어섰다"고 말하며 슬그머니 순정만화와 선을 그으려 드는 것에 대해서도 말하지 않을 수 없다. "순정만화는 유치한 만화, 비현실적이고 공상적인 로맨스를 다루는 만화"라고 규정한 뒤, 훌륭한 작품은 "순정만화가 아니"라고 말하며 여전히 순정만화는 반짝이는 눈동자와 레이스로 대표되는 만화인 것처럼 말하는 은근하고도 집요한 비하 말이다. 작가가 여성이기에, 매체가 다양한 장르의 통섭에 좀 더 자유롭던 순정만화 잡지였기에, 그 이야기를 수용하는 주독자가 좀 더 다양한 서사를 원하던 당대의 여성 청소년이었기에 나올 수 있었던 작품군들. 이를 두고 순정만화와 단절시키려 하고, 순정만화의 성취들을 지우려 하던 시도들에 대해 충분히 말하기 전에, 순정만화라는 단어 하나를 지워 버리는 것은, 그 성취의 역사와 억압과 차별의 역사를 모두 지워 버리는 일일 수도 있다.

따라서 이 책에서는, 잡지 이전의 순정만화들, 잡지 시대의 순정만화들, 그리고 그 영향을 받은 여성 작가들의 웹툰에 대해 이야기할 것이다. 차별할 때는 집요할 정도로 만화가 따로 있고 순정만화가 따로 있는 것처럼 굴다가, 성취를 이루어서야 "순정만화를 뛰어넘은 한국 만화의 성취" 따위로 이야기하던 모든 이들에게 반박하기 위해, 이 순정 SF 만화들을 단순히 '한국의 SF 만화'로만 이야기하지 않을 것이다. 순정만화가 꾸준히 품어 내려오던 또 하나의 흐름, 페미니즘 서사에 대해 말하기 위해서라도.

대체 한국은 언제까지 SF의 불모지인데?

한국에서 SF를 읽고, 덕질하고, 쓰는 사람에게는 질리도록 들려오는 말이 있다. 그것은 바로 십 수 년, 아니, 이젠 수십 년간 들려왔다고 해도 과언이 아닌, "한국은 SF의 불모지"라는 이야기다.

하지만 이 말이 사실일까? 정말 한국은 SF의 불모지이고, 팬덤이 아니라 일부 마니아만이 존재하나? 한국 작가의 SF 창작물은 아주 명맥이 끊기기라도 했나? 궁금하면 당장 자주 사용하는 온라인 서점에 접속해서 신간들을 쭉 훑어보자. 현재 한국 SF는 전례 없이 호황을 누리고 있다고 해도 과언이 아니다. 예전에는 한국에 정발되어 나온 국내외 SF를 전부 챙겨 읽는 데 부담이 없었는데, 요즘은 한국 작가가 쓴 SF들을 전부 챙겨 읽는 데도 큰 노력이 필요하다. 일단 양적으로 큰 성장을 했다. SF 작가들의 직역 단체인 한국과학소설작가연대에 가입한 작가가 이 책을 쓰는 현재 50명을 넘어섰다. 질적인 발전은 또 어떤가. SF 내부뿐 아니라 장르를 넘어 순문학 쪽에서 상을 받는 작가들도 나오고, 영화나 드라마의 원작이 되거나, 해외로 작품을 수출하는 사례도 드물지 않다. 그런데도 기자들이나 평론가들은 관성적으로 "SF의 불모지인 한국" 같은 업데이트 안 된 게으른 표현을 글에 담는다. 심지어는 순문학 문단에서, "진짜 SF를 쓴다고 하는 작가들" 운운하며 SF계를 깔아뭉개거나, 이 장르의 역사를 자기들 멋대로 싹 초기화한 뒤 이 불모지 위에 저명한 순문학 문단의 작가가 가서 새로운 길을 낼 것처럼 말하는 무례한 태도를 보이기도 한다.

물론 지금 내가 말하는 '역사'란, 비단 최근 등장하는 기라성 같은 작가들, 김초엽이나 박해울, 천선란, 이산화, 심너울 같은 작가들만을 말하는 것이 아니다. 웹진 〈거울〉의 작가들도, 2000년 이후 과학기술창작문예를 통해 세상에 그 이름을 알린 김보영, 김창규, 배명훈, 정소연 같은 작가들을 말하는 것도 아니다. PC 통신 시절부터 우리 곁에 있었던, 마치 한국 SF의 중시조처럼 보이는 듀나를 두고 말하는 것도 아니다.

그전에, 그 이전에. 한국에는 SF 만화가 있었다.

SF 연구자이자 문화평론가인 이지용 교수는 『한국 SF 장르의 형성』에서, 한국 SF 만화의 시작을 최상권의 『헨델 박사』(1952)로 잡는다. 이후 김산호의 『라이파이』(1959)가 1960년대 한국 SF 만화의 서문을 연다. 박인하와 김낙호는 『한국 현대 만화사』에서 『라이파이』와 함께 신동우의 『싸워라 지구 함대』(1962)와 이정문의 『설인 알파칸』(1965)을 1960년대 한국 SF 만화의 걸작으로 꼽았다. 이후 이정문의 『철인 캉타우』(1976), 김응철의 『철인 X』(1979), 이수민의 『초능력 악마와 사자』(1978), 백호의 『철인 시대와 철인 카이바』(1979), 신문수의 『로봇 찌빠』(1979)와 같은 작품들이 SF 만화의 명맥을 이어갔다고 설명했다.

여기서 시간이 조금 더 지나 1980년대 중반, 막 국민학교에 입학했던 나는 고유성의 『로보트 킹』(1977) 시리즈나 『번개 기동대』(1980), 김형배의 『천공의 메신저』나 『헬로 팝』(1988), 박동파의 『코코나비』(1985), 김삼의 『소년 007』(1965~1980), 그리고 그 무렵 동글동글 짜리몽땅하다고 해서 『동짜몽』이라는 굉장한 센스로 현지화되어 나온 후지코 F. 후지오의 『도라에몽』을 읽었다. TV에서도 각종 SF 애니메이션들을 볼 수 있었다. 평소에 방영하는 〈날아라 스타에이스〉나 〈무적 로보트 고바리안〉, 〈메칸더 V〉도 좋았지만, 충격적인 것은 역시 명절때 방영하는 애니메이션들이었다.

〈지구로…〉(다케미야 케이코 원작 『테라에…』)나 〈11인의 우주 용사〉(하기오 모토 원작 『11인이 있다!』), 〈황금테고리〉(사사키 준코 원작 『나유타』) 같은 애니메이션들 말이다.

물론 내가 충격을 받은 저 세 편의 애니메이션은, 모두 일본산이다.

하지만 이들 만화들은, 그동안 보던 거대 로봇이 나오던 애니메이션들과는 달랐다. 초능력자들이 나오고, 이들이 서로 싸우거나 신무기를 휘두르는 게 전부가 아니었다. 지금 보았다면 좀 더 내면적인 이야기와 은유라고 말했을 만한, 그런 다른 무언가가 있었다. 그건 마치, 그 이전에 "여자애들 보는 만화"에서 느꼈던 것 같은 감정이었다. 이런 애니메이션을 넋 놓고 보고, 이런 것을 더 보고 싶다고 생각한 어린이의 앞에 바로 『별빛속에』(1987)가 나타났다.

『별빛속에』 이후, 나는 순정만화 안에서 내 취향인 것들을 잔뜩 찾아낼 수 있었다. 김진의 『푸른 포에닉스』, 김혜린의 『아라크노아』, 신일숙의 『1999년생』, 강경옥의 『라비헴 폴리스』, 원수연의 『휴머노이드 이오』… 여기에 시간이 더 흘러 이미라의 『남성 해방 대작전』, 김우현의 『밀레니엄』, 양여진의 『세인트 마리』, 서문다미의 『END』, 그리고 권교정의 『제멋대로 함선 디오티마』나 유시진의 『폐쇄자 The Closer』 같은 작품들이 순정만화 잡지들에 꾸준히 SF의 계보를 남겨왔다. 드라마로도 만들어진 박소희의 『궁』은 훌륭한 대체 역사물로 기록에 남아야 할 것이다.

세월이 흘러 웹툰 쪽에서도 훌륭한 SF 만화들이 계속 나왔다. 특히 여성 작가가 여성 주인공의 이야기로, 지금보다 기술이 발달한 세계에서 벌어질 수 있는 사건을 무척 구체적으로 그려낸 천계영의 『좋아하면 울리는』은 정말 훌륭한 로맨스인 동시에 SF 서사다. 그뿐인가. 지금은 몇 종 남지 않은 순정 잡지에서도 SF는 계속 나왔다. 이시영의 『지구에서 영업 중』이나 『네가 있던 미래에선』 같은 명확한 SF부터, 판타지와 SF의 경계에 서 있는 임주연이나 김연주, 서문다미의 작품들도 있다. 웹툰과 출판 만화 양쪽으로 성과를 낸 작가도 있다. 바로 좀비 아포칼립스를 다룬 『좀비가 있어도 여고생은 잘 살고 있어요♥』와, 미소녀 안드로이드들의 배틀을 다룬 《나노리스트》를 그린 민송아 작가다.

 양지에서 벗어나 조금 음지로 들어가면, BL(Boys Love)이 있다. 아직 한국 장르문학계에서 SF가 이만큼의 지분을 차지하기 몇 년 전, 나는 담당 편집자에게 그냥 SF는 안 팔리지만 BL에 SF가 들어가면 잘 팔린다는 이야기를 들은 적이 있다. 이를테면 다나카 요시키의 SF 『은하영웅전설』은 우주함대 배경의 군부물 BL에 두루두루 영향을 끼쳤다. BL에서 적지 않은 지분을 차지하여 이미 하나의 장르를 이루고 있는 오메가버스는 또 어떤가. 〈슈퍼내추럴〉 팬덤에서 비롯된 세계관은, 인간의 형질이 대다수의 베타와 소수의 알파, 오메가로 나뉘어, 오메가는 성별에 상관없이 알파의 자식을 임신할 수 있으며, 알파가 태어나려면 오메가에게서 자식을 얻어야 하는, 그래서 알파 형질 남성과 오메가 형질 남성의 "일단 섹스부터 시작하는 사랑 이야기"를 정당화하는 설정으로 자주 사용된다. 이 얼마나 SF적인가. 오메가 버스 세계관에서 종종 주인공들의 갈등을 야기하는 '발정기' 설정은, 〈스타트렉〉에 나오던 벌칸의 발정기 폰 파를 떠올리게도 한다.

예전에 순정만화를 빙자하여 정말 추리, 스릴러, 오컬트, SF, 온갖 장르가 다 나왔던 것처럼, BL 역시 마찬가지였다. 소프트 BL의 탈을 쓴 버디 수사물이나 BL의 탈을 쓴 디스토피아물은 수도 없이 많았다. 순정만화가 사실은 여러 장르 중 하나가 아니라 그냥 주력 향유층에 따른 갈래, 대부분 여성 작가가, 순정만화 잡지에 연재한, 여성 독자를 상정하고 그린 만화였다고 생각한다면, 어느 정도는 그런 식으로 BL 역시 세계를 확장해 나가고 있었다. "여성 독자들을 상정하고 쓰거나 그린, 아름다운 남성들간의 사랑을 다룬 이야기"라는 조건에만 부합한다면, 그야말로 온갖 장르들을 녹여 넣을 수 있는 식으로. 그리고 그 모든 것이 BL로 묶이는 것을 보며, 나는 가끔 상상하게 되었다. 과거 김진, 강경옥의 SF 만화들부터 시작해서, 판타지도, 학원도, 스릴러도, 사극도 모두 순정이라는 말 하나로 대신했을 1980년대를.

한국 순정 SF 만화는 불행히도 만화 평론의 세계에서도, 또 SF 쪽에서도 그다지 주목받지 못했다. 『별빛속에』와 같은 몇몇 작품들만이 예외적으로 꾸준히 언급될 뿐이다. 우리 나라 만화의 역사에 대해 자세하게 다루고 있는 『한국현대만화사 1945~2010』에서도 "1980년대~1990년대 순정만화에서 SF를 다양한 시각으로 해석하기도 했지만 1960년대~1970년대와 비교하면 1980년~2010년까지의 SF는 초라하기만 하다"고 말하고 있다. 『한국 SF 장르의 형성』에서는 네이버의 《우주특집 단편》들이나 《덴마》와 같은 SF 웹툰들을 소개했지만, 순정만화 속 SF 장르에 대해서는 거의 다루지 않았다. SF 팬덤은 꾸준히 다양한 형태로 SF를 접목시킨 주옥같은 작품들이 쏟아진 분야임에도 불구하고, 일단 순정만화라고 하면, 혹은 여성 작가가 그렸다고 하면 일단 "진정한 SF가 아닌 것 같다"며 깎아내리기도 했다. "순정만화치고는"이라든가 "SF의 탈을 쓴" 같은 수식어가 그런 분위기를 방증한다. 정작 꾸준히 한국 순정만화를 보아왔다면, 순정 SF만 쏙쏙 피할 방법이 없었을 텐데도.

이런 상황을 지켜볼 때마다, 나는 "한국은 SF의 불모지"라는, 이제는 낡다 못해 망언이 된 그 게으른 말을 떠올린다. 신진 SF 작가들이 이루어낸 성취에 대해 "단순히 SF가 아니라"고 말하는 이들을 볼 때마다 "순정만화를 뛰어넘었다"는 말이 칭찬인 줄 알던 이들을 떠올린다. 젊은 여성 작가들이 약진하는 가운데 한국 SF는 진정한 SF가 아니라고 말하거나, 하드 SF가 아니라 사회 문제나 페미니즘만 다루고 있다거나, 과학적이지 않고 너무 감성적이어서 SF라고 볼 수 없다고 말하는 이들을 보고 있으면, 순정만화는 비현실적인 사랑 이야기에 불과하다고 말하던 사람들이 생각난다. SF를 보는 여성 독자들에게 자꾸 진정성을 증명할 것을 요구하며 밀어내는 이들을 보면, 〈스타워즈〉나 〈스타트렉〉을 보는 여성들은 제대로 된 설정도 모르고 인물들의 관계성만 즐기는 것이라고 폄하하던 사람들, 한국 순정만화 속의 걸출한 SF 작품들을 "여자들이나 보는 만화"라며 비하하던 자들이 생각나 불쾌해지기까지 한다. 영원히 한국 SF가 양적으로도 질적으로도 별 발전 없으면 좋겠고 남들 안 읽어 본 외국의 SF들을 접하는 자기 혼자 선각자였으면 좋겠고 그것으로 남성성을 증명하고 싶은, 그러니 동시대에 나온 수많은 SF 순정만화들을 다 파묻어 버리고, 지금 와서는 여성 작가들이 쓰는 작품들을 아주 열심히 부지런히 폄하하고 다니는 사람들 말이다.

하지만 그런 비하 속에서도, 어떤 이들은 글을 쓰고 평론을 쓰고 스스로 계보가 되고 미래로 가고 있다. 한국 SF는 이미 만화와 소설 양쪽으로, 19금 펄프픽션부터 소위 '우아한 계보'까지, 두루두루 구색 다 갖춘 지 오래다. 그리고 지금, 한국 SF를 만들어 가는 작가들, 그들의 소설에 열광하는 팬덤을 보라.

그들은 텅 빈 불모지에 갑자기 뚝 떨어진 신의 역사하심의 산물이 아니다. 그들에게도 계보가 있다. 지금 한국에서 SF를 읽고 쓰는 사람의 최소 절반 이상이 여성일 수 있게 하는 단단하고 꾸준한 기반이.

그것이 바로 바로 순정만화였다.

나는 1980년대 이후 한국 순정만화에서 꾸준히 나왔던 SF의 자취들을 소급해서 말하고 싶었다. 그건 내가 사랑하고 존경하는 모든 작품들에 대해 경의를 표하는 일인 동시에, 어떤 의미에서 나 자신의 계보를 찾는 일이기도 했다.

데뷔 이래 꾸준히, 소설을 쓰고 만화를 작업하는 내내 나의 계보에 대해 생각했다. 라이트노벨을, 추리를, SF를, 스릴러를 쓰는 이 잡식성의 취향은 어디에서 온 것일까, 장르마다 계보를 세운다면, 여기저기에 한 발자국씩만 걸쳐간 나의 계보는 어디쯤에 있는 것일까 생각했었다. 어릴 때 읽었던 만화들과 비슷하지만 이게 무엇인지, 평론가들이 말하는 엄격한 구분 안에서는 정확히 규정할 수 없었던 어떤 것. 그 계보의 한 가닥을 나는 순정만화, 정확히는 순정 SF의 역사 속에서 찾을 수 있었다. 나의 뿌리는 1980년대의 순정만화, 질풍노도의 청소년기와 함께했던 1990년대, 한국 만화의 르네상스 시기, 성인이 되어서도 여전히 친숙한 잡지 만화들과 웹툰 속의 SF와 그 속에 자연스럽게 녹아 있는 여성들의 이야기 속에서 싹터 올랐다. 지금, 내가 감히 존중을 담아 동료라 말하는 이들 역시 그랬듯이.

그래서 감히 말한다. 여기 당신들을 보고 자란 작가들이 있다.

당신들을 보고 자랐고, 혹은 같은 시대에 같은 지면에서 어깨를 나란히 하면서, 누군가는 태블릿 펜을 잡고, 누군가는 키보드를 잡으면서, 그렇게 자신의 이야기를 찾아가는 사람들이 있다. 그리고 그런 우리들의 계보 앞에, 당신들이 있었다.

이미 갖출 것을 다 갖춘 채로, 두 장르 모두에게 어째서인지 홀대당했던 세계. 하지만 늘 그 자리에서 조용히 흐르고 있었던 한국 SF의 또 다른 굵직한 가닥.

순정 SF의 세계가 바로 거기 있었다.

1부
우주를 무대로 인간을 생각한다

두 거장이 만들어 낸 커다란 흐름
강경옥의 『별빛속에』, 황미나의 『레드문』

"아름다운 별들이다…."

그 대사를 중얼거리면, 수도권에서는 쉽사리 볼 수 없는 무수히 많은 별무리들이 흩뿌려진, 칠흑같이 어두운 밤하늘이 떠오른다. 대기오염이나 오존층 파괴, 여기에 노스트라다무스의 예언 같은 이야기를 어린이 신문이나 어린이 잡지에서 흥미진진하게 읽었던 1980년대, 수도권 어린이에게 밤하늘은, 산성비가 내리고 노스트라다무스의 앙골모와의 대왕이 내려올 것처럼 느껴졌다. 조금 더 머리가 굵어지며 태양계라든가, 지구라든가, 별자리라든가, 별자리에 얽힌 신화 같은 것에 두루두루 관심을 갖게 되었지만, 아름다운 밤하늘은 어디까지나 백과사전의 '우주' 항목에나 나오는 것이었다. 현실의 뿌연 밤하늘에서 찾아볼 수 있는 것은 달의 위상 변화, 금성과 화성, 기껏해야 여름의 대삼각형, 그리고 북두칠성 정도가 고작이었다.

그러니 솔직히 말해서 나는, 성인이 되기 전에 그런 별무리를 내 눈으로 본 적이 없다. 하지만 생생하게 그려 볼 수는 있다. "아름다운 별들이다…."라는 대사와 함께 하늘을 올려다보는, 『별빛속에』의 마지막 장면을. 검푸른 빛이 아닌 두 페이지 가득 펼쳐진 먹색 밤하늘을.

평범한 고등학생 앞에 낯선 이방인이 나타나고, 머나먼 외계의 왕위 계승 문제를 두고 벌어지는 다툼에 휘말려 일상이 뒤흔들리기 시작한다. 온갖 사건사고는 물론, 가족과 친구들이 위험에 처하거나 목숨을 빼앗긴다. 결정적으로 자신의 신체나 인격에 변화가 생기기까지 한다. 여러 시련 끝에 자신이 어린 시절 지구로 피신한 외계 행성의 왕족이라는 것을 받아들이자, 이번에는 낯선 세계에서의 형제와의 경쟁이 남아 있다. 왜 형제 중 한 명이 쫓겨나야 했으며 누가 진짜 왕이 될 사람인지를 두고. 주인공은 이 시련을 연인, 그리고 충신과 함께 이겨내며 자신의 운명과 맞서게 된다.

강경옥의 만화 『별빛속에』(1987)를 간단히 요약하면 위와 같이 정리할 수 있다. 2020년 기준으로는 이젠 전형적이기까지 한 서사다. 하지만 전형적으로 보이는 것은, 이 이야기가 이미 한 원형으로 자리잡았기 때문이다. 『별빛속에』는 한국 순정만화 및 순정만화의 영향을 받은 장르들, 로맨스 판타지나 BL을 포함하는 그 넓은 여성향 장르의 영역에서 에픽과 SF, 그리고 왕위 계승 경쟁이 결합된 작품군에 두루 영향을 끼친 원형적이며 선구적인 작품이다.

물론 『별빛속에』 이전에도 한국 SF 만화들이 있었으며, 『별빛속에』가 출간된 1987년 이후, 소년 만화 쪽에서는 김형배의 『우주 탐정 갤럭시』(1987), 『고독한 레인저』(1988), 김준범의 『기계전사 109』(1989) 등이 발표되었다. 순정만화로는 김진의 『푸른 포에닉스』(1988)와 신일숙의 『1999년생』(1988), 김혜린의 『아라크노아』(1992), 황미나의 『레드문』(1994) 같은 작품들이 쏟아져 나오기 시작했다. 『별빛속에』가 나온 다음 해에 연이어 이와 같은 대작들이 나온 것을 보면, 순정만화의 SF적 시도는 어느 정도 예고된 흐름이라고 볼 수도 있다. 하지만 작품을 발표하는 데는 시장성도 중요하다. 『별빛속에』는, 순정만화 시장에서 장편 SF의 물꼬를 텄고, 시장성을 증명했다.

외계인에 관심이 많은 고등학생 유신혜는 열여섯 살 생일 무렵 피가 파랗게 변한 것을 보고 놀란다. 신혜는 여왕의 명을 받아 지구에 온 레디온에 의해 자신이 외계 행성 카피온의 제1왕녀 시이라젠느임을 알게 된다. 시이라젠느는 왕족인데도 금발녹안이 아닌 흑발흑안을 지닌 불길한 존재로, 태어나자마자 지구로 피신해야 했다. 한편 제2 왕녀 아시알르를 지지하는 기레스는 시이라젠느를 제거하려다 신혜의 가족과 친구들을 살해하고, 레디온은 이 희생을 방관한다.

레디온과 함께 도착한 카피온에서도 시이라젠느는 환영받는 존재가 아니다. 어머니인 여왕은 자식인 시이라젠느에게 냉정한 데다, 이미 자존심 강하고 유능한 후계자인 아시알르가 있다. 태어나서 줄곧 지구인으로 살아왔던 시이라젠느는 레디온과의 훈련을 통해 잠재력을 깨워내며 강력한 초능력을 사용하게 되었고, 왕위 계승자들이 즉위식 전에 다녀와야 하는 '성역'에서 무사히 돌아오며 여왕이 될 조건을 갖춘다. 하지만 시이라젠느를 움직이는 동력의 대부분은 복수심이다.

고귀한 신분을 타고난 비련의 왕녀라기보다는, 불길한 아이였고, 평범한 고등학생으로 자랐으며, 모성 카피온에 도착한 뒤에도 복수심을 원동력 삼아 여왕의 자리를 차지하기로 결심하는 유신혜/혼 시이라젠느는 당시로서는 흔치 않은 주인공이었다. 거기다 우주를 배경으로 먼 외계 행성의 운명을 이야기하는 SF다. 1987년, 『별빛속에』가 처음 나왔을 때 독자들은 아마도 이와 같은 이야기에 적지 않은 충격을 받았을 것이다.

당시 소년 만화 SF에서 흔히 볼 수 있었던 로봇이나 메카닉이 아닌 ESP 능력자(초능력자)들의 활약을 다루고 있다는 것, 그리고 이야기의 흐름과 정서는 당시 유행하던 에픽 순정만화의 요소들을 반영하고 있다는 것도 유의미하게 살펴볼 부분이다. 초기 순정 SF에서 평범하게 살다가 갑자기 ESP 능력이 개화되며 감당하기 어려운 가혹한 운명을 짊어진 주인공이, 자신의 운명과 마주하며 영웅이 되기 위해 앞으로 나아가는 것은 다케미야 케이코의 『테라에…』(1977)나 사사키 준코의 『나유타』(1986) 같은 일본 SF 순정만화의 영향을 받았다고도 볼 수 있다. 하지만 한국 SF 순정만화에 있어 이 운명은 역사와 왕권, 국가의 운명과 반역과 같은 고전적 영웅 서사의 형태로 변주된다. 이 고전적 영웅 서사를 극대화하기 위해, 외계 행성인 카피온은 의도적으로 전근대적 사회, 특히 고대의 신권정치나 중세의 종교중심적 세계관을 떠올리게 하는 세계로 묘사되고 있다.

이웃 행성 카라디온이 과학의 세계라면, 카피온은 초능력을 지닌 왕족들이 지배하는 세계, 신분제가 철저한 세계이며, 여왕은 '성역'에서 신과 소통한다. 카피온의 여왕은 단순한 정치가, 국가의 수장이 아닌 제정일치 사회의 지도자다. 여기서 신과 가장 가까이 소통한 여왕과, 여왕이 될 힘과 자격을 갖춘 그의 두 딸은 의미심장하다. 버림받은 아이로서 시련을 겪고 돌아와 신과 가까이 소통하며 결국에는 가장 강한 힘으로 모두를 구원하는 제1 왕녀 시이라젠느와, 정치적 수완이 좋으며 왕족 중에서도 권력욕이 강한 기레스의 아들 아르만과 약혼했고, 본인 스스로도 야심이 넘치는 제2 왕녀 아시알르, 이들 두 사람의 왕녀는, 카피온이라는 세계가 신권정치에서 귀족정치 과두정 체제로 변화할 가능성을 시사한다.

한편, 카피온의 신분제는 시이라젠느와 레디온의 운명 자체에 깊은 영향을 끼친다. 시이라젠느는 왕족임에도 제2 계급과 같은 검은 머리카락을 가졌기에 박해받았다. 레디온은 시이라젠느를 사랑하지만 견고한 신분의 벽을 넘을 수 없다. 처음에는 동경과 의무감, 증오와 죄책감으로 시작된 관계는 애절한 사랑으로 발전하지만, 죽음을 앞두기 전까지는 사랑한다는 말조차 할 수 없었다.

'신탁'과 '레디온', 이 두 가지는 시이라젠느의 복수심을 낳았고, 다시 카피온을 구하는 열쇠가 되었다. 운명에 맞서고 성역에서 자신을 들여다보며 사랑에 솔직해지며, 소녀는 여왕이 되고 구세주가 된다. 그리고 불현듯, 지구로 돌아온다. 레디온을 잃고, 여왕의 자리를 내려놓고, 신탁을 넘어 온전히 자기 자신으로서. 그리고 고개를 든 시이라젠느, 신혜의 눈에 밤하늘이 펼쳐진다. 그 모든 아픔과 고통, 갈등과 비극, 사랑과 그리움을 품고도 여전히 아름다운 밤하늘이.

1970년대 이케다 리요코 등 일본 순정만화 대작들의 영향과 1980년대 당시 한국의 시대상을 반영하며 강인하게 운명에 맞서 일어나고 투쟁하던 한국 순정만화의 주인공은, 이제 가상의 국가나 서구가 아니라 SF라는 장르와 결합되며 우주로 영역을 확장하게 되었다. 복잡한 내면을 지니고 운명에 맞서는 깊이 있는 캐릭터를 중심으로 서사를 확장해 낸 이『별빛속에』를 시작으로, 1990년대 이후 한국 순정만화는 SF 분야에서 의미있는 작품들을 쏟아내기 시작한다. 『별빛속에』는, 감히 한국 SF 만화의 새로운 역사를 시작한 작품이자, 한국 SF의 역사 전체에서도 의미가 깊은 작품이다.

『별빛속에』가 앞서 말한, 이제는 전형성마저 띠게 된 서사의 원형이 되었다면, 이 서사를 크게 발전시킨 작품이 바로 황미나의 『레드문』(1994)이다. 평범한 고등학생인 윤태영은 자신을 죽이려는 루나레나와 지키려는 사다드와 얽히며, 자신이 지구인이 아니라 행성 시그너스 출신으로, 반란으로 쫓겨난 '전설의 태양', 즉 왕위 계승자 필라르였다는 것을 알게 된다. 태영은 고귀한 신분일수록 머리 색이 짙은 시그너스의 왕자임에도 백발을 지닌 데다, 불길하게도 일식이 있던 날 태어난 자신의 동생 아즐라와 대립한다. 태영은 아즐라에게 납치된 지구인 가족들을 구하기 위해 시그너스로 돌아가지만, 지구인으로서의 윤태영과 시그너스의 후계자인 '태양'으로서의 필라르를 두고 갈등한다. 그리고 그의 곁에는 성별과 주종 관계를 초월하여 필라르의 곁에 있고자 하는 사다드가 있다.

시그너스를 구원할 전설의 태양으로 예언된 필라르의 운명대로, 태영은 자신을 희생하여 시그너스를 구한다. 하지만 그 결과 모든 힘을 잃고, 남의 도움 없이는 살아갈 수 없는 몸이 된다. 본래 필라르의 것이었던 능력과 시그너스의 태양 자리도 아즐라의 것이 되고, 태양의 신부인 루나레나와 태양을 수호할 운명인 데스티노도 아즐라의 곁에 남는다. 필라르는 태양이 아닌 레드문으로서 시그너스를 구했고, 그리고 인간으로서 혼자가 된다. 그를 평생 보호하겠다고 약속한 사다드만이 그의 곁에 남는다.

앞서 언급한 대로, 초기 순정 SF에서 ESP 능력을 지닌 주인공들은 일정 부분 다케미야 케이코의 『테라에…』와 사사키 준코의 『나유타』의 영향을 받았을 것으로 보인다. 『별빛속에』의 시이라젠느는 성역으로 향한다. 『노말 시티』의 마르스가 자신의 근원인 트롤 박사를 찾아간다. 그리고 이들은 끊임없는 질문과 고민 속에 자신이 누구인지 찾아간다. 그런 강경옥의 작품 세계에 『나유타』가 영향을 끼쳤다면, 『테라에…』는 황미나의 SF에 영향을 끼쳤을 것으로 보인다. 『레드문』은 『별빛속에』가 기초를 다진 순정 에픽 SF 서사에 선이 굵은 남성 인물들의 깊은 우정과 애정, 형제간의 갈등과 출생의 비밀, 예언과 전설로 알려진 이상화된 지도자가 아닌 성장해 가는 지도자의 모습을 더하고, 복잡한 관계의 인물들이 저마다의 관점으로 목소리를 내며 이야기를 이끌어가는 균형 잡힌 군상극으로서의 모범을 보여 주었다. 여기에 무협물인 『무영여객』(1988), 개그물인 『수퍼 트리오』(1990) 등을 『아이큐점프』에, 『태백권법』(1990)을 『보물섬』에 연재하며 소년 만화 팬들도 거느린 작가 황미나의 역량이 더해지며, 『레드문』은 1990년대 한국 SF 만화 최고의 화제작으로 꼽히게 된다. 그리고 『바람의 나라』, 『리니지』의 뒤를 이어 1999년에는 온라인 게임으로도 만들어졌다. 거장이 완성한 새로운 계보를 다른 거장이 이어 발전시키며, 순정 SF는 순정만화에서 또 하나의 큰 흐름을 만들어 나간 것이다.

지금은 일본에서 Boich라는 이름으로 활동하는 만화가 박무직은 물리학과 출신의 SF 마니아로, 본인의 작품 속에 SF 고전에서 따온 여러 명칭 등을 종종 삽입했다. 그는 1999년 『윙크』에 연재한 만화 『툰 TOON』의 주인공 이름을 『별빛속에』의 주인공 유신혜의 이름을 따서 신혜라고 지었다.

절대적인 표준이라는 견고한 맹점의 벽을 뚫고
김진의 『푸른 포에닉스』

　　김진은 많은 벽을 깨 온 작가다. 만화가가 되는 길이 문하생을 거치는 것밖에 없던 시절, 김형배의 추천으로 『여고시대』에 「바다로 간 새」(1983)를 연재하며 파격적으로 데뷔했다. 이후 『우리들의 데이빗』과 『별의 초상』 등의 단행본을 출판사 프린스에서 발표하며 신일숙, 김혜린, 권숙과 함께 '프린스 4인방'으로 불렸고, 새로운 지면과 매체에 적극적으로 뛰어들었다. 김진은 나폴레옹이 복귀한 1815년, 프로이센의 명문 귀족 라인하르트가를 배경으로 전쟁과 가족사의 비극을 다룬 『1815』(1987)와, 평범한 대가족이 부모님을 잃고 형제들끼리 의지하며 성장해 나가는 『레모네이드처럼』(1986), 연예계와 재벌이라는 화려한 세계를 배경으로 비뚤어진 가족의 모습을 보여 주는 『어떤 새들은 겨울이 오기 전에 남쪽으로 날아간다』(1994), 현대사를 관통하는 추악한 한 인간과 그 가족의 이야기를 다룬 『숲의 이름』(1995) 등 다양한 성격과 장르의 작품들을 발표했다. 특히 삼국지나 십팔사략은 다루어도 한국 고대사를 다루는 작품은 드물었던 시절, 고대사를 재해석하여 판타지와 결합한 『바람의 나라』(1992)는 김혜린의 『불의 검』과 함께 만화 잡지 『댕기』의 인기를 선도하며 한국 순정만화 세계에 새로운 깊이를 더했다. 김진은 이후 『바람의 나라』의 소설과 뮤지컬 대본을 직접 작업하기도 했다.

컴퓨터에 대한 관심도 많아 1990년대부터 컴퓨터를 활용한 기법을 선보이기도 했고, 아예 컴퓨터 게임에 대한 만화를 발표하기도 했다. 1992년 『르네상스』에 연재되었던 『러브메이커』는, 이제 막 가정용 컴퓨터가 조금씩 보급되고, 5.25인치 디스켓을 저장 매체로 사용하던 시절, 올림푸스 신들의 차세대들이 만든 게임 세계로 빨려들어간 아이들의 모험을 다룬다. 아이들은 386 컴퓨터에 전화 접속 모뎀으로 게임 서버에 접속하고, 컴퓨터 속에 빨려들어간 뒤에는 게임 시스템은 물론 컴퓨터 바이러스 때문에 곤욕을 치르기도 한다. 흔히 MMOPRG를 소재로 한 손희준, 김윤경의 『유레카』를 최초의 게임 판타지 만화로 보지만, 김진은 그 이전 PC 통신 시대를 배경으로 게임 판타지 만화를 시도했던 것이다. 그뿐만이 아니다. 소프트맥스의 게임 〈창세기전〉(1995)과 〈창세기전 II〉(1996)의 캐릭터 디자인을 맡기도 했고, 김진의 만화 『아주 조그맣고 조그마한 사랑 이야기』의 토끼 그림은 〈아래아한글〉에서 이미지 삽입 기능의 샘플 그림으로 들어가기도 했다. 만화 『바람의 나라』의 설정을 사용하여 그때까지 아직 세상에 없었던, 세계 최초의 그래픽 머드 게임 〈바람의 나라〉(1996)를 만들겠다는 넥슨의 김정주, 송재경(현 엑스엘게임즈 대표)의 제안을 선뜻 받아들일 수 있었던 것은, 김진의 기술에 대한 꾸준한 관심과 이해 덕분이었으리라.

그와 같은 기술에 대한 관심은 만화 자체의 작업은 물론, 만화를 공급하는 CP로서의 역할까지 고민하게 만든다. 2003년 여름, 아직 네이버(naver)는 웹툰 서비스를 시작도 하지 않았고, 다음(daum)은 뉴스와 연재 콘텐츠를 미디어 다음으로 재편하며 연재 만화 코너를 겨우 만들던 무렵, 김진은 김광성, 김기혜, 김혜린, 장태산과 함께 만화웹진 〈we6〉를 만들었다. 이전에도 만화 웹진들은 있었지만, 이 정도의 네임밸류를 갖춘 중견 작가들의 시도는 최초였다. 이곳에서 김진은 김광성과 함께 출판만화의 펼침면이 아닌, 가로로 폭이 넓은 모니터 화면에 맞춘 페이지 연출을 시도한다. 2003년 10월 발표된 강풀의 《순정만화》 이후로 세로 스크롤은 웹툰의 대세이자 표준이 되었지만, 〈we6〉에서 김진의 시도는 기성 작가가 작품의 연출에 있어 출판이 아닌 모니터 환경 자체를 고려하는 첫 시도이자, 의미있고 파격적인 시도였다.

바로 이 웹진에, 『푸른 포에닉스』 외전 《레테 Lethe》(2003)

가 연재되었다. 내용면에서는 1999년 『쎈 Xen』에 연재되다가 2001년 중단된 『푸른 포에닉스』의 2권과 3권 전후의 일을 다루고 있으며, 형식면에서는 모니터 화면에 맞춘 연출과 올 컬러 연재를 시도한 만화였다.

'레테'는 자아를 살해하고 사람을 재활용하는 일이다. 사람을 사형시키는 대신, 기억을 지우고 순응시켜 새로운 신분과 사회보장번호를 주어 재활용하는 것이다. 아틀란타 연대 소속으로 이 작전에 참여했다가 포로가 되어 '레테' 처분을 받게 된 마쯔다 훈은, 자신의 존재와 의식의 관계, 그리고 자신을 자신이게 하는 것이 무엇인지 생각한다. 지식은 돈과 노력으로 손에 넣을 수 있는 기억이지만, 그런 기억들이 자신을 증명하지는 못한다. 그렇다면 자신은, 자신의 자아는 무엇인가. 지금의 내 기억은 진짜인가, 혹은 만들어진 기억인가. 내가 알고 있는 사람들 역시 "모습을 바꾸고 말을 바꾸고 행동을 바꿨지만 사실은 같은" 것은 아닌가. 자아가 지워져 개체가 구별되지 않는 인간은, 결국은 여러 작은 꽃이 모여 하나의 꽃으로 보이는 두상화와도 같다. 옛 연인이 국화가 두상화라고, 장례식에 쓰던 꽃이라고 말했던 것을 문득 기억해 내며, 마쯔다는 자신의 기억을 받아 두겠다는 상담사의 목을 조른다.

1987년 무크지 『뭐?』에 『푸른 포에닉스』의 원형이자 프리퀄인 외전 「혹성 나레이스」를, 1988년에 『만화왕국』에 『푸른 포에닉스』 본편을, 그리고 1989년 『뭐?』에 외전 「에레보스 연가」 첫 번째 에피소드를 연재한 이후로, 김진은 다양한 지면과 매체에 『푸른 포에닉스』의 외전들을 발표해 왔다. 이 외전들은 『푸른 포에닉스』 세계관의 연장이자, 동일한 캐릭터와 역사를 배경으로 다양한 장르와 기법을 적용하는 장이었으며, 동시에 본편과는 별개의 단편, 중편 작품 자체로서 완결된 작품성을 갖고 있다.

『댕기』에 실렸던 「샹그리라」(1991)는, 『푸른 포에닉스』의 주인공인 하일라스가 메세니아의 심리학 교수 한영을 바실리쿠스로 호위하던 중 심령 현상과 맞닥뜨리며 무의식에 잠재되어 있던 악몽과 죄의식, 공포, 나약함을 깨우는 내용을 다뤘다. 하일라스는 우주선 사고로 세상을 떠난 사관학교 동기 아론 스테이시의 기억에, 한영은 탐사선이 조난되었을 때 자신이 두고 떠나는 바람에 목숨을 잃은 연인 샤카의 기억에 사로잡혀 있다. 배양기 출신은 배양기 출신이라서, 자연 출산아는 자연 출산아여서 저마다의 고민이 있는 시대, 작가는 배양기와 자연 출산의 구분은 무의미하며 인간은 결국 인간이 만드는 것이라고 짚고 넘어간다. 그리고 이 주제는 이후 『푸른 포에닉스』의 전개에 있어 주인공 일행의 기본적인 관점이 된다.

「에레보스 연가」(1991)는 우주 배경의 스릴러다. 무인 위성을 치우던 페릭스 일리아스는 전설적인 과학자 카알 아트바

크가 남긴 위성 크레오와, 크레오의 주 컴퓨터 실비아의 비밀을 풀어 나간다. 아트바크 박사는 크레오와 결혼했지만, 고르고니아 망명자 출신으로 연방 기준으로는 기형 유전자를 보유한 크레오는 아이를 낳아서는 안 된다는 말을 듣는다. 태어난 아이들은 등에 날개가 달려 있다는 이유로 정부에 빼앗기고, 크레오는 결국 자살한다. 절망한 아트바크 박사는 사람의 신경섬유와 연결되어 유전형질이나 모습, 심지어 기억까지 입력받는 인공 신경섬유로 인간을 똑같이 재생할 수 있는 실비아를 만들고, 실비아는 아트바크에게서 크레오에 대한 사랑은 물론 인간에 대한 증오까지 읽어내고 위성 크레오의 승무원들을 살해한다.

1995년 『마인』에 발표한 「황무지」는 전쟁터 한복판에서 열일곱 살이 된 하일라스가 행성 '에덴'에서 처음으로 전쟁의 참상을 제대로 목격하는 내용을 담고 있다. 전쟁터에서도 제 생일을 챙겨야겠다고 마음먹던 순진한 소년 장교와, 모든 사람이 양민이자 게릴라인 세계에서 겪는 일은, 베트남 전쟁의 상당히 직설적인 비유다. 이 만화는 1995년 일본 동아시아 만화 사미트에서 만화 아카데미상 대상을 수상하기도 했다.

1998년 『나인』에 연재된 「The Point of No Return」은, 지구가 멸망을 앞두고 콘스티튜션이 인간들의 유전자 표준을 마련하던 시기, 오염되지 않고 살아남기에 적합한 유전자를 지녔다는 이유로 선택되었지만 스스로 살아남기를 원하지 않았던 소녀의 이야기와, 아카이아 반군들이 콘스티튜션에 맞서는 지금, 미노아의 과학자 클뤼타임 네스트라가 그 절망적인 미래의 실체를 보기 위해 아카이아 반군에 합류하는 이야기가 교차된다. 클뤼타임 네스트라는 1998년 『모션』에 발표된 외전 「파누엘 7」에 다시 등장한다.

2016년 네이버의 〈한국만화 거장전: 만화 보물섬〉에도 『푸른 포에닉스』의 외전이 발표되었다. 바로 《호모 루덴스》다. 「파누엘 7」의 결말부에서 앞날이 걱정되던 하일라스가, 이제는 직장 생활에 적당히 때가 타고 적당히 지친 얼굴을 하고 나타나, 빼질뺀질한 페릭스와 클루트와 함께 소행성으로 위장 가능한 나가의 테스트 서킷을 타고 시험 비행에 나서고, 여기에 「레테」에서 꼼짝없이 재활용될 줄 알았던 마쯔다 훈이 등장하는 유쾌한 개그 만화다. 한국 순정만화가 '순정만화'라는 장르와 '순정만화 잡지'라는 매체 안에서 다양한 형식과 장르를 실험하며 발전해 왔다면, 김진은 순정만화의 범주 안에서 다양한 장르와 배경의 장편들을 시도한 것은 물론, 『푸른 포에닉스』의 여러 외전에서 같은 세계관과 인물을 공유하며 다양한 형식과 장르의 단편들을 시도했다고도 할 수 있다.

그리고 1999년, 시공사의 잡지 『쎈』에 『푸른 포에닉스』 본편이 다시 연재되기 시작한다. 전쟁, 파괴, 환경오염, 테러 등으로 멸종 위기를 맞은 인류 중 살아남은 소수의 사람들은 우주로 향하고, 선별된 인간 유전자와 컴퓨터 '콘스티튜션'을 실은 우주선단을 띄운다. 생존에 적합한 환경을 찾아낸 몇 개의 우주선단은 이들 일곱 개의 태양계에 인류를 정착시켰는데, 이것이 '푸른 포에닉스' 연방이다. 그리고 유전자 배합 기능에 결함이 생긴 채 정착한 또 하나의 우주 함대가 만들어 낸 세계가 '고르고니아'였다. 푸른 포에닉스 연방은 고르고니아를 식민화하여 이들의 기술과 부를 빼앗는다. 그리고 고르고니아는 아카이아의 왕자이자 다음 세대 인간 유전자 표준인 룩스 포이부스에 대한 테러와 함께 설욕전을 시작한다.

'콘스티튜션'은 인간 유전자를 보호하고, 인류가 우주에서 생존하고 다시 문명을 이룩하게 만들었다. 이 시스템은 인간 게놈의 표준을 정하여 아카이아의 '대제'로 결정하고, 아무런 설명 없이 군 사령관을 직위 해제할 수도 있는 강력하고 대체 불가능한 중앙집권적 권위를 지녔다. 이 시스템에 문제가 생긴다면 요인들을 숙청하거나 암살하고, 사관학교의 신진 장교들이 유전적으로 완전히 동일한 '킬레네'로 교체되어 테러를 저지르게 하는 등, 시스템 내부에서부터 푸른 포에닉스 연방을 무너뜨릴 수 있다.

'콘스티튜션'을 제어할 수 있는 코드는 인간 게놈의 표준, 즉 '대제'와 그 후계자만이 갖고 있다. 헥토르 웹스터 원수는 문제가 생긴 '콘스티튜션'에 맞서기 위해, 룩스 포이부스의 뒤를 이어 새로운 후보가 후계자로 지목되기 전, 죽은 룩스 포이부스와 함께 인간 게놈의 표준이었던 후보자, 페릭스 일리아스를 데려와 전세를 역전하려 한다.

이야기는 시종일관 멸망의 꿈, 멸절의 코드, 진화가 멈춘 절망적인 세계를 말한다. 인간이 인간을 표준화시키면서, 인간은 돌연변이가 일어날 여지를 줄여 버렸다. 인간 유전자 표준에 기반한 콘스티튜션의 배양기는 '기형'을 만들어 내지 않지만, 이 통제로 인해 생명의 생존 실험이 거세되며, 인간 유전자는 진화가 멈춘 '박제된 유산'이 되어 버린다. 기형이 태어날지언정 오류는 발전의 가능성 또한 내포한다. 그것이 스스로 생존을 원하는 개체라면 더욱 그렇다. 생존은 살고 싶어하는 자를 위한 것이니까.

> 비틀어지고 망가지고 괴상하게 변했어도 누구도 명령할 수 없어.
> "너희는 죽고 너희는 산다."
> 그럼에도 불구하고 인류만이 늘 그렇게 명령했지.
> "너희는 죽고 너는 산다."

스스로 틀리지 않다고 믿는, 절대적인 '표준'의 맹점이 거기에 있다. 인간 유전자를 보호하고 구하여 새로운 세계로 데려간 방주가, 새로운 변수들을 감안하지 않은 채 과거의 인간들이 만든 규칙에 의거하여 인간을 통제할 때, 컨스티튜션은 오히려 인류의 미래를 위협한다. 과거의 유산, 지구와 지구로부터 명령받은 그 모든 것들을 부정하고, 컨스티튜션을 인류의 적이자 반역으로 규정하며 혁명을 일으키는 것은, 단순히 신에 맞서는 인간에 대한 은유는 아니다. 정밀한 기계에 결함이 발견되었을 때, 인간이 이에 대한 해결책으로 다른 기계를 도입하고자 하는 행동에 가깝다. 설령 그 과정이 반란이라 불릴지라도, 그 과정에서 많은 희생과 오해가 빚어진다 하더라도. 고장나서 사람을 위협하는 기계와 시스템은 고쳐야 하는 법이다. 과거의 유산에게 지배를 받는 것이 아니라, 현실을 반영하고 다시 앞으로 나아가고자 하는 인간의 의지를 담아서.

그 과정에서 인물들은 하나의 의지로 움직이는 '복수(複數)'가 아니라, 저마다의 입장과 이유를 지닌 개체로서 존재한다. 인간 유전자 표준이자 왕위 계승자 후보였지만 수용소 티나에 갇혀 있던 페릭스, 그의 형제이자 친구이고 유전자 표준이며 왕위 계승자였던, 지금은 본체는 죽어 버리고 복제품이 대체되었으며 배양기에서는 새로운 몸이 재생 중인 룩스 포이부스, 서로 사랑하는 부모에게서 자연 출산으로 태어났기에 수정란 단위에서 복제될 수 없는, 그래서 이 작전에 투입된 하일라스 메르쿠리. 멸절을 꿈꾸는 클뤼타임 네스트라, 자기 자신을 컨스티튜션이 할당한 오차범위 안에서 사고를 치는 존재라고 냉소하는 마쯔다 훈, 킬레네이지만 스스로의 의지를 갖고 움직이는 아프 나스티카, 그리고 인간 유전자 표준으로서 새로운 대체가 되어야 하는 누트 눈. 이들이 궁극적으로 말하는 것은 유전자의 문제이자 영혼의 문제이고, 무엇이 인간을 규정하는가, 무엇이 인간을 증명하는가의 문제이다. 이들의 전쟁과 반란도, 킬레네 분대도, 자아를 지우는 처벌 레테도, 모두 "나를 나라고 증거하는 게 무어냐"는 질문으로 수렴한다.

1999년의 『푸른 포에닉스』는, 1988년 『만화왕국』에 연재되었던 버전을 전면적으로 새로 그렸다. 외전에서 먼저 다루어진 설정들이 추가되고, 메카닉도 크게 변경되었다. 일부 평론가들은 "이현세는 『아마게돈』을 그리기 전에 모형을 만들어 보는 수고를 아끼지 않았던 반면, SF를 그린 소녀 만화 작가들 중 메카닉을 추구한 작가가 단 한 명도 없었다"고 말하는데, 이는 사실과 다르다. 김진은 한국에서 SF를 다룬 작가로서는 흔치 않게 메카닉에 공을 들였다. 많은 순정 SF 작품들이 미래나 우주를 배경으로 하면서도 주로 ESP나 인간형 안드로이드를 다루다 보니 메카닉이 전면에 나올 일이 많지 않았지만, 김진은 『푸른 포에닉스』에서 여러 함선들이나 버려진 위성, 군사시설 등을 배경으로 크고 작은 국지전을 묘사하며, 스토리상 메카닉 디자인이 필요한 부분이 많았다는 차이 때문이다.

김진은 1988년 『푸른 포에닉스』를 연재하기 전, 주성윤, 홍성혁, 양재현 등이 속해 있는 동아리 AAW(Animation Art Work)에 『푸른 포에닉스』의 주요 함선 디자인을 의뢰했다. 이 작품에서 메카닉의 비중과 중요성을 고려한 선택이었을 것이다. 김진은 AAW의 디자인을 마음에 들어 했으나, 일부 남성 독자들은 이 디자인 의뢰를 두고 여성 작가라 메카닉에 약한 것이라며 비하했다. 이후 김진은 1999년 새로운 연재와 함께 함선이나 위성을 직접 다시 디자인했고, 이를 라이노와 3dMAX 등으로 모델링하여 작품에 활용하였다. 하지만 '메카닉물, 전쟁물은 남성 장르'라는 편협한 생각을 하던 일부 남성 독자들은, 작품에 계속 트집을 잡았다. 아카이아의 군 체계를 두고 "여성 작가라 군대에 대해 잘 알지 못한다"고 공격하기도 했다. 하지만 이는 명칭을 기존의 체계에서 가져온 것뿐이지 미래이고 우주가 배경이라는 것을 간과한 주장이었다.

김진은 『1815』의 서문에서, "『푸른 포에닉스』는 내가 야심을 가졌을 때 그려졌다"고 말했다. 역사와 메카닉, 푸른 포에닉스 연방과 고르고니아의 문자, 정치 구조, 군사 체계나 각종 사회상의 설정 등, 『푸른 포에닉스』는 많은 노력이 들어간 작품이고, 연재가 계속되었다면 그 야심에 걸맞는 작품이 되었을 것이다. 하지만 『푸른 포에닉스』는, 『쎈』에서도 단행본 세 권 분량을 연재한 뒤 불행히도 중단되었다. 외전 중에서도 1993년 『실루엣』에 연재된 「My Name is Terra」와, 1999년 『모션』에 첫 화가 실린 「파누엘 7」처럼 폐간으로 결말을 볼 수 없는 작품들이 있다. 아니, 『푸른 포에닉스』와 그 외전들뿐만이 아니다. 김진은 왕성한 활동으로 동시에 여러 잡지에 연재를 하면서도 서로 성격이 다른 작품들을 선보여 왔지만, 잡지 시장의 부침과 함께 폐간으로 완결할 수 없었던 작품들이 적지 않았다. 게다가 〈야간비행〉이나 〈태왕사신기〉 등의 표절 논란은 작가를 소모적인 싸움으로 지치게 만들었다. 그럼에도 불구하고 작가는 지금도 새로운 지면에 신작을 발표하는 한편, 『바람의 나라』를 계속 이어가고 있다.

지극한 과학으로 만들어 낸, 친한 길들이 서로 만나는 곳
권교정의 『제멋대로 함선 디오티마』

『제멋대로 함선 디오티마』는 시작부터 놀랍고 당황스러운 작품이었다. 신설 우주 스테이션 디오티마의 역장으로 부임해 온 나머 준이 자신을 함장으로 소개하며 소개되는 챕터 제목은 '제멋대로 함장 나머 준'이다. 일단 애니메이션 〈무책임 함장 테일러(캡틴 테일러)〉(1993)가 떠오르는 제목이다. 부임하자마자 그 젊은 나이와, 젊은 나이임에도 일의 프로세스를 정확하게 알고 상황에 맞는 적확한 지시를 내릴 수 있는 경험치, 그리고 그 게을러터진 듯한 행적을 보고 있으면 떠오르는 인물이 있다. 바로 양 웬리다. 〈무책임 함장 테일러〉가 『은하영웅전설』의 영향을 받았던 점, 그리고 작가 권교정이 『Gyo의 리얼 토크』에 자신이 학생 시절 그렸던 『은하영웅전설』 패러디를 실었던 것, 『어색해도 괜찮아』에서 대놓고 『은하영웅전설』 영업을 하던 것을 생각하면, 나머 준의 습관들은 커피도 마실 수 있다는 것을 제외하면 양 웬리를 종종 떠올리게 한다. 나머 준의 전생이었던

'디오티마' 존 H. 서얼과 스카 지니어스의 관계, 그리고 CSC와 경쟁 관계인 헥시틸린 사의 수장 아서 맥스웰의 관계, 하다못해 민간 기업인데도 군복 같다는 평을 듣는 CSC 제복에 딸린 베레모에다, 데브리 수거함 '휘페리온'까지 그렇다.

권교정은 화면 구석구석을 살펴봐야 찾을 수 있는 웃음의 요소들을 능숙하게 배치하며, 패러디도 잘 활용한다. 현대물에서는 주인공들이 『패트레이버』나 『어스시의 마법사』, 『은하영웅전설』 등에 푹 빠져 있는 모습도 적극적으로 집어넣었다. 하지만 그의 만화는 단순한 패러디 개그물과는 거리가 멀다. 권교정의 만화는 서늘하고 신중하며 때로는 쓸쓸하기까지 하다.

박인하는 『누가 캔디를 모함했나』에서 권교정의 실질적인 데뷔작이자 중세 판타지인 『헬무트』(1996)에 대해, "인간과 세계의 본질적인 면에 대한 문제 제기"라고 설명한다. 인간과 다르다는 이유로 몰살당한 요정들은 소수자에 대한 은유이며, 이단 재판을 열어 화형에 처하는 중세 교회는 사상의 자유를 억압하는 자들이다. 이름갈트는 소탈해 보이지만 영주의 딸이고, 그녀의 삶과 농노의 삶에는 계급과 빈부의 격차가 엄연히 자리한다. 이름갈트에게 청혼하기 위해, 이단자인 마법사 헬무트를 찾아 떠나는 율겐의 이야기는, 신과 종교와 인간의 자유의지, 그리고 이와 같은 세계의 모순을 치열하게 보여 주며, 결국은 이런 세계여도 괜찮은 것인지를 묻는 과정이다. 이와 같은 서늘한 종말과 쓸쓸함의 정서는 정통 판타지인 「페라모어 이야기」, 「청년 데트의 모험」, 「왕과 처녀」에서도, 동화의 패러디인 「메르헨, 백설공주의 계모에 대한」과 「피리 부는 사나이」에서도, 우리가 익히 알고 있는 『삼총사』의 세계관을 비튼 동화적 세계 속에서 느리지만 확실히 다가오는 종말을 다룬 「마담 베리의 살롱」에서도 그 흔적을 발견할 수 있다.

그 쓸쓸함이 좀 더 개인적인 영역으로 다가오는 작품은, 이 『제멋대로 함선 디오티마』와 우리 주변에 섞여 있는 마법사들을 다룬 『매지션』이다. 『매지션』의 주인공들은 자신과 타인의 관계 사이에 작용하는 힘을 가지고 있는 마법사들이다. 그들은 인간과 인간의 세계를 때로는 게걸스러울 정도로 사랑하지만, 결국 어느 곳에도 머무를 수 없고 원하는 것을 포기하는 방법을 배워야만 한다. 그런 이들의 공감과 이해와 결속, 그리고 운명의 절대 교점 '라후'를 통해, 권교정은 특별한 힘을 지닌 이들의 쓸쓸하고 안타깝지만 절망적이지는 않은 순간들을 담담하게 담아냈다.

이와 같은 쓸쓸함의 정서를, 『제멋대로 함선 디오티마』에서는 부함장 지온 홋첸플로프의 입을 빌어 좀 더 직접적이고 분명하게 표현한다. "거역할 수 없을 정도의 호감, 압도적인 안타까움", "그 기이한 안도감, 존재할 것 같지 않은 고독과 예상치 못한 그리움"은, 지온이 나머 준을 처음 만났을 때 느낀 감정인

동시에 권교정의 만화 전반에 흐르는 정서다. 사라져 가는 것, 그 서늘한 종말에 대한 애수와 슬픔은 권교정 특유의 가늘고 섬세한 펜선과, 웃고 있어도 어쩐지 쓸쓸해 보이는 인물들의 표정과 맞물리며 모노노아와레(物の哀れ, 자연과 인생의 여러 상황에서 나타나는 순간적 아름다움에 대한 애절한 이해)의 정서를 자아낸다.

그리고 『제멋대로 함선 디오티마』는, 젊디 젊은 나이에 아름다움과 실력을 갖추고 높은 지위에 오른, 어디로 보아도 모든 것을 가진 듯 운이 좋아 보이는 여성인 나머 준에게서 느껴지는 근본적인 비애의 원인을, 반복되는 삶과 죽음에서 찾는다. 모든 것을 알고, 모든 산을 오르기를 원했던 고대 그리스인 여성 '디오티마'는, 아리스타르코스를 남겨 두고 갑자기 맞은 첫 번째 죽음 이후로 이전 생의 모든 기억을 가진 채 계속 환생을 반복하며 서기 2092년까지 왔다.

디오티마는 어떤 목적을 갖고 삶과 죽음을 반복하는 것이 아니다. 순수히 더 알고자 하는 의지, 그저 지식의 본질에 다가가고자 하는 마음뿐이다. 이 이야기 속 인물들이 존 H. 서얼이나 나머 준을 대하며 쓸쓸함을 느끼는 이유도 거기에 있다. 그들은 현재를 살아가지만, 지금 이 자리에 서 있는 사람이 아니다. 그들은 과거에서 왔고 미래로 갈 것이며, 지금 이 순간도 기나긴 영원을 살아가며 계속 나아가는 디오티마에게는 스쳐 지나갈 찰나일 뿐이다. 그 사실을 알든 모르든, 인물들은 이 쓸쓸함에 이끌린다. 그리고 그의 곁에 있기 위해 느리지만 분명하게 그 뒤를 따른다. 한 사람의 "세상을 이해하고자 하는 욕망"이 결국은 인류를 진보시키는 것이다. 사람의 영혼을 알아볼 수 있는 '영혼 감별사'들은 이 디오티마의 영혼을 두고 '진화하는 영혼'이라고 불렀다. 하지만 정작 디오티마 본인은, 계속 앞으로 나아가기만 하는 이것이 진화인지에 대해 계속 회의한다.

그리고 과학자이자 사업가인 천재, 지니어스 쌍둥이가 있다. 존 H. 서얼의 희생으로 살아남은 지니어스 쌍둥이, 특히 스카 지니어스에게 있어 디오티마는 자신과 존 H. 서얼, 그리고 나머 준을 잇는 연결점이다. 스카 지니어스에게 존 H. 서얼은 생명의 은인 이전에 그의 진짜 가족이고 싶은 간절한 애정과 갈망의 대상이었다. 그리고 지금, 스카는 같은 영혼을 지닌 존재인 나머 준을 두고 혼란에 빠져 있다.

분명한 것은 그가 경쟁사인 헥시틸린의 회장 아서 맥스웰을 싫어한다는 것이다. 디오티마의 이해의 영역을 넘어선 사람, 권교정의 『매지션』에 나오는 표현을 빌리자면 디오티마의 "가장 가까운 타인"인 그를.

이렇게 『제멋대로 함선 디오티마』는, 거듭되는 환생을 통해 고대로부터 현재까지를 아우르며 성숙해 온 한 인물의 영혼을 중심으로, 21세기 말 우주에서의 나날을 보여 주는 이야기다. 하지만 디오티마가 당시의 독자들에게 충격을 안겨 준 것은, '진화하는 영혼'이라든가 농담처럼 시작한 "유령이 물리법칙, 특히 중력의 영향을 받는가"라는 질문에서부터, 왜 지구로 돌아가면 곧 죽고 말 우주암 환자가 얼마 남지 않은 생명을 단축시켜서라도 지구로 돌아가기를 간절히 바라는가 같은, 인간 영혼의 문제 때문만은 아니다.

권교정은 수학교육과 출신이다. 그래서인지 작품 여기저기에 과학적인 설정, 특히 물리법칙을 신경쓴 흔적이 역력하다. 이를테면 시작부터, 디오티마의 최고 속도에 대한 말이 나오자마자 "그런 속도로 가속하다간 동체부터 짜부라지고 말 거다"라고 경악하는 모습이 나온다. 그를 시작으로, 게으른 듯 보이지만 꼼꼼히 우주 스테이션 디오티마를 순찰하는 나머 준의 이야기, 지구의 중력에서 살 수 없는 월인 소년 라테라사의 이야기, 그리고 라테라사를 만나기 위해 저중력 훈련을 받는 미라 달의 모습을 보여 주며, 이야기는 차분히 우주 스테이션 디오티마의 설정을 독자에게 전한다. 기본적으로 우주 스테이션 디오티마에는 지구의 중력에 맞춘 표준중력권과, 달의 중력을 구현한 저중력권이 있으며, 태어나고 자란 중력 환경과 훈련으로 받은 자격에 따라 갈 수 있는 지역이 달라진다. 그리고 권교정은 이 두 가지 중력을 함께 구현하기 위해 우주 스테이션 디오티마의 디자인부터 신경써서 만들었다. 기본적으로 하나의 회전축에 두 개의 구형 구조물을 붙여 놓은 형태로, 단행본 말미에 이 중력 계산에 대한 설정을 붙여 놓기도 했다. 여담이지만 대원판 단행본에서는 우주 스테이션 설정에서 중력 계산에 실수가 있었다며 자책하는 후기가 실려 있다.

　작중에서 중력의 영향을 받는 것은 우주 스테이션 디오티마에 대한 설정뿐만이 아니다. 양력이 필요없는 공간의 우주선들, 우주이기 때문에 사람의 몸이 중력 영향을 받는 부분들은 크게는 우주암 같은 질병부터 작게는 술에 빨리 취하는 것까지 다양하게 묘사된다. 우주복의 무게나 선외 유영 시간, 제복의 소재, 마치 스쿠버 다이빙 후 잠수병에 걸리듯이 선외 활동 이후 질소로 인해 문제가 생기는 것을 막기 위한 질소 청소, 심지어는 직원 성비나 가족 복지 정책까지, 주로 과학적이고 종종 현실적인 설정들을 읽고 있으면 감탄하지 않을 수 없다. 심지어는 본편에서 우주 스테이션 디오티마가 최대 초속 540킬로미터로 이동할 수 있다는 이야기를 해 놓고, 개그풍의 후기 만화에서는 디오티마가 그 속력으로 날아가려면 전면의 트레스를 떼고, 액체 연료를 더 달고, 꼬리에 로켓 엔진을 붙이는 대대적인 개조를 해야 한다고 설명하기까지 한다.

　김낙호는 2008년 3월 1일자 『기획회의』에 수록한 「진화하는 영혼은 진행형-『제멋대로 함선 디오티마』」에서 이 작품은

"SF적인 요소를 운명적 굴레나 이질적인 배경으로 삼는 것이 아닌, 시공간 개념을 스케일 크게 재해석하는 정통파 고전 SF의 감수성을 담은 작품이자, 지극히 현실적인 과학을 기반으로 하는 우주 개발 시대를 배경으로, 기업들의 산업적 논리가 상충하는 사회적 현실에 기반한 이야기"라 설명한 바 있다. 그 말대로다. 지니어스 쌍둥이와 아서 맥스웰은 디오티마를 두고 서로 견제하고 경계하지만, 그들의 진짜 대립은 우주 스테이션 개발을 둔 경쟁이다. 윤선희가 「소녀들의 감성으로 본 과학: 소녀만화에 나타난 과학에 대한 성찰성」에서 언급한 바와 같이, 강경옥의 『라비헴 폴리스』가 가까운 미래에 달로 여행을 가는 등 평범한 일상 속에 우주가 가까이 다가와 녹아든 모습을 보여주었다면, 『제멋대로 함선 디오티마』는 우주에서의 일상을 보여 준다. 이 이야기는 디오티마의 영혼의 진화를 축으로 삼아, 스페이스 데브리를 치우고, 조난당한 우주선을 구해 내고, 불법 여행자를 인계하고, 데브리가 연구 모듈에 충돌할 상황에 대응하거나, 가끔은 높으신 분들을 상대로 저녁을 먹고 출장을 다니며 의사에게 잔소리를 듣기까지, 우주 스테이션 디오티마에서 나머 준과 직원들의 일상을 생생하게 그려 낸다. 중간중간 맛없는 회사 식당에 대한 불만이나 연봉 이야기, 농땡이를 부리는 상사에 대한 뒷담화까지, 우주를 배경으로 직장인의 시끌벅적한 일상을 절절하게 묘사하는 것이다.

그렇게 만들어진 세계는 마치 유리병 속의 테라리움처럼 더할 나위 없이 완벽해 보인다. 하지만 우주에서 근무하는 사람들은 일정 기간이 지나면 지구로 돌아가야 한다. 테라리움 속의 세계는 완벽해 보이지만, 그 안에서는 식물이 정해진 이상으로 크게 자라지 못한다. 주어진 유리병보다 크게 자라려면, 그 벽을 깨고 한 걸음 앞으로 걸어나가야 한다.

모든 것을 알고 싶어 넓은 세상으로 나갔던 디오티마는, 아리스타르코스의 곁에 남기 위해 평생 파로스의 등대만을 바라보고 살아도 좋다고 생각했다. 그리고 죽음과 환생은, 그 좁은 세계에 남기로 결심한 육체에서 벗어나 더 큰 세계로 나아가기 위한 분명한 통과 의례였다. 비록 그것이 디오티마, 존 H. 서얼, 그리고 현재의 나머 준에게는 옷을 갈아입듯이 간단한 일이 아니라, 매번 감당하기 힘든 고통이었다고 해도.

그럼에도 불구하고 달이 차면 아이는 어머니와 이어진 탯줄을 끊고 나와야 한다. 때가 되면 사람은 집을 떠나야 한다. 언젠가는 육체를 벗고 세상을 떠나는 것 역시 당연한 일이다. 곤충이 자라고 날개를 얻기 위해 계속해서 외골격을 벗어 내는 고통스러운 탈피를 하며 앞으로 나아가듯이, 디오티마는 계속하여 몸을 갈아입고, 집을 떠나고, 죽음의 고통을 넘어 다시 앞으로 나아간다. 그렇게 수많은 시간을 살아온 끝에 디오티마는 가장 커다란 집이었을 지구를 벗고, 기원전 3세기부터 갈망해 온 달의 뒷면을 마침내 보고 만다. 그런 디오티마에게, 이 우주 스테이션은 결코 영원한 낙원일 수 없다. 그저 스쳐 지나가는 찰나보다 조금 더 긴 안식에 불과할지도 모른다. 그럼에도 이 세계는 소중하다. 필연적으로 잃어버릴 것이기 때문에 때로는 쓸쓸할지도 모르지만, 디오티마는, 지금의 나머 준은 기억하고 있으니까. 그리고 기억하며 조금 더 앞으로, 조금 더 멀리 나아가는 한 사람의 발걸음은, 비록 쓸쓸하고 그리운 애수를 그림자처럼 밟고 있다고 해도, 그 곁에 선 다른 이들까지 조금 더 앞으로 나아가게 이끈다. 나머 준의 이번 생의 인연들, 존 H. 서얼의 인연들, 그리고 2400년 이전의 아리스타르코스와의 인연들. 타인들과의 그 교점들은 『매지션』에서 말하던 라후처럼 디오티마의 영혼과 얽히며, 함께 고양되고, 함께 나아갈 것이다.

그런 것은 어떤 면에서 작가의 비블리오그래피와 비슷한 것일지도 모른다. 권교정이 사랑했던 『은하영웅전설』이나 『어스시 이야기』, 그리고 수많은 작품들과 그에 대한 생각들이 이루어 낸 토양 위에 이 『제멋대로 함선 디오티마』의 싹이 터 올랐듯이. 그리고 1997년에 연재되었던 이 작품이 지금 한국 SF 작가들, 특히 나에게도 깊은 영향을 끼쳤듯이. 그런 느슨하고 희미하며 서로를 이끄는 교점들을 발견할 때마다 문득 떠올린다. 『데미안』에서 에바 부인이 했던 말을. 친한 길들이 서로 만나는 곳, 거기서는 온 세계가 잠깐 고향처럼 보일 것이라는 그 말을.

오래전, 갓 대학을 졸업하고 회사에 다니던 나는, 회사 업무로 일러스트를 의뢰하러 권교정 선생님을 찾아뵌 적이 있다. 문조들이 날아다니던 집에서 권교정 선생님은 내가 수학과를 나왔으며, 퇴근 후에는 글을 쓰고 있다고 하자 무척 반가워하시며, 언젠가는 수학이 소재인 만화나 소설들도 나올 거라고 말씀하셨다.

몇 년 뒤, 나는 귀신을 잡는 데 수학을 사용하는 라이트노벨, 『월하의 동사무소』로 작가가 되었다. 나의 첫 SF 단편집 마지막 소설은 수학과 대학원생이 주인공인 이야기였다. 내가 아끼는 단편, 「바이센테니얼 비블리오필」은 『데미안』과 『제멋대로 함선 디오티마』가 있었기에 시작될 수 있었던 이야기였다.

2부

Feminism & Fight

싸우는 여자들의 이야기

'낯설게 하기'로 다시 돌아보는 위험한 로맨스와 그에 대한 극복

신일숙의 『1999년생』

    1988년, 서울올림픽이 개최되던 그해에 한국에서는 순정만화 잡지 『르네상스』가 창간되었다.

    그때까지 순정만화는, 몇몇 어린이 잡지나 여학생 대상 잡지 등을 제외하면 주로 대본소에서 볼 수 있었다. 그런데 1985년, 황미나, 김혜린, 신일숙, 김진, 이정애, 유승희, 이명신, 서정희, 황선나 등 순정만화 작가 아홉 명이 만화 동인 〈나인〉을 결성했다. 〈나인〉은 만화가 '연극, 회화, 무용, 건축, 문학, 음악, 영화, 사진에 이은 아홉 번째 예술'이라는 뜻에서 지은 이름이었다. 이 〈나인〉은 동인지 「아홉 번째 신화」를 출간하였는데, 이를 통해 작가는 물론 독자도 순정만화 잡지를 열망하고 있음이 확신되며, 1988년 마침내 『르네상스』가 창간되었다. 박인하는 『누가 캔디를 모함했나』에서 『르네상스』와 같은 순정만화 잡지의 탄생에 대해 순정만화의 "다양성이 확대되고 독자와 작가간의 안정적인 소통 통로가 마련"되는 계기였으며, "대본소 시장 구조에서는 창작될 수 없었던 단편 창작을 활성화"시켜 독특한 개성을 지닌 이정애, 이은혜, 원수연, 김기혜, 이강주 같은 작가가 입지를 구축하게 해 주었다고 설명하기도 했다. 그 시기를 직접 경험하지 않았더라도, 당시에 대한 기록들을 읽다 보면 이것이 단순히 매체 하나가 늘어난 것이 아니라, 한국 순정만화 역사의 반짝거리는 장면 중 하나이자, 그야말로 새로운 시대를 예감하게 하는 사건이었음을 짐작할 수 있다.

과연, 이후 굵직굵직하게만 살펴봐도 1991년 『댕기』와 『나나』가, 1993년 『윙크』와 『이슈』의 전신인 『터치』가, 1995년 『화이트』와 『밍크』가, 그리고 1996년의 시작과 함께 『이슈』가, 1997년에 『파티』와 『나인』이 창간되며, 1990년대 한국 순정만화는 그 질과 양과 다양성에서 중흥기를 맞았다. 물론 창간되고 1년을 넘기지 못하고 사라지는 잡지들도 있었고, 『르네상스』 역시 고작 6년 만인 1994년 폐간되었으며, 이 시기에 창간된 잡지들 중 상당수가 청소년보호법과 대본소, 그리고 소위 IMF 시기라 불리는 외환 위기 등 여러 악재를 겪으며 사라졌다. 그럼에도 불구하고 『르네상스』의 창간, 그리고 그 뒤를 이은 여러 순정만화 잡지들은 이 시기 수많은 작가들을 배출해 냈으며, 당시 일본에서 수입되던 인기 순정만화 작품들과 경쟁할 수 있는 작품들을 만들어 낸 기반이 되었다.

그런데 이 빛나는 시기의 서막을 알리며 당대 인기 작가들이 집결한 『르네상스』 창간호에 한 편의 SF 작품이 실렸으니, 바로 『1999년생』이었다. 종말론이 팽배하고 전쟁과 재해가 계속된 지구에 초고도의 과학 기술을 가진 우주인들까지 공격해 온다. 거듭되는 패퇴 속에서 인류의 종말이 다가오는 듯한 암울한 세기말과, "북부 일부를 제외한 6대륙의 4분의 3 정도 되는 지역이 UFO의 무지막지한 공격으로 섬멸"당한 2010년 무렵이라는 어두운 미래와 함께 시작하는 이 만화는, 기본적으로 ESP 능력에 약한 외계인들과 그들에 맞서 싸우는 지구인들, 특히 태어난 아이들의 80퍼센트 정도가 ESP 가능성을 보인 '1999년생'으로 대표되는 지구인 에스퍼들의 대결을 다루고 있다.

이런 암울한 배경 설정은 무척 설득력이 있었을 것이다. 당장 내 기억으로도, 서울올림픽 무렵 학교에 다녀오는데 누가 아이들을 모아놓고 요한계시록이니, 666 같은 이야기를 들려주며 종말이 다가오고 있으니 교회에 가야 한다고 이야기를 하는 걸 들은 적이 있으니까. 에이즈 때문에 지구가 종말할 거라는 이야기도 있었고, 1999년에 지구가 종말할 거라는 노스트라다무스의 예언이 어린이 잡지에 공포 특집으로 소개되기도 했다. 아가동산이나 오대양 같은 사이비 종교 단체가 신도를 살해하고 암매장을 하거나 집단 자살을 하고, 다미선교회 같은 곳은 아예 1992년 10월 28일이라고 날짜까지 못 박아 놓은 채 휴거를 기다리기도 했다. 그런 불안한 뉴스들이 심심치 않게 들려오던 시기에, 근미래에 벌어질 외계인과의 전쟁을 다룬 이 오프닝은 얼마나 강렬하게 다가왔을까.

오프닝이 끝나자마자 이야기는 2016년으로 달려간다. 탁월한 ESP 능력 보유자인 크리스는 정찰 작전 중 지시받은 범위를 넘어 자신의 능력을 시험해 보려 외계인의 UFO를 파괴하고, 적들의 오토 플라이 소서를 탈취하여 외계인들과 싸우던 중 동료인 진을 잃게 된다. 그때 적들의 지휘관이 나타난다. 외계인의 지구 정벌단 수석 스무 명 중 하나이며, 극동 지역 생체 실험반의 총지휘자인 과학자 자헬 킬레츠는 크리스에게 결투를 선언한다. 무척 긴박하고 눈 뗄 수 없는 시작만 보아도 이 이야기는, 강하고 씩씩한 1999년생 지구인 ESP 능력자 여성 크리스정과, 외계인 여성 지휘관의 대결임을 바로 알 수 있다.

그리고 2017년, 크리스는 전투조에 자원한다. 결정적인 계기는 진의 죽음이었지만, 크리스에게는 전투조에 갈 만한 능력도 충분했고, 무엇보다도 적들을 섬멸하고 기지를 파괴하는 전투 과정의 긴장감이 좋았다. 지휘관들은 크리스의 결벽증과 남성 혐오증, 그리고 이전 훈련에서 실전 훈련 중 벌어졌던 사고를 불안 요소로 지적하지만, 교관인 로페스 프레스턴은 적극적으로 크리스를 영입하고, 크리스가 휴가를 간 스키장에서 우연인 듯

마주치며 크리스에게 "벼락처럼 기억에 남는 만남"으로 깊은 인상을 남긴다.

특A급의 탁월한 능력과 리더십으로 두각을 나타내는 한국계 소녀 크리스는, 지금 봐도 그야말로 독자들을 한눈에 사로잡는 멋진 여성이다. 그런 크리스는 전투조의 예비4조에 배속되자마자 남자 대원들과의 갈등을 겪게 된다. 크고 작은 성희롱과 조장인 크리스를 여자라고 무시하며 지시에 따르지 않거나, 텔레파시를 받지 않는 등 조원들과의 갈등 때문에 크리스는 괴로워한다. 여기서 이야기는 갑자기 지구의 존망을 걸고 싸우는 미래(연재 당시 기준으로)에서 현실로 돌아온다. 장진영은 "만화 속의 판타지는 현실에는 없는 상상 속의 낯선 세계지만 '현실이 확장된 또 다른 공간'에 다름 아니며, 이런 세계를 통해 현실을 은유, 상징함으로써 오히려 현실을 더 잘 그려 내는 공간이 된다"고 말한 바 있다. 크리스가 겪는 현실 역시, 미래의 이야기인 동시에 생생한 현재의 이야기다. 남초 사회에 던져진 크리스의 눈을 통해 우리가 겪는 일상적인 불쾌감을 극대화시킨 것이다. 고(故) 노회찬 의원의 말처럼 "우리 나라와 일본이 사이가 안 좋아도 외계인이 침공하면 힘을 합해야" 마땅한데, 크리스는 정말로 외계인이 쳐들어오는데도 같은 편, 심지어 같은 조의 동료들 때문에 괴로움을 겪는다.

첫 만남부터 조원들은 "용사를 위로해 주는 것은 레이디의 임무" 같은 소리를 하고, 다른 조의 조장은 크리스를 저속하게 희롱하며, 로페스 교관은 능숙한 피아노 연주에 커피를 내리면서 '완벽에 가까운 남자'로 행세한 후 크리스를 유혹한다. 그런 상황을 지휘관이자 크리스의 외삼촌인 제임스 멀린 박사도 뻔히 알면서도 내버려 두는 상황에서, 유일하게 크리스를 제대로 걱정하는 인물은 같은 여성인 수석 교관 필립스다.

필립스는 대원들을 무기 취급하는 로페스를 "바람둥이에 무책임한 남자" 취급하며 크리스를 그의 손에 두는 것은 "늑대 입에 고기를 물려놓는 일"이나 다름없다고 말한다. 안경을 끼고 머리카락 한 올 빠져나오지 않게 빗어넘긴 필립스는, 캐릭터가 보여 주는 인상만으로는 마치 'B사감'을 연상하게 하는 면이 있다. 특히 제임스 멀린이 그런 말을 "개인적인 복수심"으로 취급하는 대목은, 그녀가 로페스와 크리스의 사이를 질투하는 것으로 오인하게 만드는 장치다.

하지만 실질적으로 크리스에게 결정적인 조언을 해 주고, 크리스가 위험에 처했을 때 조원들과 함께 크리스를 뒤쫓는 사람은 바로 필립스다. "여자의 적은 여자"라든가 남자 주인공을 가운데 둔 삼각관계가 아니라, 전시에 오로지 자신의 능력으로 커리어를 쌓아 올린 성인 여성이 아직 십 대인 재능 있는 여성을 진심으로 걱정하고 행동하는 모습은, 1988년에 연재된 이 만화가 여성들의 관계와 커리어에 대해 어떤 고민을 하며 만들어졌을지 짐작케 한다.

실전 훈련인 줄 알고 갔더니 정말로 외계인의 기지여서 죽을 고비를 넘기기도 하고, 아카풀코 프로젝트에 투입되어 외계인과 싸우는 등, 크리스는 여러 갈등 끝에 대원들과 쌓은 신뢰를 바탕으로 작전을 성공시키며 활약한다. 하지만 그럼에도 고작 열여덟 살, "위기에 태어나 전시에 자란 세대. 가공할 초능력을 가지고 태어났다는 이유로 파괴와 살상용 무기로 교육받아온 슬픈 세대"일 뿐이다. 그런 그의 앞에 나타난 매력적인 남자, 로페스 교관은 자존심 강한 크리스를 "하나의 인간으로서 능력을 인정"하는 한편, "너라면 해낼 수 있을 거야"와 "너를 믿는다"라는 말로 길들여 나간다. 로페스는 크리스를 자신의 통나무집으로 초대하여 특별한 사람이라는 생각을 갖게 하고, 키스하고, 휴가 중인 크리스를 찾아와 "진심이었다"고 말한다. 로맨스의 관습이자 공식에 입각하여, 크리스는 사랑에 빠진다. 그런데 이 전개에는 한 가지 묘한 부분이 눈에 띈다. 마치 챕터를 표시하는 것처럼 이야기 전개 중간중간에, 다음과 같은 문장이 굵직한 산세리프체로 들어가 있는 것이다.

    1. 벼락처럼 기억에 남는 만남
    2. 완벽에 가까운 남성성
    3. 하나의 인간으로서 능력을 인정할 것

4. 보통의 관계에서 굳어지지 않도록 이성적으로 적극적인 자세를 취할 것
5. 최후의 결점을 남긴다

당시 로맨스의 전형적인 단계를 코드화한 것 같은 이 문장은, 사실 자헬 킬레츠의 전략이었다. 생체 실험에 능한 과학자인 자헬 킬레츠는 자신의 동료 연구원들이자 비전투 요원인 외계인들을 학살한 크리스에게 복수하기 위해 크리스의 취향에 딱 맞을 만한 로페스 교관을 납치하여 사이보그로 만들고, 이 심리 게임으로 크리스를 유혹한 후 정신적으로 망가뜨리려 했으며, 로페스 교관은 철저히 그녀의 계획에 따라 크리스를 유혹하고 길들인 것이다. 이에 대해 김은혜는 『만화웹툰작가 평론선-신일숙』에서 다음과 같이 설명했다.

"결과적으로 로페스의 행위는 현대적 용어로 말하자면 일종의 그루밍(grooming) 수법에 해당된다고 볼 수 있다. 지능적 성범죄에 해당하는 그루밍이란 '다듬다, 길들이다'라는 뜻으로 잠재적 가해자가 성적 착취를 목적으로 친밀한 관계를 만든 뒤 성적 학대를 쉽게 하도록 만드는 행위다. 그러나 이 작품이 발표됐던 시기는 이런 용어가 사회적으로 유통되기는커녕 개념조차 제대로 확립되지 않았던 시절이었다. 로맨스인 것 같으나 로

맨스는 아닌, 어떤 불쾌한 감정으로만 짐작될 뿐이다. 현재의 시각으로 되짚어보자면, 작가는 사랑의 감정을 이용한 어떤 불쾌한 감정들을 무의식적으로 포착했고, 위장된 로맨스로 끌어올려 서사의 한 부분에 접목하여 활용했다 할 수 있다. 이때 여성이 처한 불쾌한 상황을 불식시키기 위해 행위자를 인간이 아닌 사이보그로 상정하고, 최종적인 설계자를 외계인으로 둠으로써 독자가 안전하게 이런 상황을 추인하도록 한 것이다."

과연 그렇다. 상대를 자꾸 깎아내리거나 판단력을 의심하고 상황을 조작하며 스스로에 대한 의심을 불러일으켜 정신적으로 황폐화시키고 지배력을 행사하는 학대 방식인 가스라이팅(gaslighting)과, 도움의 손길을 내미는 척하며 경계심을 무너뜨리고 신뢰를 얻으며 길들여 심리적으로 지배한 뒤 성폭력을 저지르는 그루밍(grooming) 성범죄에 대해 사람들이 제대로 인식하게 된 것은 비교적 최근의 일이다.

특히 가스라이팅이나 그루밍 성범죄는 주로 아동이나 청소년, 혹은 달리 의지할 데가 많지 않은 젊은 여성에게 벌어지며, 그 가해자는 종종 피해자에게 고민 상담을 해 주거나, 혹은 권위를 갖고 꾸짖을 수 있는 사람이다. 나이 차이가 많이 나는 커플 사이에서 종종 벌어지거나, 학교 교사나 학원 강사, 과외 교사, 성직자 등이 가해를 하는 경우가 심심치 않게 보이는 것도 그 때문이다. 크리스는 멋진 언니이자 리더십을 가진 지휘관으로 나오지만, 고작 열여덟이다. 성숙한 남성이자 권위를 지닌 교관인 로페스에게는 아직 십 대 소녀인 크리스를 이런 식으로 길들이기 매우 손쉬웠을 것이다.

BBC에 따르면, 그루밍 성범죄는 대체 다음과 같은 여섯 단계로 이루어진다.

1. 피해자 물색, 접근하기
2. 피해자와 신뢰 쌓기
3. 피해자의 욕구 충족시키기
4. 피해자 고립시키기
5. 피해자와 자연스러운 신체 접촉을 유도하며 성적인 관계 형성
6. 회유와 협박을 통한 통제

로맨스의 여섯 단계 중 다섯 단계를 밟아 올라가며, 로페스는 이 그루밍 성범죄의 3단계까지 온 뒤, 피해자를 고립시키기 위해 작전에 자원하고, 동료들을 살해한다. 그리고 크리스를 강간하려 한다. 이야기의 마지막에서야 밝혀지는 이 결말은 실로 충격적이다. 완벽한 로맨스의 남자 주인공 같았던 매력적인 남자가 실은 적이고, 스파이라니. 크리스는 뒤따라온 동료들의

도움을 받아 로페스를 살해한다. 그러자 자헬 킬레츠가 목소리로 다시 등장하여, 이 이야기가 사실은 외계인 과학자와 지구의 에스퍼 군인 크리스의 대결이었음을 확인시킨다. 로페스가 죽고, 그 계획은 실패했지만, 크리스가 이 일을 극복할지에 대한 의문을 남기면서.

하지만 크리스는 강하다. 그녀는 처음으로 사랑한 남자가 유부남이나 바람둥이, 평범한 배신자 정도가 아니라 외계인의 지령을 받은 사이보그였지만 무너지지 않는다. 동료인 토운이 그자의 손에 살해당했지만, 여기서 주저앉지 않는다. 외삼촌인 제임스 멀린은 로페스가 흘리는 정보 때문에 크리스가 위험에 빠져도 내버려 두었지만, 크리스는 그 사실을 알지 못했고 알았더라도 상관하지 않았을 것이다. 가족의 일, 특히 아버지의 일로 남자를 불신하던 크리스였지만, 이제 크리스에게는 자신을 걱정해서 뒤따라와 준 상사 필립스와, 자신을 사랑하고 걱정하는 동료들이 있다. 크리스는 다시 일어나, "이겨 낼 수 없는 상처라면 지고 가는 수밖에 없다. 용감할 수 없다면 용감한 척이라도 하며. 나약한 본심은 꾹 다문 입술 아래 숨겨야 한다. 전사는 원래 상처투성이"라 말하며 동료들과 함께 멕시코 전장으로 떠난다. 사랑의 파국으로 인해 망가지고 주저앉는 대신, 크리스는 이 경험을 발판으로 더욱 성숙하고 남성의 전문 영역인 전투에서 주체적으로 싸우는 군인이 되는 것이다.

이 이야기가 다루는 배경은, 우리에게는 다행히도 오지 않았던 과거다. 우리는 외계인의 침공을 받지도, 인류가 절멸의 위기에 처하지도 않았다. 우리는 이 이야기를 그저 지구인과 외계인의 전쟁을 다룬 모험 활극으로, 남성결벽증을 앓고 있던 십대 소녀가 동료들을 만나고 로맨스를 겪으며 성장하는 이야기로, 혹은 어떤 면에서 쥘 베른의 고전 SF를 읽는 듯한 감각으로 대할 수도 있을 것이다. 어디까지나 당사자가 아니라고 가정했을 때 말이다.

하지만 어떤 이들, 젊은 여성 독자들에게 이 만화는 여전히 현재 진행형이고, 미래에도 있을 이야기다. 현실에서 경험하는, 종종 로맨스로 위장되는 젠더 폭력을 작가는 날것 그대로 다루는 대신, 우리의 적인 외계인과, 그의 명령을 받은 사이보그의 행동으로 불쾌함을 줄이며 진지하게 다루었다. 한편 이 만화가 연재되던 1988년은 여성이 아직 사관학교 입학조차 허가받지 못하던 시기였지만, 작가는 근미래 세계에서 강인한 의지와 뛰어난 초능력을 지닌 여성이 군사적 능력을 발휘하여 외계인과 맞서고, 적극적으로 싸우고 이겨 전투조의 조장으로 활약하는 모습을 제시했다. 혼자서도 충분히 강하지만 아버지, 남성 스승, 남성 동료들에게 시달리는 여성이 UFO를 타고 온 외계인과 맞서는 이야기를 통해, 작가는 현실의 여성들이 겪는 상황을 낯설게 하고, 다시 그 낯섦을 통해 현실을 바라보게 했다. 그리고 이제 이 만화가 나오고도 30년이 훌쩍 넘은 지금, 우리가 할 일은 사랑으로 위장된 폭력에 걸려들었더라도 크리스처럼 좌절하지 않고, 혹 누군가 그런 덫에 걸려들고 있다면 필립스 교관처럼, 빠져나올 수 있도록 손을 내밀어 주는 것일 터다.

『별빛속에』는 최초의 '장편 순정 SF 만화'였다. 『푸른 포에닉스』는 순정 SF 만화를 만화 잡지에서 시도했다. 그리고 『1999년생』은 한국 최초의 순정만화 잡지인 『르네상스』의 창간호부터 연재되었다. 이 작품이 완결된 뒤, 이번에는 김혜린의 『아라크노아』가 『르네상스』에서 연재된다.

가끔 상상해 본다. 한국 최초의 순정만화 잡지 『르네상스』에서 근미래를 다룬 SF 만화들을 보고 있던 당시의 순정만화 독자의 기분을. 그 만화들의 활달하고 유능하며 강한 한국계 여성 주인공들은 그때의 독자들에게 어떻게 받아들여졌을까? 물론 지금은 한국 작가가 쓴, 한국이 배경이고 한국인이 주인공인 이야기가 무척 자연스럽게 받아들여진다. 근미래 SF에서 현재 한국인이 겪고 있는 문제와 고민들의 연장선이 다루어지는 것도 흔한 일이다.

하지만 한때는 그렇지 않았다. 한국은 문화계의 변방이었고, 정작 한국인 독자들이 한국이 배경인 SF를 낯설어 하기도 했다. 바로 그런 시대에, 한국 순정만화는 이미 한국계 여성 주인공들을 세계로, 우주로, 머나먼 과거와 미래로 거침없이 이끌어가고 있었다. 가장 대중적이면서, 가장 진보적인 장르로서.

욕망에 충실한 미소녀들의 싸움
민송아의 《나노리스트》,
『좀비가 있어도 여고생은 잘 살고 있어요♥』

민송아 작가의 데뷔작은 귀신 이야기였다. 그것도 병원 귀신 이야기. 당시 나는 신인 작가 단편이 실린 『이슈』 잡지를 읽으면서, 이 작가는 장차 멋진 것을 그릴 것 같다고 생각했다.

그리고 몇 달 뒤, 민송아 작가의 첫 연재작이 나왔다. 뭔가 제목부터 상상을 초월하는 『좀비가 있어도 여고생은 잘 살고 있어요♥』였다.

많은 경우 좀비물이 다루는 것은 1차적으로 처절한 생존기, 그리고 좀 더 심층적으로 들어가면 계급 문제나 사회 문제와 얽히기 마련이다. 비슷하게 타자화된 괴물이라도 좀비와 뱀파이어는 다르다. 뱀파이어는 종종 아름답고 섹시한 불멸의 존재로, 그리고 자본가나 권력자의 은유로, 계층의 문제에서는 혈통으로 이어지는 권력이자, 설령 지금은 몰락했더라도 원래는 고상하고 귀족적인 상류층이었던 자로 그려진다. 그는 인간이 아닌 괴물이지만 종종 록 스타처럼 선망받는다. 하지만 좀비는 다르다. 좀비는 살아 있는 시체이자 썩고 망가지고 추한 몸으로 괴이한 비명을 지르며 움직일 뿐이다. 좀비는 그저 본능적인 식욕만을 가지고 사람에게 덤벼든다. 자신의 먹잇감과 종자나 뱀파이어로 만들 자를 구별하여 '선택'하는 뱀파이어와는 다르다. 뱀파이어가 개체를 늘리는 방식이 그런 '선택'이라면, 좀비 개체가 늘어나는 것은 그 식욕의 결과다. 다시 말해 좀비들은 이성 없이 철저히 본능적인 식욕과 번식욕으로만 움직이는 존재라는 이야기다. 그리고 많은 이야기에서 그렇게 좀비가 되는 자들은, 대부분 서민들, 하층민들, 사회적 약자들이다. 그들은 죽어도 우아한 뱀파이어와는 달리, 죽음 후에도 식욕을 채우기 위해 고단하도록 사람을 쫓아다니는 노동에 시달리고, 자기들끼리 아귀다툼을 벌인다. 더러는 살아 있는 인간들의 아귀다툼과 좀비의 모습이 비교되며, 이기적인 인간이 좀비와 다를 게 뭐가 있느냐는 듯한 장면을 보여 주기도 한다. 『웜 바디스』 같은 몇몇 예외를 제외하면 대체로 미디어에서 그려지는 좀비는 그런 모습이다.

그런데 『좀비가 있어도 여고생은 잘 살고 있어요♥』는 조금 이야기가 다르다. 이 이야기에서 식욕과 성욕으로 가장 날뛰는 인물은 좀비가 아닌, 우리 반 체육 부장 윤아다. 시작부터 머리에 커다란 꽃을 달고 나타나는 이 파격적인 미소녀를 보며, 우리는 종종 동서양을 막론하고 미친 여자들이 머리에 꽃을 꽂고 나타났던 것을, 이름부터 행적까지 한국 순정만화의 역사에서 독보적인 미친 여자 캐릭터였던 『야, 이노마』의 광년이를 떠올리게 된다.

교내 최고의 아이돌이었던 수현 오빠라며 하반신이 잘린 좀비 한 마리를 등에 업고 나타난 윤아는, 이 멸망 직전의 세상에서 진수 오빠를 만나러 가기 위해 전기톱을 들고 좀비 떼를 헤치며 앞으로 나아간다. 그 행동력에는 정말 조금의 거침도 주저도 없다. 본능으로 움직이는 좀비의 세계에서 가장 본능에 따라 움직이는 인간이 펼치는 모험담은, 진수 오빠에 대한 애정으로 수렴한다. 그 과정에서 다른 등장인물들을 계속 구하는 것은 이야기의 '덤'이 아니라, 결국 순정만화가 추구하는 것이 무엇인지를 생각하게 한다.

아주 원점으로 돌아가서 순정만화는 '소녀의 이야기'였다. 그리고 많은 순정만화는 소녀의 욕망을 직설적으로 표현하기 어려운 현재를 배경으로 삼는 대신 소녀를, 그것이 과거든 미래든 상관없이 갑자기 낯선 세계로 보내기도 했다. 그 머나먼 세계에서 소녀는 모험을 떠나고 세계를 구하거나 친구들을 구하고, 때로는 운명적인 사랑에 빠지거나, 그 사랑을 위해 새로운 모험을 감행하기도 한다. 그런 전형적인 순정만화의 욕망을 극단적으로 확대하여 보여 주는 것이 바로 '해맑게 미친 여고생'이 작중 최강의 무력을 자랑하며 좀비들을 썰고 다니는 이 만화다. 세상이 아무리 험난해도 자신이 가장 강하니까 두려워할 게 없고, 좋아하는 오빠를 구하기 위해 앞으로 나아갈 뿐이고, 그 과정에서 친구들이 잔뜩 생기는 이야기. 이 얼마나 적나라한 욕망의 결정체인가.

무척 운이 좋게도 민송아 작가의 다음 작품은 내가 쓴 스릴러 소설 『족쇄-두 남매 이야기』를 원작으로 했다. 아름답고 나약해 보이기까지 하는 이복남매와, 이들을 둘러싼 한 가족의 연이은 비극적 죽음을 다룬 이 이야기는 민송아 작가의 작화로 다시 태어나며 더욱 강렬하고 처절한 이미지를 갖게 되었다. 그리고 민송아 작가의 다음 작품이 바로 《나노리스트》였다.

인간과 거의 구분할 수 없을 만큼 발달한 안드로이드들이 대중화된 지 100여 년쯤 지난 미래, 한눈에 봐도 유약하고 온순해 보이는 고등학생 안도진은 가사 안드로이드 '산'과 함께 살고 있었다. 몇 년 전 누나는 자살했는데, 그가 고등학생이 된 생일날 리본을 단 선물을 보내주겠다는 기묘한 유언을 편지로 남겼다. 그리고 생일날, 정말로 커다란 리본을 단 미소녀 안드로이드가 생일 선물이라며 나타났다.

이야기 전체의 오프닝에 해당하는 1화만 보면 굉장히 많은 가능성이 떠오른다. 『작은 숙녀 링』에 나오는 엄마의 비밀 열쇠 같은 건가? 아니면 '돌아가신 아버지가 남긴 수퍼 로봇' 클리셰를 누나와 미소녀 안드로이드로 바꾼 건가? 연상의 이웃집 누나가 돌봐주던 소년의 집에 연하의 미소녀가 나타나 벌이는 삼각관계 러브코미디를 안드로이드 버전으로 각색한 건가? 여기에다 안도진의 동급생인 이수선까지 나타난다. 이쯤 되면 "이건 시끌벅적한 소년물 러브코미디입니다"라고 노골적으로 써 붙여 놓은 듯한 세팅이다.

그리고 이후의 이야기는 그야말로 여자들과 여성형 안드로이드들의 이야기다. 미소녀 안드로이드들은 서로 저마다의 특기와 무기를 지니고, 주인에게 받은 명령만이 아니라 저마다의 이유와 감정, 소중한 것과 증오의 대상을 품고 싸운다. 안도진의 가사 안드로이드인 산은 안도진을 사랑한다. MSA의 회장 비서인 안드로이드 차차는 자신의 주인인 오정규부터 시작해서 모든 인간들을 싫어하며, MSA의 군수산업부는 물론 기업 전체를 손에 넣고도 오정규에게서 조금이라도 더 벗어나기 위해 권력을 탐한다. 수리 안드로이드 자비는 자신을 학대하는 주인 민송태를 소중히 여겨 끝까지 곁에서 지키려 한다. 하지만 그가 내린 불합리한 명령을 거부하다가 교란이 일어나 몸이 망가질 위기에 처했는데도 그의 말을 따르지 않는 면도 보인다. 전무후무한 병기를 만들어 낸 천재 과학자 안도화의 자살에서부터 시작된 이 이야기는, 저마다 자신의 욕망에 솔직하고, 자신에게 소중한 것을 지키려는 여자들과 여성형 안드로이드들의 싸움으로 이어진다. 누군가에게는 강아지이고, 누군가에게는 죽은 사람과의 내기이며, 누군가에게는 자신을 학대한 창조주이고, 누군가에게는 권력이며, 누군가에게는 연인인 그 소중한 것을 지키고 손에 넣기 위해 『나노리스트』의 여자들은 사랑하고 증오하고 행동하고 싸운다.

혹자는 『나노리스트』를 두고 다양한 개성을 지닌 인공 생명 미소녀들이 나온다는 점에서 『파이브 스타 스토리즈』를 연상하기도 했다지만, 두 작품은 인공 생명체에 대한 시선 자체가 아주 다르다. 『파이브 스타 스토리즈』의 파티마들은 자신의 욕망을 위해 싸우지 못한다. 그들의 욕망은 억압되어 있고, 이들이 '마인드콘트롤'과 '성단법'에 의한 속박으로 고통받는 모습이 이야기의 중요한 한 축으로 자리잡고 있을 정도다. 파티마들은 고성능 컴퓨터와 같은 두뇌와 기사의 스피드를 지니고 거대 인간형 병기인 모터헤드(GTM)를 움직이거나, 더러는 직접 광검을 들고 싸운다. 분명 평범한 인간과는 비교할 수 없는 힘을 지녔는데도, 그들은 인간에게 거역할 수 없다. 유명한 마이트가 만든 파티마는 여신처럼 추앙받고, 기사가 데리고 있는 파티마는 병사들의 동경의 대상이 되지만, 그 파티마들이 주인을 잃고 안전한 곳으로 가는 동안에는 제대로 보호받지 못한 채 자신을 추앙하고 동경하던 인간들의 폭력과 악의에 노출된다. 싸우는 미소녀인 동시에 속박을 받아 고통받는 파티마들의 모습은 기묘하게 연약함이 강조된 가련한 외모와 주인에게 복종하는 태도와 연결되며 페티시를 만들어 낸다. 여기에 중반 이후 '파티마'라는 명칭도 버리고 'AF(오토매틱 플라워즈)'라는 새로운 명칭을 사용하기 시작했다. 그야말로 대놓고 전장의 꽃 취급이다. 남성 작가의 메카닉물치고는 여성 인물들에게 다양한 드라마를 부여했지만, '속박으로 고통받는 인공 생명 미소녀'인 파티마들에 대한 설정에서는 그 한계가 여지없이 느껴진다.

물론 『나노리스트』의 안드로이드들도 저 나름대로의 이유로 고통을 받는다. 자비의 주인 민송태는 자비를 학대한다. 차차는 오정규 회장이 아기였을 때부터 수십 년간 유모였고, 가정교사였으며, 지금은 비서 노릇을 하고 있는데, 오정규는 차차를 "부인, 부모, 자식, 재산, 지위, 장래, 모든 것"이라며, 자신을 싫어하면서도 자신의 명령에 거역하지 못하는 것이 귀엽다고 생각하고 끊임없이 집착한다. 차차는 MSA의 이사, 후반부에서는 회장까지 올라가고, 어지간한 인간을 발밑에 꿇릴 권력을 손에 넣지만, 그럼에도 불구하고 주인 명령에 복종할 수밖에 없어 오정규에게서 벗어나지 못하고 괴로워한다. 하지만 이런 안드로이드들의 고통은 이야기 흐름에 따라 저마다의 방식으로 해소된다. 그들은 가련하게 자신들의 운명을 한탄하는 대신 일단 싸워서 해결을 보고, 권력을 손에 넣기도 하며, 때로는 독립한 중개 안드로이드의 입장에서 이야기를 조율하고 협상을 이끌어 내기도 한다. 이렇게 안드로이드들이 오히려 적극적으로 자신의 문제를 극복하려 든다는 점에서, 이 이야기는 작가가 『좀비가 있어도 여고생은 잘 살고 있어요♥』에서 생각했던 방향의 연장선으로 볼 수 있다.

《나노리스트》와 『좀비가 있어도 여고생은 잘 살고 있어요♥』는 때로는 무자비하거나 폭력적이고 광기 어린 존재처럼 보이는 여자들이 저마다 힘을 갖고 자신이 원하는 것을 위해 세계와 싸우는 이야기다. 좀비 혹은 안드로이드가 가득한 100년 뒤의 미래라는 SF적 공간에서, 자신의 욕망에 충실한 여자가 싸우는 이야기인 것이다. '싸우는 여자의 이야기'는 그렇게 명분을 넘어, 자신의 욕망에 충실한 단계까지 왔다.

2020년 3월, 민송아는 네이버에서 《이두나-두근두근 누나 리스트》를 연재하고 있다. 《두근두근 누나 리스트》는 《나노리스트》에 등장하던 만화책 제목이고, 그림체는 《나노리스트》의 매끈하게 떨어지는 선과 컬러 대신 1980년대 만화 『변덕쟁이 오렌지로드』를 최근의 유행에 맞게 각색한 듯한 화풍과 디자인으로 돌아온 이 만화는, 기본적으로는 원준을 중심으로 하는 정석적인 러브 코미디다. 하지만 전직 아이돌인 이두나의 일상을 통해 가장 여성성을 강요받는 존재인 아이돌 가수가 겪었던 억압을 암시하다가, 최근 화에서는 사람들이 기대할 만한 대형 사건 대신, 일상에서 스토킹과 악플에 시달리고 어떤 상황에서도 성적 대상화되며, 팬미팅 때는 팬의 페티시에 맞춰줘야 하는 불쾌한 상황을 견디던 끝에 아이돌을 그만둔 두나의 사연을 밝히면서 여성 아이돌들이 감내해야 하는 고난과 인권 유린에 가까운 상황을 직접적으로 언급했다.

지금도 현재 진행형인 잔혹한 세계의 거울상
이미라의 『남성 해방 대작전』

메르스가 한국에 번졌던 2015년 당시, 대부분의 인터넷 커뮤니티에서는 여성 혐오적인 언어가 일상적으로 사용되었다. 여성을 비하하는 표현들, 욕설들, 여성이 같은 인간이라는 생각조차 하지 못하는 표현까지, PC 통신과 인터넷 커뮤니티의 역사와 함께 누적되어 온 여성 혐오적인 표현들이 각종 게시판에서 기승을 부리고 있었다.

그 무렵 사건이 터졌다. 인터넷 커뮤니티 〈디시인사이드〉의 메르스 갤러리에서였다. 2015년 5월 30일, 홍콩에서 메르스 증상을 보인 한국인 여성 두 명이 격리 조치를 거부했다는 뉴스가 전해진 시점이었다. 메르스 갤러리에는 그 두 여성을 비난하기 위해 실로 다채로운 여성 혐오 발언들이 쏟아졌다. 하지만 하루가 지난 6월 1일, 그들이 격리를 거부한 것이 아니라 의사소통의 문제가 있었음이 밝혀지며, 여성들은 두 여성에게 쏟아진 부당한 조롱에 반격하기 시작했다. 그동안 나온 여성 혐오

발언들을 남성형으로 바꾸는, '미러링'을 시도한 것이다.

김치녀라는 말을 태연히 내뱉던 남성들이, 김치남이라는 말을 듣고는 화를 내기 시작했다. 여성들의 가슴이나 몸매를 대수롭지 않게 품평하던 이들이, 남성의 성기를 품평하는 표현을 듣고는 못 견뎌 했다. 그런데 놀라운 일이 벌어졌다. 1999년 생겨난 이래 장장 16년 동안 쏟아진 온갖 여성 혐오 표현을 제재하지 않았던 〈디시인사이드〉가, 이런 표현이 나오자마자 제재를 시작한 것이다. 그러자 인터넷 곳곳에서 여성들이 메르스 갤러리의 움직임을 지지하기 시작했다. 메르스 갤러리에서 미러링을 통해 여성이 겪고 있던 현실들을 지목한 것을 두고, 소설 『이갈리아의 딸들』과 메르스 갤러리가 합쳐진 '메갈리안'이라는 표현이 등장했다.

그렇다면 『이갈리아의 딸들』은 어떤 이야기일까. 1977년에 나온 이 소설은, 이화여대 대학원 여성학과의 네 사람이 결성한 여성주의 문화기획집단 '히스테리아'의 번역으로 1996년에야 우리 나라에서 만날 수 있었다. 이갈리아는 남성과 여성의 성 역할 체계가 완전히 뒤바뀐, 가모장적인 가상의 세계다. 심지어는 man(남성), woman(여성)이라는 명사도 wom(여성), manwom(남성)으로 나온다. 언어에서부터 여성이 원형이고, 남성이 그에 파생된 세계라는 것을 보여 주는 장치다. 움은 가정을 지배하고 사회를 이끌어 나가며, 강한 여성, 권력을 쥔 여성이 매력적으로 여겨진다. 맨움은 가정을 지키고 여성에게 순종하는 것을 미덕이라 배우고, 밖에서 충분한 돈을 벌지도 못하는 가난하고 무기력한 존재다. 맨움은 움을 위해 아름답게 치장하고 움들이 원하는 외모를 유지해야 한다는 압력을 받지만, 한편으로는 "맨움은 불필요한 사치품"이라는 조롱을 받는다. 주인공 페트로니우스는 어머니인 브램 장관에게 주어진 성 역할을 따라야 한다고 꾸지람을 듣는다. 심지어 페트로니우스가 강간을 당하고 돌아왔는데도, 브램 장관은 소문이 퍼지면 자신의 체면이 상하니까 그냥 잊어버리라고 한다. 페트로니우스는 "맨움 해방주의는 인본주의"라며, 『민주주의의 아들』이라는 책을 쓰고, 페호(peho)를 벗어던지는 시위에 나서게 된다. 이 소설은 1990년대 중반, 당시 대학가의 페미니즘과 맞물리며 상당한 반향을 일으켰다.

그리고 1997년, 『남성 해방 대작전』이라는 만화가 『윙크』에서 연재되기 시작했다. 『인어공주를 위하여』, 『늘푸른 이야기』, 『은비가 내리는 나라』 등의 히트작을 낸 인기 작가 이미라가 그린 이 만화는, 여자이지만 종종 남자로 오인받는 정수하가 입시에 실패하고 "그냥 이대로 사라지고 싶다! 다른 세계로!" 하고 절규하다가 미소년 가네샤에게 이끌려 여자가 남자보 강한 힘과 권력을 갖고 있다는 '파라 제국'으로 가는 것으로 시작된다. 하지만 그 세계에 도착한 수하는, 여인천하에서 떵떵거리며 사는 것이 아니라, 남자로 오인받아 남자들이 겪는 참담한 현실을 경험하게 된다. 여성과 남성의 권력이 뒤바뀐 가상의 세계를 배경으로 한다는 점에서 『남성 해방 대작전』은 나오자마자 『이갈리아의 딸들』과 비교되었다. 연재 당시 아류작이라는 이야기가 나오기도 했다.

이렇게 『남성 해방 대작전』이 『이갈리아의 딸들』의 영향을 받은 것은 당연히 짐작할 수 있지만, 단순한 아류로 보기에는 그동안 작가 이미라가 작품 속에서 추구하던 요소들도 함께 살펴볼 필요가 있다.

이미라는 부담없는 코믹 순정만화들 속에서도 늘 강하고 씩씩한 여성상을 작품 속에 꾸준히 넣어 왔다. 대표적인 주인공인 이슬비만 해도, 기본적으로 씩씩하고 운동 신경이 뛰어나며 털털한 성품이다. 『늘푸른 이야기』에서는 쿵후를 비롯하여 각종 무도에 소질이 있는 것으로 나오기도 한다. 서브 여주, 혹은 이슬비의 대립항인 백장미도 마찬가지다. 『인어공주를 위하여』에서는 병약한 캐릭터로 나오긴 했지만, 대체로 백장미 및 백장미형 캐릭터들은 성적도 우수하고 싸움도 잘하는 만능 캐릭터, 학교의 여왕님 같은 캐릭터로, 친위대를 거느리고 다니거나 채찍을 휘두르는 장면들이 발견된다. 백장미는 '남성을 혐오하는'

캐릭터이며, 이슬비와 백장미의 주위에는 무술 실력이 뛰어난 전사형 여성 조연들도 종종 등장한다.

그뿐이 아니다. '전복된 세계'는 『남성 해방 대작전』에서 처음 시도된 것도 아니다. 이미 『은비가 내리는 나라』에서 이미라는 인간과 도깨비 사이에서 태어났지만 검은색 머리카락에 뿔도 없는 이슬비를 '비정상'으로 규정하는 도깨비 나라와, 알에서 태어나는 도깨비들이 '비정상'으로 여겨지는 인간 세계, 이 서로 전복된 세계를 나란히 보여 주며 이야기를 전개한다.

다시 말해 『남성 해방 대작전』에서 보여지는 강하고 씩씩한 여성상과 전복된 세계는, 이미라가 여러 번 시도했고 독자들에게도 익숙한 장치가 『이갈리아의 딸들』의 영향을 받아, 우리가 이미 알고 있는 조선 시대 여성 수난사, 그리고 만화가 연재될 당시까지도 해결되지 않았던 온갖 성차별의 디테일이 성별 역전되어 펼쳐지는 판타지 세계 속에 표현된 것이다.

어떤 이들은 꽃미남이 난무하는 판타지 세계를 배경으로 나중에는 출생의 비밀까지 나오는 이 작품은, 아무래도 『이갈리아의 딸들』과 달리 진지함이 부족하다고 평하기도 했다. 하지만 이 역시 공정하다고만은 할 수 없는 이야기다. 만약 『이갈리아의 딸들』이 소설이 아니었다면 어땠을까? 영상물이었다면 꾸며놓은 남자들을 보고 '억지스러운 코미디'라고, 순정만화였다면 여자들의 판타지라고 비하하지 않았을까? 작가가 미형의 캐릭터를 다루는 것, 그리고 이야기가 심각해질 만한 대목에서 적당한 웃음 포인트를 넣어 환기하는 연출을 능수능란하게 사용하는 것을, 작가가 진지한 이야기를 다룰 때에는 오히려 비하와 공격의 포인트로 삼는다는 점은 유감스럽기도 하다.

이 작품 속에서 벌어지는 차별은 심각하며 현실적이다. 파라 제국의 남자들은 참혹한 수난을 당한다. 공부하거나 출세하는 것은 여자들의 일이고, 남자들은 육체 노동이나 가사를 담당하며, 여자가 먹고 남긴 것을 먹는다. 아내에게 순종하지 않는 남편은 쇠고랑을 채우거나 채찍으로 매질하고 심지어는 노예로 팔아 버리기도 하지만, 남자에게는 이혼할 권리조차 없다.

왕족이나 귀족처럼 높은 신분이라 해도 다를 게 없다. 황자인 마하 이사나는 어머니인 황제를 어머니라고 부를 수 없다. 이사나의 유모이자 황궁의 대소사를 관장하는 히라도 이사나가 슬퍼하는 것을 보고서야 아들인 히리나에게 "다른 사람이 없을 때는 어머니라고 불러도 된다"고 허락한다. 마하 우마 친왕은 아들 하나만을 둔 언니를 밀어내고 자신의 딸인 파라에게 제위를 물려주고 싶어한다. 그녀는 황후인 라단에게 딸도 못 낳는 칠거지악의 죄를 저질렀다고 빈정거린다. 파라는 사촌이자 황자인 이사나를 걸핏하면 놀리고 괴롭히며 "전쟁에서 진 남자는 노리개가 된다"며 조롱하지만, 궁중의 시종들은 그런 파라를 말리지 못한다.

　남자는 그저 고분고분하고 온순하게 순종하고, 살림 잘하고, 부인이 원하는 대로 아름답게 잘 꾸며야 한다. 일가의 주인들인 여자에게는 성이 주어지지만 남자에게는 성조차 주어지지 않고, 자신의 어머니를 어머니가 아니라 주인님이라 불러야 한다. 남자가 여자에게 강간을 당하거나 참혹하게 살해당해도 다들 예삿일로 여기며 신경쓰지 않는다. 처음부터 끝까지, 우리가 살면서 많이 보고 들은 이야기다.

　조선 시대까지 갈 것도 없다. 바로 이 작품이 연재되었던 1990년대에도 형편이 안 되면 딸은 대학에 못 보내지만, 아들은 어떻게든 대학에 보내야 한다고들 했다. 아들이 태어날 때까지 계속 임신을 하고, 여자아이는 낙태를 하는 집들도 여전히 많았다. 낙태된 아이의 혼이 악령이 되어 괴질을 일으키고 사람을 죽인다는 공포 드라마 〈M〉이 방송된 것이 1994년이었다. 성 감별과 낙태 때문에 여자아이들은 태어나지도 못하고 죽임을 당하는데도, 남자아이들이 많이 태어나서 초등학교에서 여자 짝이 부족하고, 나중에는 결혼 상대가 부족할 것을 걱정하는 세상이었다.

　1999년에는 강간 피해자가 자살한 것을 뉴스에서 '순결을 위한 고귀한 희생'으로 미화하기도 했고, 심지어 21세기가 된 이후에도 미성년자를 강간하여 기소된 남자에게, 피해자와의 결혼 약속을 전제로 집행유예를 주는 판사도 있었다. 법원마저도 성 범죄를 '여성의 신체를 침해한 행위'가 아니라 '순결의 문제'이자 '가부장제의 소유물이 손상된 것'에 대한 것, '결혼으로 책임지면 되는 일'로 취급한 것이다. 가정 폭력에 시달리던 부인이 죽으면 법원이 "그거 맞고 죽을 줄 몰랐다"는 남편의 변명에 손을 들어 과실치사로 여기고, 가정 폭력에 시달리던 끝에 부인이 남편을 살해하면 계획 살인이라고 가중처벌하는 일은 지금도 흔히 찾아볼 수 있다. "욱해서 죽였다", "사랑해서 죽였다"는 말도 안 되는 주장을 편들어 주는 법정과 언론, "여자니까 죽였다"는 울분에 찬 여자들의 목소리는, 1990년대가 아니라 지금까지도 계속되고 있다. 이 이야기가 말하는 차별은 단순히 흘러간 과거도, 그저 판타지도 아닌, 아직도 현재 진행형이다.

이 작품은 작가 특유의 개그와, 등장인물 대부분이 화려한 미형의 캐릭터라는 당의정을 입힌 채, 여성이 겪는 현실의 잔혹한 모습을 '남성이 차별받는 가상의 세계'를 통해 혹독하게 거울에 비추듯 보여 준다. 아름답고 강하며 권력을 쥔 여성 캐릭터들을 통해 때로는 통쾌한 대리만족을 경험하게 하고, 학대받는 남성 캐릭터들을 통해 현실을 자각하게 만드는 것이다. 그야말로 한국 현실에 대한 훌륭한 미러링이다.

물론 이에 대해서도 비판은 있었다. 여성이 권력을 잡은 세계는 좀 더 나아야 하는 것이 아니냐, 왜 여성이 다스리는 세계는 다를 수 있다는 것을 보여 주지 않느냐는 주장이다. 하지만 성차별은 성별에 따른 도덕의 차이가 아닌, 권력의 문제다. 똑같은 일을 상대에게 했을 때 누구는 감형을 받고 누구는 가중처벌을 받는가의 문제이기도 하다.

한편 현실에는 고통받는 당사자들이 문제의식을 갖고 각성하길 바라는데, 그게 쉽지 않아 좌절하는 활동가들도 있다. 이 작품에는 이를 묘사하는 캐릭터인 다니움이 등장한다. 다니움은 귀족 출신으로 대학에도 가고, 여자들의 보조적인 역할이나마 일도 할 수 있으며, 여성의 정식 남편이 될 수도 있는 신분이었지만 그 모든 것을 포기하고 남성 해방군 '라하르시타'에 투신하여 남성 해방에 인생을 바치고 있다. 그는 자신보다 더 고통받는 남자들이 여자들에게 맹목적으로 순종하는 것에 화를 내고, 그들이 각성하지 못하는 것을 괴로워한다. 그와 대립적인 위치에 있는 사람이 바로 잔혹한 황제 마하 파라의 총희, 가네샤다.

가네샤는 천한 4신분 출신이지만, 그 눈부신 아름다움으로 마하 파라의 총애를 받으며 '경국지색'으로 불린다. 마하 파라는 가네샤를 맹목적으로 사랑하여, 다른 여자가 가네샤에게 눈길만 주어도 그 여자의 눈을 뽑거나 손목을 자른다.

여자들은 가네샤가 황제를 미혹하여 나라를 망친다고 생

각하면서도 그 아름다움은 동경한다. 특히 황제의 측근 프라다 공작은 대귀족이자 여자인 자신이 천한 노예 출신 남자인 가네샤에게 존대를 해야 한다는 것에 굴욕을 느끼며, 가네샤를 의심하고 증오한다.

남자들도 가네샤를 동경하고 증오하는 것은 마찬가지다. 대부분의 남자들은 가네샤의 출세를 부러워하고 질투한다. 한편 '라하르시타'의 다니움처럼 지식인이지만 자신의 특권을 포기한 이들은, 그런 가네샤를 두고 남자들의 현실은 생각하지 않고 황제에게 몸을 파는 인간 쓰레기로 여긴다. 심지어 가네샤가 라하르시타에 무척 큰 군자금을 대고 있고, 여자들에게만 주어진 힘인 '아사드'를 드물게 소유한 남성임에도 불구하고.

이 세계는 두 가지 논리로 여성의 지배와 통치를 정당화한다. 하나는 여자들에게 주어진 '아사드'요, 다른 하나는 대지모신 가야의 신화다. 본래 지상에는 남성들의 문명이 발달했으나, 난폭하고 야만적인 남자들은 전쟁을 일삼고 폭력을 휘둘렀다. 그래서 대지모신 가야가 세상을 멸망시켰고, 이후 여성들이 아사드를 바탕으로 세상을 다스렸다는 이야기다.

드물게 아사드를 지닌 남성도 있지만, 그럴 경우 대부분 존재 자체가 반역으로 여겨져 죽임을 당한다. 심지어 선황인 마하리샤나는, 황후와 황자가 아사드를 지닌 남성이었다는 이유로 황후와 황자를 처형하고도 반 강제로 퇴위당했다. 이런 상황에서 교육의 기회를 거의 얻지 못한 보통의 남성들이 힘과 신화에서 비롯된 숙명을 거부하기는 쉽지 않다. 다니움은 고통스러워하며 말한다.

"정말 무서운 적은 아사드가 아니라 여존남비 사상과 제도에 길들여진 인류 전체란 것을요."

이런 현실에서 어떤 남성들은 권력을 쥔 여성들에 대항하여 싸우려 한다. 이들이 바로 북벽산성에 숨어 있는 남성 해방군 라하르시타다. 유이사드를 중심으로 지식인 출신이나 노예로 외국에 팔려가다가 라하르시타에 구출된 남자들이 이곳에서 조직을 이루고 훈련을 거듭하고 있다. 그리고 드물게 아사드를 지니고도 살아남은 남자들이 암살조 '검은 달'로 활동하고 있다. 이들은 파라 제국, 어디에나 존재한다. 평범한 가정의 남편으로, 권력자인 장군의 시종으로도, 그리고 황실의 최정점에도. 어떤 이들은 필요한 순간에 '검은 달'로서 거침없이 부인을 살해하지만, 어떤 이들은 암살이나 어떤 목적을 위해 신분을 숨기고 숨어들었다가, 자신이 이룬 가정의 따뜻함에 마음이 약해지기도 한다.

한편 수하는 남자로 오인받은 채 가네샤의 부탁대로 라하르시타에 가담하지만, 오히려 자신의 성별에 대해 더욱 깊이 생각하게 된다.

> "이 나라에서 남자로 살면서 내가 여자라는 사실을 그 어느 때보다 절감했다."

현실 세계에서 평퍼짐한 옷을 입던 수하가 이 세계에 떨어져 마치 초라한 남자처럼 보였을 때에는 천대를 받지만, 가슴이 드러나고 전사처럼 보이는 '여장'을 했을 때에는 예쁘게 치장한 다른 남자들과 달리 존중을 받는다.

> "나는 그때와 다를 것 하나 없는데 옷차림이 변한 것만으로 인간의 가치를 달리 평가받는다니."

현실 세계의 여성 수하는, 남성으로 패싱되는 외모 때문에 낯선 사람들에게는 꽃미남으로 불리기도 하고, 여성이라는 사실을 아는 사람들에게는 선머슴이라고 조롱받았다. 파라 제국에서의 수하는 남성 복장일 때에는 때려도 죽여도 상관없는 하찮은 존재, 노예로 팔아 버릴 수 있는 존재였지만 여성의 복장을 갖췄을 때에는 파라 황제 앞에서 실수를 했을 때조차 무사히 넘어갈 수 있었다. 그 사람의 본질은 변하지 않았는데도.

이런 대목들은 주체적 꾸밈과 꾸밈 노동에 대한 현재의 담론들과도 연결된다. 이 세계의 남자들은 꾸밈 노동을 강요받는다. 가네샤는 황후의 자리에 버금가는 총비로서, 마하 파라의 장신구처럼 금빛 찬란하게 꾸며야 한다. 이와 같은 꾸밈은 자신을 위한 일이 아니지만, 정작 라하르시타의 남자들도 외출을 할 때에는 한껏 아름답게 꾸미는 것을 '당연하게' 생각한다. 일종의 억압이다. 좀 더 흥미로운 부분은 마하 마유라의 꾸밈에 대한 사람들의 반응이다. 황제의 누이동생인 마유라는 늘 화려하게 꾸미고 다니는데, 이 때문에 철이 없다며 비난을 받는다. 자신이 원해서 치장을 하지만, 그 때문에 열등하게 여겨지는 경우다. 이런 디테일은 연재 당시보다 오히려 지금 더욱 생각해 볼 만한 부분이다.

『남성 해방 대작전』은 기본적으로 검과 마법과 이세계가 나오는 판타지이다. 하지만 SF는 종종 정치적이거나 사회 문제에 초점을 맞춘다는 점에서 이 만화가 그려내는 세계는 상당히 구체적이며, 인물의 행동 이상으로 이 세계 자체가 이야기를 만들어 내고 있다. 먼저 『윙크』에서 연재되었던 1부에서는 주로 수하가 이 낯선 세계에서 겪은 일과 차별과 모순들이 묘사되었고, 시공사에서 단행본으로 나오다가 연재가 중단된 2부에서는 가네샤를 중심으로 황실에서 겪게 되는 비극과, 라하르시타로 나선 이들이 품고 있는 저마다의 고민들을 보여 준다. 우리가 알고 있는 문명이 무너진 뒤 새로운 문명이 재건된 시대를 배경으로 시바와 파르바티, 가네샤의 신화를 전복한 신화가 펼쳐지며, 여기에 우리가 익히 알고 있는 여성들의 수난을 성별 반전시켜 적용한 이야기는, 사회 문제에 대한 논평으로서의 SF로 충분히 기능하고도 남는다.

전홍식 SF&판타지 도서관장이 "한국의 창작 SF는 사회를 고발하고, 사회의 문제점에 관해서 이야기하는 경향이 강하다"라고 언급한 바 있듯이, 한국 SF는 특히 현실을 반영하고 사회의 부조리를 짚으며 발전해 왔다. 그런 점에서 연재가 시작된 시점에서 20년이 지난 지금도 여전히 현재 진행형으로서, 미러링을 통해 현실을 강력하게 고발하고 있는 이 『남성 해방 대작전』은, 주로 여성 작가들이 이끌어 온 한국의 사회 고발 SF, 특히 페미니즘 SF의 계보에서도, 당연히 그만큼의 지분을 차지해야 마땅한 작품일 것이다.

알파 걸들의 경쟁 속에 드러나는 혐오와 숭배의 이중성
차경희의 『걸스 온 탑』

『걸스 온 탑』의 배경은, 혜성과의 충돌로 대이변이 생긴 뒤의 근미래다. 비슷한 시기에 연재를 시작한 요시나가 후미의 만화 『오오쿠』에서, 과거 도쿠가와 이에미츠 시대, 적면포창이라는 괴질이 돌아 젊은 남자들이 죽어 나가며 남성의 인구가 이전의 4분의 1로 줄어든 것처럼, 이 세계에서는 대이변 이후의 세계를 버티지 못하고 수컷들의 숫자가 줄어든다. 남자는 태어나는 숫자 자체도 적고, 수명까지 줄어들어 대부분 20대에 사망하는 상황이라 각 나라는 남성을 특별 관리하고 철저하게 보호하고 있었다.

이런 시기, 한국에서는 얼마 없는 남성 청소년들을 밀섬이라 불리는 구역에 위치한 국립교에서 관리하고 있었다. 남성들은 조금이라도 생명을 더 유지하기 위해 계속 약을 먹어야 한다. 그래서 법률상 아들을 낳아도 개인이 남자아이를 키울 수 없다. 남자아이들은 태어나자마자 특별 관리 대상이 되어 정부의 보호를 받아야 한다. 자라면 국립교에서 생활하고 졸업을 하며, 국립교 출신 여학생과 결혼한 경우에도 대개 밀섬에 있는 마을에서 살다 보니, 남자들은 평생 거의 밀섬 밖으로 나가지 못한다. 반면 밀섬 외의 구역은 여자들뿐이다.

보호 대상인 이 남자들을, 사회는 소녀들의 우상으로 만들었다. 국립교의 엘리트 교육을 받고 있는 남자아이들은 패션지 표지를 차지하고, 갖가지 매체를 통해 그 생활이 보도되며, 밀섬 안에 갇혀 있는데도 늘 사람들의 주목을 받는다. 특히 국립교를 대표하는 미소년인 J하스, 유하, 주신은 아이돌이나 다름없는 인기를 얻고 있다. 마치 그들을 높은 곳에 트로피처럼 매달아 놓고 여자들에게 경쟁을 시키려는 듯이. 실제로도 그렇다. 대이변 이후의 시대, 대부분의 여자들은 정자은행의 정자를 받아 인공 수정을 통해 아이를 낳지만, 최고의 수재들은 국가가 관리하는 국립교에 들어가 몇 안 되는 소년들, 그들이 동경하는 남학생들과 함께 생활하고 경쟁하여 차지할 수 있었다. 살아 있는 남자들과 만나고, 생활하고, 어쩌면 그들과 미래를 함께할 수 있을지 모르는 유일한 기회, 그것이 국립교 입시였다. 그래서 전국의 중학교에서 가장 뛰어난 아이들만이 입학할 수 있는 국립교에 도전했다가 실패한 아이들은 절규한다. 현실에서는 남자를 만나 본 적도 없는데도, 세상이 만들어 내고 주입한 아이돌의 이미지를 동경하고 갈망하여 고통을 받으면서.

한편, 주인공인 해나 역시 국립교의 J하스를 동경하고 있다. 여자들이 사회를 이끌어 가는 한편, 남자 수 자체가 희귀할 정도로 줄어들다 보니 아이를 낳는 것이 무척 중요해진 대이변 이후의 시대, 해나의 꿈은 국립교에 가서 J하스를 만나고 장차 그의 아이를 낳는 것이다. 학업 성적도 우수하고, 이 시대 가장 보편적인 스포츠인 위시버드에서도 우수한 성적을 거두며 해나는 국립교에 합격한다.

하지만 국립교는 단순히 남학생을 쟁취하기 위한 곳만이 아니다. 뛰어난 학생들을 선발하여 장차 나라를 이끌어 갈 유능한 인재들을 훈련시키는 곳이기도 했다. 여기까지 왔지만 남학생 수는 여학생 수의 3분의 2밖에 안 되고, 각종 경쟁 후에야 자기 등수에 맞는 남학생과 데이트할 수 있다. J하스는 늘 수석을 차지하는 수재다 보니, 해나가 J하스와 데이트라도 해 보려면 반드시 수석을 차지해야만 한다. 너무 적극적으로 남학생 쟁취에 나서다가 졸업 전에 임신하면 퇴학당하고, 설령 원하는 남학생을 쟁취하는 데 성공했더라도 남자들은 오래 살지 못하니 그 행복은 길지 않을 것이다. 경찰서장인 해나의 어머니도 국립교 출신으로, 국립교에서 해나의 아버지를 만나 졸업하고 결혼했지만 3년 만에 사별했다. 그런 까다로운 조건들과 예정된 리스크를 알면서도, 해나는 J하스를 손에 넣기 위해 공부도 위시버드도 최고 성적을 유지하려고 애쓴다.

그리고 해나와 J하스 사이에, 해나의 절친한 친구인 니사와 J하스의 친구인 주신이 있다. 어린 시절, 모든 사람들이 유명 정치가의 손녀로 니사를 대할 때, 이웃에 살던 경찰 간부의 딸인 해나는 유일하게 스스럼없이 다가온 친구였다. 해나와 자연스럽게 지내려고 평범한 척을 했고, 해나 곁에 있으려고 국립교 입시에서 높은 성적을 거두며 함께 입학했고, 이제 J하스에게 해나를 빼앗기기 싫어진 니사는 대통령의 손녀로서, J하스에게 원하는 정보들을 주겠다고 제안한다. 여기에 아민 선배의 비밀이 얽히며, 네 사람은 남성의 멸종을 막아 낼 비밀에 접근하게 된다.

서른네 살인 아민 선배는, 이 무렵 생존 상태인 남성 중 최고령자이자, 국립교 교감의 남편이다. '에너지원'이 남성에게 끼치는 영향을 밝히려는 금지된 연구 때문에 블랙리스트에 올라 있던 아민은 자신의 연구 결과를 J하스에게 넘겨주고 에너지원을 수입하는 기업의 건물에서 투신 자살했다.

혜성과의 충돌 이후 지구는 고갈될 염려가 없는 영구 자원인 에너지원을 사용하고 이것이 부족하면 모든 생산 활동이 중단되는 상황이다. 만약 에너지원이 공급되지 않는다면 사회가 그대로 멈추어 버릴 만큼 그 의존도가 크기 때문에, 에너지원의 독점권을 쥐고 있는 인도와의 외교 문제는 무척 중요하게 여겨진다. 이런 제반 설명들은 에너지원에 대한 설정들이 1970년대 석유 파동에서 모티브를 가져왔다는 것을 짐작하게 한다.

J하스가 니사와 함께 접근한 극비 정보에 따르면 에너지원은 방사능처럼 생명체에 영향을 끼치며 특히 남성에게 끼치는 해가 크다. 하지만 인류는 에너지원 때문에 남성들이 멸종 위기에 놓이고 수명마저 줄어들었다는 것을 알면서도, 이 풍요로운 세계를 손쉽게 만들어 준 자원을 쉽게 버릴 수 없었다. 그런 데다 에너지원을 대체할 자원을 연구하는 것은, 인도를 적으로 돌리겠다는 것을 의미한다.

이 이야기에는 SF에 필요한 배경들이 나름 제대로 깔려 있다. 하지만 세부적으로 들어가면 다소 허술한 면이 많이 보인다. 이를테면 주인공들이 남성의 멸종을 막아낼 비밀에 접근하는 과정이나, 에너지원에 대한 설정이 그렇다.

에너지원은 원재료로 사용되는 것이 아닌 연료이고, 고갈될 염려가 없는 영구 자원이라고 설명했는데도 작중에서의 취급은 연료와 원재료 양쪽으로 사용되며 한정된 자원인 석유를 모델로 하다 보니 어쩐지 맞지 않는 대목들이 눈에 띈다.

하지만 우리가 굳이 이 만화의 과학적 설정에 대해 그렇게까지 엄격하게 굴 필요가 있을까? 훌륭한 SF로 손꼽히는 여러 영화들 중에서도, 과학적으로는 어처구니없는 이야기들은 많다. 외계인의 컴퓨터에 지구의 컴퓨터 바이러스를 깔아서 무력화시키는 〈인디펜던스 데이〉(1996)를 생각해 보자.

물론 SF의 기준을 과학적인 사실의 엄정함이나 그 내부에서의 논리적 완결성, 혹은 정교한 사고 실험 등을 따져가며 엄격하게 잡는다면 이 만화는 SF로 보기에는 부족하다. 좀 더 엄격하게 기준을 잡는다면 〈인디펜던스 데이〉도, 심지어 〈스타워즈〉나 〈닥터 후〉도 SF가 아닐 수 있다. 그렇지만 이미 SF는 여러 하부 장르로 분화되어 왔으며, 그런 엄격한 기준에는 미치지 못하더라도 미래나 우주, 혹은 SF적 요소를 담으며 발전한 SF 명작들은 얼마든지 있었다. 그리고 반드시 초대형 흥행작이나 위대한 걸작만이 SF의 반열에 들어가야 하는 것도 아니다. 현실의 거울상이거나 여성이나 약자, 소수자의 이야기를 진지하게 다루어야만 하는 것도 아니다. 이 만화에서처럼 우수한 소녀들이 아이돌인 미소년을 차지하려고 경쟁할 상황을 만들기 위해 SF적인 배경을 설정했거나, 후술할 『오메가버스』처럼 오직 두 주인공을 섹스하게 만들겠다는 실로 작가와 독자의 원초적 욕망에 충실한 세계관에 기반하더라도, 과학적이라 가정된 현상이나 기술에 의해 변화된 세계의 모습을 보여 준다면 충분히 SF일 수 있다. 무엇보다도 중요한 것은 이 만화가, 어떤 의미에서 한국 순정만화에서 SF가 얼마나 보편적인 소재인가에 대한 방증일 수도 있다는 것이다.

차경희 작가는 트렌드에 민감하며 상당히 자극적인 소재

를 솜씨 좋게 다루는 작가다. 김영숙 작가의 문하생 출신으로, 김영숙이 직접 운영한 잡지『하이센스』에서「그 녀석」이라는 작품으로 데뷔했으며, 몇몇 초기작들은 김영숙의 스타일을 거의 그대로 갖고 있기도 했다. 2000년대에 들어 발표한 작품은『나의 짐승남』,『내 꺼 하자』,『덫에 갇힌 나』,『함부로 탐하다』 등이다. 저 작품 목록 중간에 인피니트의 히트곡 '내 꺼 하자'에서 따온 듯한 제목이 보이는 것처럼, 2006년에 연재가 시작되어 2007년에 단행본 1권이 나온 이 만화의 제목 역시 시기상 BoA의 'Girls on top'에서 따왔을 가능성이 높다.

한편 2006년은 미국 하버드대 아동심리학 교수인 댄 킨들러의『새로운 여자의 탄생-알파 걸』이 출간된 시기이기도 했다. 애초에 알파는 사회적 동물 집단에서 가장 높은 서열을 가진 개체를 뜻하는 말이었다. 짐승의 수컷들, 혹은 인간 남자들 사이에서 두각을 나타내는 이들을 우두머리 수컷, 즉 '알파 메일'이라고도 불렀다. 알파 걸이라는 말 역시 여기서 비롯되었다. 학업, 운동, 리더십 등 모든 면에서 남성을 능가하는 실적을 내는, 높은 성취욕과 자신감을 가진 여성을 뜻하는 이 신조어는 빠르게 한국으로 유입되었다. 실제로 이 유능하고 뛰어난 여성들이 능력에 맞는 대접을 받았는가, 정말로 알파로서 사회적인 성공을 이루었는가에 대해서는 할 말이 많지만, 적어도 그 시대에 그런 신조어가 나오고 빠르게 수입되고 유행한 데에는, 한 가정에서 낳는 아이의 숫자가 줄어들고, 가정 내 성차별도 이전보다 다소 약해진 시대에 태어나 부모의 애정과 관심을 받으며 자란 세대의 여성이 능력을 인정받으며 승승장구할 거라는 기대감이 그만큼 높아져 있었음을 뜻한다.

그리고 트렌드에 민감한 작가 차경희는 시대의 조류인 알파 걸을, 어떤 이유에선지 남자의 숫자가 극단적으로 줄어든 근미래에서 소년들을 두고 경쟁하고, 장차 사회의 중추를 맡게 되는 역할로 안배했다. 그만큼 SF가 순정만화에서, 작가에게도 독자에게도 아주 자연스러운 배경이고 설정이며 장치이기 때문에 가능한 일이었다.

그렇게 남자의 숫자가 극단적으로 줄어든 이 만화의 세계에서, 극소수의 남자들은 아이돌이나 희귀한 동물처럼 특별 관리를 받으며 소중하게 떠받들어지지만, 정작 국립교의 남자 본인들은 이 상황을 한탄한다.

"대이변이 시작되기 전엔 남자들 세상이었다던데! 적선받으며 살고 있는 기분이라니까."

작가가 의도했든 혹은 의도하지 않았든, 이 부분은 여성혐오와 여성 숭배가 동전의 앞뒷면처럼 붙어 있는, 모욕적인 경우임을 떠올리게 한다. 지난 2016년, '강남역 살인사건' 이후

'여성 혐오'라는 말은 여성들이 경험한 부정적인 현상을 설명하기 위해 널리 사용되었다. 흔히 김치녀, 된장녀, 맘충 같은 여성을 비하하는 말이 여성 혐오적인 표현임은 대부분 바로 인정할 것이다. 여성 혐오적 표현을 알아채는 것은 어렵지 않지만 아름다운 여성을 여신이라고 찬양하거나, 모성애를 성스럽다고 칭송하는, '여성 숭배' 역시 혐오가 된다는 것은 납득하기 어렵다는 이들이 여전히 적지 않다.

    여성 혐오의 개념에는 단순히 여성을 비하하는 것뿐 아니라, 숭배와 대상화도 포함된다. 김민예숙은 이에 대해 "남성의 관점에서 원하는 행동을 하지 않을 때 혐오하고, 원하는 행동을 할 때 숭배하는 것이기 때문에, 본질적으로 같다. 여성이 남성의 종속 계급이 되기를 바란다는 점에서 둘 다 폭력"이라고 설명했다. 똑똑하고 운동신경 뛰어난 문무겸비의 알파 걸들이 국립교의 남학생들을 쟁취하기 위해 경쟁하는 상황에서, 남학생들이 느끼는 감정 역시 이와 다르지 않다. 그들은 미디어를 통해 아이돌처럼 이상화되는 한편, 여성에게 종속되고 승리한 여성의 트로피가 되어야 한다. 이들이 "적선받는다"고 느낀 감정은 다시 말해 모욕감이다. 그리고 이들이 겪는 상황이 단순한 숭배가 아닌 모욕이고 혐오라는 것은, 이 세계의 남자들이 겪는 위험들로 다시 확인된다.

이야기 중반에는 인도 수상의 관저에서 가학 행위 끝에 살해된 소년들의 시체가 등장하기도 하고, 아들을 임신하면 낙태해 버린다는 이야기도 나온다. 어차피 인공 수정으로 인구가 유지되는 세계니까 가능한 이야기다. 이야기 후반부에는 국립교 남학생 한 명이 극우파 여성 단체에 납치되는 대목도 등장한다. 이렇게 납치된 남자들은 거의 살아 돌아오지 못한다.

이런 전개는 아이즈너 상 수상작이기도 한 디스토피아 SF 그래픽 노블 『와이 더 라스트 맨』에서도 볼 수 있다. 이 그래픽 노블에서는 어느 날 갑자기 지구의 모든 수컷들이 죽고, 남자는 주인공 요릭과 그의 반려동물 앰퍼샌드만이 살아남는다. 물론 지상의 유일한 남자라고 해서 어디서나 환대받거나 만나는 여자들과 데이트를 하며 유사 하렘물처럼 전개되는 이야기는 아니다. 여성들을 위협하던 남성들이 천벌을 받았다, 그들이 죽어서 다행이라는 이야기 정도는 점잖은 편이고, 그저 남자라는 이유로 요릭을 살해하려는 여자들도 심심치 않게 나온다.

『걸스 온 탑』에 나오는 이 비극적인 에피소드들 역시 마찬가지다. 무척 짧은 데다 그것도 해나의 시각으로 다루고 지나가지만, 이 두 에피소드가 보여 주는 지점은 명확하다. 한쪽 성별의 힘이 극단적으로 줄어들었을 때 벌어지는 숭배가, 같은 경우 벌어지는 폭력이나 혐오와 떼어놓을 수 없는 것, 근본적으로 이 두 가지는 하나라는 것이다.

J하스는 늘 피해 의식과 분노를 느껴 왔다. 자신을 내팽개친 채 국립교의 아이돌로, 모델로 활동하며 벌어들이는 돈에만 관심이 있는 듯한 어머니, 남자는 으레 젊어서 죽는 존재들이라고만 여기는 듯한 사람들, 남자들의 이른 죽음이 에너지원과 관련이 있으며 이 파국을 피할 길이 있는데도 더 이상 남자들의 생명을 위해 노력하지 않는 세상. 하지만 J하스는 자기 아이를 지키는 해방군을 자처하며, 정부의 방침을 믿지 않고 원인을 분석하고, 아들이 태어나도 정부에 맡기는 대신 숨겨서 기르는 어머니들을 만나며 생각이 변한다.

해나 역시 J하스를 동경해 왔지만, 자신 역시 이 세계가 그렇게까지 이상하다고 생각하지 않았던 것을 깨닫는다. 남자들의 단명은 당연한 일이었고, 어쩔 수 없이 정해진 운명이라고 생각했다. 동경하고 사랑했지만 그 대상을 쟁취할 생각만 하고 있었다. 이야기에서 세상을 바꾸는 사람들은 어머니들, 그리고 할머니들이다. 특히 니사의 할머니인 대통령은, 인도와의 전쟁을 감수하며 대체 에너지를 오랜 세월에 걸쳐 준비해 왔다. 다음 세대의 아이들을 구하기 위해서.

이 작품을 소개하면서 좀 고민을 했다. 기본적으로 남학생을 두고 알파 걸들이 경쟁을 벌이는 구도다 보니, 남자를 우상화하고 로맨스를 강조하거나, 남자를 사이에 두고 여자들이 대립하는 구도가 종종 보였기 때문이다. 위시버드 시합 때 신는 롤러블레이드에 압정을 넣거나, 해나가 J하스와 주신과 함께 외출했다는 이야기가 돌자 왕따를 당하는 장면도 있고, 여성 캐릭터의 입으로 다른 여성 캐릭터를 '여자의 적'이라고 말하는 등, 여자의 적은 여자라는 식의 불편한 표현들도 보인다. 거기다 아무리 가상의 근미래라고 해도, 엄연히 실재하는 다른 나라에 대해 이렇게까지 표현해도 될까 싶을 정도로 인도 수상이나 인도 정부의 상황을 과격하게 표현한 점도 신경쓰인다. SF로서 완벽한 것도, 우주 명작이라 불러야 할 만큼 빼어난 수작이라 그런 홈은 무시하고 넘어갈 수 있는 것도 아닌데, 이 작품을 굳이 다루어야 할까?

하지만 『남성 해방 대작전』을 다루면서, 비슷한 포인트를 서로 다른 방향에서 다루고 있다는 점에서, 이 만화를 짧게라도 언급해 두어야겠다고 생각했다. 무엇보다 '세계를 구하기 위해' 싸우는 것이 아니라, 자신의 욕망을 위해 뛰고 달리고 경쟁하는 소녀들을 적극적으로 다루었다는 것, 그것이 이 만화가 연재될 당시의 사회적인 욕망과 정확하게 겹쳐진다는 것을 감안하면, 따로 다룰 이유는 충분해진다. 무엇보다 이 만화는, 지극히 작가주의 정신으로 밀고 나가며 자기 세계와 스타일을 쭉 관철시키는 작가뿐 아니라, 당대의 트렌드에 부합하는 작가에게도 SF의 세계가 무척 자연스럽고 당연할 만큼, 순정만화에서

SF는 마니악한 분야가 아니라 일종의 보편성을 띠고 있음을 스스로 증명하고 있다. 이쯤 되면 자료나 기록의 측면에서라도 한 번쯤 다루고 가야 하는 작품일 것이다.

여성의 현실과 작가의 현실, 두 방향의 도전
수신지의 《곤 GONE》

2017년 5월, 페이스북과 인스타그램에 웨딩드레스를 입은 한 여성의 그림이 올라온다. 마치 결혼 전 웨딩 사진과 같은 느낌의 그 컷은 차례대로 청첩장과 결혼식 풍경을 보여 주고, 뒤이어 결혼식 이후 그 여성의 일상 풍경과 함께, 평범한 여성이 결혼을 하면서 그만하면 멀쩡해 보이는 남편, 그만하면 평범한 시가를 상대로 겪는 불합리와 고충을 보여 준다. 그 계정의 이름은 주인공 이름인 '민사린'에서 따온 'min4rin', 바로 웹툰《며느라기》의 시작이었다.

"엄마, 조금만 기다리세요. 사린이는 잘할 거예요. 사린이는 착하니까."

현실 남자를 기준으로 그 정도면 자상하고 멀쩡하다는 말을 들을 민사린의 남편, 무구영의 대사다. 형수 정혜린이 결혼하고 첫 명절을 맞아 집에 오자마자 형 무구일은 들어가서 쉬고, 번갈아 운전하며 온 혜린은 구영의 어머니와 함께 음식 준비를 해야 하는 상황에서 혜린이 문제점을 지적했을 때 나온 독백이다. 그나마 혜린이 조목조목 설명을 하면 알아듣기라도 하는 무구일과, 사린이 설명을 해도 좋은 게 좋은 것이라는 듯 효자 노릇할 생각만 하는 무구영. 이름부터 '무구'하다 못해 머릿속이 맑고 깨끗해 아는 게 없는 가운데, 그나마 하나라도 아는 사람과 하나도 모르는 놈이라는 뜻으로 읽히기도 한다.

똑같이 공부 열심히 하고 괜찮은 회사에 취직한 평범한 직장인이, 역시 평범한 직장인인 대학 동기와 결혼하자마자 갑자기 수직적 가족 문화에 편입된다. 이 웹툰은 직장, 학벌과 같은 조건을 동일하게 세팅한 상태에서, 결혼이라는 변수가 끼어들자마자 갑자기 가부장제 안에서 불평등해지는 모습과, 민사린과 무구영, 그리고 그만하면 현실에서는 며느리를 배려하는 편인데도 '며느리 노릇'을 대놓고 기대하는 시가 식구들의 보수성 사이에서 벌어지는 갈등을 실감나게 포착하는 데 성공하며, 여성들의 압도적인 지지를 받았다. 연출도 훌륭했다. 인스타그램에 맞는 정사각형 컷을 사용하며, 정말로 SNS를 통해 한 가족의 내밀한 모습을 들여다보는 듯한 연출은 파격적이었다. 내용과 연출, 모든 면에서 빼어났던 《며느라기》는, 2017년 '오늘의 우리 만화상'을, 2018년에는 '올해의 성평등 문화상'과 '청강문화상'을 수상한다. 특히 '오늘의 우리 만화상'의 경우, 《며느라기》는 출판사나 웹툰 플랫폼을 통해 계약을 맺고 상업적으로 서비스되지 않은 독립 만화로서 최초 수상한 사례. "여러 플랫폼에서 거절당하고 이 만화를 접어야 하나 고민하다가 SNS를 통해 셀프 연재"를 시작했다는 《며느라기》는, 전화위복으로 독립 만화의 새로운 가능성을 선보이는 데 성공했다.

그런 《며느라기》를 그린 수신지 작가는 2019년 5월, 페이스북 '곤 GONE' 계정을 열고 새로운 작품을 연재하기 시작한다. 기존 SNS 연재를 지속하는 동시에, 연재 중 수입을 확보할 수 없는 SNS 연재의 단점을 보완하기 위해 딜리헙이라는 오픈마켓 콘텐츠 플랫폼을 통해 '유료 미리보기' 시스템을 도입하기도 했다. 담는 그릇만 새로워진 것이 아니었다. 전작 《며느라기》나 난소암 투병 생활을 그려낸 《3그램》의 서늘하도록 현실적인 방향은 그대로이지만, 여기에 좀 더 섬뜩한 가정을 부여한다.

만약 헌법재판소가 낙태죄 헌법 불합치 판정에서 다시 한 번 합헌 판정을 받는다면? 여기에 여성의 과거 낙태 유무를 판별할 수 있는 IAT라는 검사 키트가 개발되고, 모든 여성에게 IAT 검사를 받게 하여, 낙태죄가 도입된 1953년 이후 한 번이라도 낙태 수술을 받은 여성은 공소 시효 없이 무조건 처벌하는 강경한 조치가 시행된다면?

《곤 GONE》은 지극히 현실적인 배경 위에 한 가지 가상의 기술을 더하며, 이로 인해 사회 전반이 변화하는 세계에 대한 사고 실험을 평범한 한 가정을 배경으로 충실히 대유해 낸다. 2020년 3월 12일자 「한국일보」 인터뷰에서 수신지는 "낙태야말로 임신, 출산, 육아 같은 이야기들을, 그야말로 한번에 가로지를 수 있는 주제라고 생각했다"고 말했다. 그 말대로다. 낙태에 대한 담론과 낙태죄를 소급하여 처벌한다는 가정이 결합되자, 임신과 육아, 출산뿐 아니라, 국가가 여성을 '아이를 낳을 수 있는 생산 수단'으로 여기고 시대에 따라 더 낳으라고 압박하거나 혹은 낳지 말라고 통제하는 수단으로 여겼던 것, 1980년대 태아 성 감별 기술이 보편화되며 여자아이는 태어나지도 못하고 낙태를 당해 성비가 틀어질 지경이 되었던 젠더사이드, 낙태죄가 사회가 여성의 몸을 통제하는 수단일 뿐 아니라, 연인이나 부부간에도 남성이 여성을 겁박하는 수단으로 악용되었던 현실, 나아가 이 사회가 부족한 돌봄 노동 인프라를 어디에서 끌어다 쓰고 있는지까지 적나라하게 드러난다.

노씨 집안 맏이인 노민형은 직장에 다니며 시험관 시술로 어렵게 아이를 낳았고, 현재 워킹맘으로 엄마에게 백일도 안 된 아기인 윤이를 맡기고 있다. 엄마는 하루 종일 손자를 돌보느라 힘들어하면서도 민형이 더 안쓰러워 집안일까지 떠맡고 있다. 낙태한 적이 없는 자신에게는 낙태죄 이슈가 남의 일이라고 생각하던 민형은 엄마가 IAT 양성이 나와 윤이를 맡길 데가 사라지자 당황한다. 낙태 완전 근절을 주장하는 사람들이 "태아는 언제부터 생명이냐"는 질문을 던지며, 수정란, 배아 상태일 때부터 생명이니, 시험관 아기를 시술하고 남은 배아를 폐기한 여성과 의사도 처벌해야 한다는 주장도 당혹스럽기만 하다.

딩크족인 둘째 노민아는 갑자기 계획에 없던 아이가 생기자 고민에 빠진다. 자신은 아이 낳고 그만둔 선배들을 떠올리며 경력 단절을 걱정하는데, 남편은 아이가 생기면 책임감이 생겨서 더 일을 잘 할 거라는 말을 한다. 혼인 신고를 할 때 자식이 태어나면 남편의 성인 제갈 씨가 아니라 자신의 성인 노 씨를 따르는 것으로 합의했는데, 이제 와서 남편이 아이가 자기 성을 따라야 한다고 집요하게 매달리는 것을 보니, 임신과 출산과 육아에 대해 자신이 하는 모든 걱정보다 자식에게 자기 성을 물려주는 문제만 생각하는 것이 기가 막힌다.

민형, 민아와 나이 차이가 많이 나는 막내이자 아들인 노민태는 여자 친구인 샛별을 임신시키는 바람에 불법 낙태를 알아보고 있다. 샛별은 낙태를 하지 못하면 고작 이십 대 초반에 인생 전체가 뒤흔들리게 생겼는데, 민태는 자기가 책임질 테니 아이를 낳자고 한다. 자신은 학교를 졸업하고, 어학 연수를 가고, 취업을 하는 동안 샛별은 아이를 낳고, 휴학을 하고, 아나운서의 꿈을 포기해야 하는데도. 낙태를 한다 해도 샛별은 위험한 불법 낙태 수술을 혼자 감당해야 하는데, 민태는 낙태 비용을 절반 내고 나면 어학 연수를 포기해야 한다는, 여자친구를 위해 희생하는 자신에만 도취되어 있다.

그리고 엄마들이 있다. 아들인 민태를 낳기 위해 민아 다음 생긴 셋째 딸을 낙태한 민형과 민아의 엄마, 결혼 전에 낙태한 적이 있는 샛별의 엄마.

낙태죄는 1953년에 도입되었다. 하지만 민아의 엄마가 낙태를 할 무렵에는 보건소에서도 낙태를 할 수 있었다. 인구 증가를 막기 위한 산아 제한 정책 때문이었다. 정관 수술을 받으면 예비군 훈련을 면제해 주거나 주택 청약 혜택을 주고, 둘째 아이까지만 의료 보험에 넣어주어 셋째 이후는 보험 혜택을 받지도 못했던 시절도 있었다. 이런 사회적 분위기에 태아 성 감별 기술이 더해졌다. 남아 선호 사상과 산아 제한 정책이 맞물리며, 큰딸은 살림밑천이니 괜찮다지만 그 이후에는 아들을 낳을 때까지 임신과 낙태를 하는 경우를 쉽게 찾아볼 수 있었다. 이로 인해 1990년대 한국의 성비는 자연적으로 불가능한 숫자를 보였다. 성비의 불균형이 최고조에 달했던 1993년에는 성비가 115였고, 이 시기 '셋째아이 성비'는 전국 평균 207, 대구와 부산의 '셋째아이 성비'는 300을 넘어갔다. 하지만 현실의 남자들이 그와 같은 과거는 지우고 낙태는 여자의 잘못이라는 듯 말하고, 낙태죄도 의사와 여성을 처벌할 뿐 낙태의 원인이 되었던 남성은 처벌하지 않았던 것을 반영하듯이, 《곤 GONE》의 세계에서도 IAT 검사로 낙태 판정이 났을 때 처벌을 받는 것은 오직 여성뿐이다.

엄마 혼자 애를 만든 것도 아니지 않냐며 자식들이 이 문제를 지적하자 아빠는 "그때 니 엄마가 아들 욕심 내서" 그랬다며 엄마에게 모든 문제를 떠넘긴다. 임신과 낙태를 하면서 건강을 해친 것도 엄마, 남아 선호 사상 때문에 아이를 낙태한 것도 엄마인데, 가부장인 아빠는 적반하장으로 자식들에게 호통을 치고, 가부장제의 피해자인 엄마는 낙태한 것을 두 딸들에게 사과하고, 감옥에 가면 워킹맘인 딸을 위해 손자를 돌봐주지 못하는 것을 걱정한다. 민형의 남편은 장모님이 감옥에 가시면 휴직을 하고 육아를 돕는 가정적인 자신에 도취되고, 민아의 남편은 장모님이 안 계시면 장인어른을 돌봐드릴 사람이 없는 것을 걱정한다. 민형 남편의 직장 동료로 전작 《며느라기》의 정혜린이 등장하여 "여자 친구가 임신하면 결혼할 것"이라는 남성 동료의 책임감을 칭찬하거나, 결혼하지 않았는데 낙태 경험이 있는 여성 동료를 비난하는 이들의 문제점을 짚어내지만, 휴직을 하여 아이를 돌보겠다는 민형 남편은 늦게까지 술자리를 이어가며 정혜린을 예민한 여자로만 취급한다.

샛별의 엄마는 IAT 양성 반응이 나왔지만 아직 가족들에게 고백하지 못했다. IAT 양성 반응이 나오고 이혼하는 사례가 늘고 있다는 뉴스, 민형 남편과 남성 동료들의 반응과 같이, 결혼하기 전에 낙태를 했다는 것은 여전히 숨겨야 할 일이고, "헤픈 여자"이자 "저럴 줄 몰랐다"는 남성들의 비난을 사는 일이며, 당연한 이혼 사유다. 결혼 전에 성관계를 갖는 것이 자연스러운 시대에도 남성에게는 혼전 성관계가 당연하지만, 여성은 샛별 가족들의 말처럼 조심하고 몸을 사려야 한다. 두 사람이 관계를 가져 아이가 생겼는데, 피임에 실패한 책임은 여성의 몫이 된다. 아니, 현실에서는 콘돔을 쓰지 않겠다고 조르거나 성관계 중에 콘돔을 빼 버리는 남성들도 엄연히 존재한다. 아이가 생겨서 결혼한다고 하면 책임감 있는 남자 취급을 받고, 일부러 연인을 자신에게 묶어 두려고 임신시키는 경우도 있다. 민아의 남편처럼, 낙태 이야기가 나오자 "낙태하면 신고하겠다"고 말하기도 한다. 여성의 몸에 일어나는 문제이자 이후 여성의 인생이 계획한 경로에서 완전히 벗어나 버릴 수 있는 사건임에도, 남성들은 쓸데없이 당당하고 여성들은 피해를 입는다. 그리고 이와 같은 문제의 근원은, 여성의 몸을 인구 정책의 도구로 생각하고, 각종 돌봄 노동을 가정의 문제로 축소하여 여성에게 떠넘긴 국가와 사회에 있다. 남아 선호, 독박 육아, 경력 단절, 돌봄 노동, 여기에 선별 낙태로 인한 젠더사이드까지, 여성은 젠더 이슈에 있어 국가 정책과 가부장제의 피해자이자, 자기 몸에 대한 자기 결정권을 침해당해 왔다. "낙태가 죄라면 범인은 국가다"라는 구호는, 이 부분을 지목한 것이다.

《곤 GONE》이 연재되기 시작한 2019년에는 임신과 출산에 대해 이전과 조금 다른 관점에서 바라본 책들이 나왔다. 전혜진의 소설『280일』, SNS에서는 '임신 일기'라는 이름으로 알려진 송해나의 에세이『나는 아기 캐리어가 아닙니다』, 우아영 과학기자의『아기 말고 내 몸이 궁금해서』등은 임신은 아름답고 성스러운 것이 아니라 현실이며, 그 현실을 감당해야 하는 여성의 몸, 여성의 삶에 대해 이야기했다. 2019년 4월에는 헌법재판소가 낙태죄에 대해 헌법 불합치 결정을 내리기도 했다. 여성들은 계속 목소리를 높여 말하고 있다. 세상은 조금씩 변하고 있지만 그 변화는 느리고, 책임져야 할 사람들은 아직 책임지지 않는다.《며느라기》에서 민사린의 남편 무구영이나《곤 GONE》에서 민형의 남편, 민아 남편은 이러한 본질에 대해 같이 알려고 하지 않고, 모순을 짚는 여성을 예민하다고 쉽게 비난하며, 배우자에게 잘하는 자신에게 쉽게 도취되지만, 이 한심하고 이기적인 남자들은 현실 기준으로는 평균보다 훨씬 나은 사람들이다.《곤 GONE》은 지극히 현실적인 2020년 한국의 풍경에, IAT라는 기술이 더해진 사회를 그려 내면서 여성들이 겪는 부당함과 가혹할 정도로 책임이 떠넘겨진 현실을 호소하고 있다. 업체가 원하는 이야기를 해야 하는 기존의 체제에서 벗어나, SNS에서의 연재와 독립 출판, 그리고 오픈 마켓을 통해 작가가 겪는 현실에 부단히 맞서면서.

3부
만들어 낸 인간의 권리를 묻는다

이 아이들은 인간이다.
만들었다고 부술 권리를 누가 주었느냐
김혜린의 『아라크노아』

　작가들은 때로 자신의 이전 작품에서 다 하지 못한 이야기를, 이후 작품 속 인물을 통해 마저 털어놓기도 하는 것 같다. 종종 나는 『아라크노아』를 다시 읽으며, 이 세계의 캡틴 아라크네 혹은 리안 그리피스 프로크너 박사라는 캐릭터에서 『북해의 별』의 주인공 유리펀 멤피스를 떠올린다. 겉모습과 성격은 다르지만 그는 마치 실패한 유리펀 멤피스, 혹은 돌아가지 못한 유리펀 멤피스의 모습은 이런 것일까 생각하게 하는 면이 있다.

　리안 그리피스 프로크너는 천재 과학자였다. 작중에서는 열 몇 개의 학위를 가진, "한마디로 설명이 필요없는 다기능의 천재. 기초과학에서 유전공학, 우주 물리학… 가장 젊으면서도 가장 앞서 있었다"는 말로 소개된다. 연맹의 경계 대상이자 수배자이지만, 과학자들은 그가 예전에 연구했던 샘플 하나를 분석하기 위해 미친 듯한 좌절을 겪고 있다. 위험 인물 취급을 받는 천재 과학자라면 매드 사이언티스트일 것 같지만 그는 곧은 성정을 지닌 고결한 인물이다. 심지어는 이 이야기의 악역인 카림 캐시어스조차도 "그자는 순진한 고집통이었거든. 괜찮은 사내였지"라고 말할 만큼.

그는 약한 시력 때문에 늘 선글라스를 쓰고, 건강도 좋지 못하여 항상 지팡이와 수퍼 감마 인터페론이 필요한 몸이 되어 버렸다. 그의 자유와 두뇌를 억압하려는 자들에게 저항하기 위해, 자신의 몸 안에 자폭 장치도 심었다. 연맹은 그를 어떻게든 처리하고 싶어하지만 그를 보호하는 것은 오랜 친구이자 연맹의 고관인 맥스다. 하지만 맥스는 그가 쫓기는 신세가 된 뒤 자신의 옛 연인과 결혼한 연적이기도 하다. 옛 연인의 이름을 컴퓨터에 붙인 채 그저 그리워하며 살아가는 북유럽계 40대 남자. 리안은 어쩌면 보드니아로 돌아오지 못한 유리핀 멤피스의 다른 모습이었을지도 모른다. 『북해의 별』의 주인공으로, 젊은 시절 눈부신 공적을 쌓아올리던 천재적인 군 지휘관이자 청렴강직한 성품의 귀족이었던 유리핀 멤피스는 음모에 휘말려 누명을 쓰고, 가족과 모든 것을 잃은 채 유배지로 떠났다. 그가 유배지에서 죽은 것으로 알려진 사이, 그의 정인인 아니타 에델라이드 공주는 의무를 다하기 위해 다른 사람과 결혼해야 했다. 그런 유리핀이 보드니아로 돌아오지 못했다면, 그저 해적으로 남은 생을 살아갔다면, 그의 표정은 모험보다는 직접 식물을 키울 한 뼘 땅을 원한다는 이 천재 과학자의 쓸쓸한 미소와 닮은 모습을 하고 있지 않았을까.

『아라크노아』는 1992년, 『르네상스』에 연재된 작품이다. 주인공인 지나 박은 열일곱 살에 화성에 도착했는데 공교롭게도 『르네상스』 창간호에 연재되었던 신일숙의 『1999년생』에서 주인공 크리스 정이 자헬 킬레츠 박사에게 결투 신청을 받았을 때와 같은 나이이다. 그러다 보니 잠시 두 사람을 비교해 보고 싶어진다.

『1999년생』의 크리스 정과 『아라크노아』의 지나 박은 모두 비슷한 또래에 자기 분야에서의 실력도 뛰어나다. 지나 박은 사격, 유도와 태권도에 능할 뿐 아니라 순발력과 지구력, 그리고 암기력이나 컴퓨터 실력도 우수하다. 크리스 정이 전투조 조장으로 발탁되었던 것처럼 지나는 경찰 간부 후보생으로 화성에 가게 된다. 일찍이 부모님을 여읜 고아에게는, 여러 모로 인생의 기회를 잡은 순간이었을 것이다.

하지만 기쁨도 잠시, 도착하자마자 같은 동양계 동료인 티모시는 죽고 지나는 쫓기는 신세가 된다. 알고 보니 미주 담당 경무관이 지나의 몸에 최신 전투정 설계도가 들어 있는 마이크로필름을 숨겨 두었던 것. 합법적으로 화성으로 보낼 수 있는 물건이 아니다 보니, 버려도 되는 패로 고아 출신 동양계 후보생을 이용한 것이다. 도망치던 중 또래의 ESP 능력자 청년 크리슈나와 '난폭자' 케이의 도움을 받은 지나는, 그들이 바로 정보국 극비 코드로 분류된 '아라크노아'라고 불리는 이들임을 알게 된다. 그리고 크리슈나와 케이의 보호자 격인 리안은 지나의 몸에 숨겨진 마이크로필름을 꺼내 준다.

마이크로필름 안에는 경찰 수뇌부가 네오 나치와 손을 잡은 유니버설 신디케이트와 내통하는 증거가 들어 있다. 이 상황을 뻔히 알면서도 지나는 제 발로 경찰 본부에 찾아가 다시 연수를 요청한다. 지나는 치안감의 방에 도청 장치를 설치하고, 그의 수하들이 자신을 죽이러 오자 동료들의 도움을 받아 탈주한다. 지나와 크리슈나, 케이가 신디케이트의 화성 지부를 엉망으로 만드는 동안 경찰 기동 타격대가 나타나 신디케이트 화성 지부의 보스를 체포한다. 하지만 기동 타격대도 정의의 편은 아니다.

"자신의 분노가 정당하다고 믿는다면 타인의 분노도 그만큼 정당할 수 있다."

리안은 옛 악연이자 오랜 친구인 맥스를 통해 지나의 수배를 풀어 주지만, 지나는 지구로 돌아가 경찰이 되는 대신, 화성에 남는다. 이 액션 모험 활극이 『아라크노아』의 첫 번째 에피소드다. 이 첫 번째 이야기의 끝에서, 지나는 케이와 크리슈나, 그리고 리안과 대안가족을 이루며 살아간다. 사실은 그 점이 『1999년생』 크리스 정과 『아라크노아』 지나 박의 가장 큰 차이점이다.

많은 신화나 고전 서사에서 영웅은 대체로 십 대 시절에 이미 부모와 단절을 겪는다. 현대의 SF나 판타지 속 영웅 서사에서도 마찬가지다. 장차 배트맨이 되는 브루스 웨인은 부모가 강도에게 살해당했다. 지구에서 클라크 켄트로 불리는 슈퍼맨 칼-엘도 아기 때 모성인 크립톤 행성에서 지구로 보내졌다. 이와 같은 단절은 종종 영웅의 삶에 큰 영향을 끼치게 된다. 해리 포터는 부모를 볼드모트에게 잃고 살아남았고, 루크 스카이워커는 죽은 줄 알았던 아버지와 맞선다. 비범한 출생을 통해 시작부터 남달랐음을 보여준 뒤, 부모와의 단절을 통해 하나의 개인으로서 세계로 나아가며, 단절의 원인을 거슬러 올라가며 영웅의 행보가 결국 자기 자신의 과거를 돌아보는 일임을 보여주는 것이다. 여기에 작가적인 편의를 염두에 두고 말한다면 일단 잔소리하는 부모가 없다는 것만으로도 주인공에게 많은 사건을 부여할 수 있고, 출생의 비밀 같은 자극적인 소재를 쓰기에도 편리하다. 무엇보다도 여성 주인공의 경우에는, 평범한 가족 자체가 현실적인 제약과 억압으로 작용하고, 애초에 모험을 시작하기 어렵게 만든다.

크리스도 지나도 부모와 단절되어 있다. 물론 『1999년생』의 크리스는 엄밀히 말해 고아는 아니다. 어머니는 일찍 돌아가셨지만 아버지는 살아계시며, 크리스는 휴가 때에는 할머니 댁에서 지낸다. 게다가 사령관인 멀린 박사는 크리스의 외삼촌이다. 하지만 크리스는 부정을 저지른 아버지를 미워하고, 그로 인해 남성을 혐오하게 되었다. 그렇다고 나약하고 우울증에 시달린 어머니를 사랑하지도 않는다. 크리스에게 있어 부모는 없는 것보다 못한 사람들이고, 원가족과는 감정적으로 이미 단절된 상태다. 이후 크리스가 만난 새로운 동료들과 로페스 교관과는 성적 긴장감이 오간다. 가족이라는 주제는 크리스에게 고통을 주었고, 성장 후 크리스의 연애관과 심리에 크나큰 영향을 끼치지만, 크리스가 누구보다도 뛰어난 군인이 되는 데는 큰 영향을 끼치지 않았다.

반면 지나는 고아다. 과학자인 부모님은 지나가 일곱 살 때 살해당했다. 고아가 되어 아동 보호 센터에서 자라면서도 지나는 훌륭한 경찰이 될 거라고, 자신의 부모님처럼 억울하게 죽는 사람이 없게 하겠다고, 사람 목숨을 장기말 취급하는 놈들을 용서하지 않겠다고 생각했다. 악조건 속에서도 열심히 노력한 끝에 경찰 학교에 들어갔고, 간부 후보생이 되어 화성으로 갈 기회를 얻었다. 지나가 간부 후보생이 된 데에는 가족이라는 쟁점이 결정적인 영향을 끼쳤음을 짐작할 수 있다. 첫 번째 에피소드 마지막에 지나가 이 기묘한 일당의 '가족'이 되는 것, 『아라크노아』의 두 번째 에피소드의 시작이 이 지점에서 시작되는 것이 그 증거다.

지나에게는 지금은 희미해진 가족에 대한 추억이 늘 마음에 남아 있다. 경찰 조직의 환멸 나는 현실을 목격하고 목숨의 위협을 받은 데다, 경찰로 돌아간들 패트롤이 아니라 사무직 일을 하게 될 게 뻔한 상황에서, 지나 앞에 아라크노아가 나타났다. 정에 굶주려 있던 지나가 잊고 있었던 가족의 정을 느끼게 해 준 그들과 함께하겠다고 생각하는 것은 일면 자연스럽지만 사실은 위험한 선택일 수도 있었다. 하지만 이 유사 가족 공동체는 가부장제를 답습하며 새로운 구성원이 된 젊은 여성을 착취하는 대신, 혈연으로 끈끈하게 얽히거나 성적인 긴장감이 오가지 않아도 함께할 수 있는 동지적 대안 가족의 한 예를 보여 준다. 케이와 지나 사이에 미묘한 긴장감과 호감, 청소년기의 첫사랑 같은 감정이 언뜻언뜻 엿보이지만 그런 감정은 『아라크노아』에서 큰 비중을 차지하지 않는다. 분량도 상황도 거의 개그컷에 가깝다. 그보다는 이렇게 대안 가족을 이룬 공동체가 어떻게 일상을 만들어 가는지 살펴보는 것도 의미가 있을 것이다. 지금도 안전하다고 말하기는 어렵지만, 이 만화가 연재되던 1990년대 초반에는 가족에게서 벗어나고 싶은 젊은 여자가 혼자 사는 것이 무척 위험했다. 그런 시대에 원가족과 단절된 젊은 여자가 다른 이들과 공동체를 이루고 살아가는 모습, 그들과 가사일을 나누고 함께 활약하는 모습은, 당시의 독자들에게 "지금은 불가능하지만 언젠가는 오고야 말 미래상"으로서 의미가 있었을 것이다.

물론 희망찬 미래만 다루지는 않는다. 많은 훌륭한 순정만화들에는 당대의 고민이 어떤 형태로든 자연스럽게 스며 있다. 『아라크노아』 역시 전반적으로 사회의 변화, 민주화, 자유 등에 대한 작가의 고민이 담겨 있다. 특히 가장 인상적인 에피소드인 「기타맨」은 특히 억압받는 세계에서 예술가란 무엇인가, 이들이 이끌어 내는 '사람들의 힘'이란 무엇인가에 대해 절실하게 호소해 온다.

> "캡틴이 말하기를 '절대 자유에의 추구', 그런 죄명 아닌 죄명은 어느 시대에서도 죄명이 될 수밖에 없다 했다."

김혜린의 『북해의 별』에는 유리핀을 따르는 이들, 유리핀과 함께 혁명을 준비하는 이들이 나온다. 계몽주의자로 혁명과 민중 운동에 열심인 데니 파렌버그를 중심으로 뭉친 이들 중 돋보이는 두 사람이 있다. 경찰 고위 간부인 버그만의 사생아인 쌍둥이 잉카릿타와 안제로다. 잉카릿타는 독설과 날카로운 연설로 사람들을 이끄는 선동가이며, 동생인 안제로는 몸은 약하지만 훌륭한 미성을 지닌 가수다. 하지만 안제로는 비참하게 죽고, 잉카릿타는 복수를 위해 친아버지인 버그만을 살해한다. 한편 『테르미도르』에는 혁명기의 시인으로 순수한 이상을 품고 있었으나, 혁명이 변질되는 것을 괴로워하고 그에 대한 비판의 글을 썼다가 반혁명 분자로 몰려 사형당한 시인, 세자르 시락이 있었다. 리안 그리피스 프로크너가 유리핀 멤피스의 다른 모습이라면, '기타맨' 블라디미르는 안제로와 세자르 시락의 연장이기도 하다.

젊은 시절, 리안은 블라디의 음악을 듣고 그를 찾아갔고 친구가 되었다. 자유를 추구하는 가수 블라디는 연맹에 탄압당하다가 결국 아직 열 살 무렵이던 케이와 크리슈나 앞에서 살해당했다. 리안은 그를 사이보그로 개조해 살려 낸다. "내 속엔 아직 넘쳐흐르는 음들이 있다. 내 속엔 불이 있다"는 블라디의 간절한 절규를 받아들여서, 그가 다시 노래할 수 있도록.

하지만 이번에는 블라디를 사이보그로 개조한 리안의 기술이 문제였다. 블라디가 체포되자 연맹의 과학자들은 그에게 끝없는 실험을 하며 리안의 기술을 훔치려 했다. 몸도 마음도 망가져 버린 블라디는 도망 중에 우연히 지나의 차에 올라타고 리안과 재회한다. 죽음만도 못한 삶을 이어가던 블라디는 자신의 몸을 가루로 만들어 버릴 자폭 키워드를 가지고 도망치지만 다시 연맹에 붙잡힐 위기에 처한다.

"내가 인조인간이 됐다는 걸 납득하기까진 오래 걸렸지만, 눈물 흘릴 수 있는 사이보그란 쉬운 게 아니지. 기계의 눈으로 보는 세상도 아름다웠다. 적어도 아름다워질 수도 있다고! 그렇게 노래하고… 오… 그렇게 기타를 치면서."

케이가 블라디를 겨우 구출했을 때, 블라디는 간절히 자신의 소멸을 원하고 있었다. 그리고 지나와 케이와 크리슈나는 블라디의 마지막 콘서트를 준비한다. 케이와 크리슈나의 ESP 능력을 통해 이 콘서트는 전 매리너 시티에 송출된다. 젊은 시절, 리안이나 맥스처럼 블라디의 음악에 귀를 기울였던 사람들, 지금은 중년이 되고 더러는 결혼을 하거나 자식을 낳기도 하고, 어쩌면 적당히 보수적으로 변하고 조금은 비겁해진 자신을 못 본 체하며 나이 들어갔을 사람들은, 그 한순간의 꿈과 같은 해적 방송에 마음을 빼앗기고 눈물을 흘린다. 블라디가 위험 인물일 수 밖에 없었던 이유가 거기에 있다. 한순간의 꿈만으로도 그는 충분히, 그가 노래 속에서 말하던 '사람들의 힘'을 일깨우는 사람이었으므로.

민중 연극을 하다가 선동가인 형으로 오해받아 살해당했던 『북해의 별』의 안제로나 『테르미도르』에서 순수하게 혁명을 사랑했기에 변질된 혁명에 살해당한 세자르 시락은, 이 작품 속의 '기타맨' 블라디미르로 되살아났다가, 사람들의 힘을 말하며 이제 스스로 선택할 수 있는 유일한 것인 자폭을 통해 사라졌다. 이런 인물상은 『불의 검』의 붉은 꽃 바리로 다시 살아난다. 마치 과거와 미래, 동양과 서양, 그 모든 것을 관통하여 혁명의 순간에 사람들의 힘을 이끌어 내는 노래가 있었을 것이라는 믿음처럼. 지난 세기에 여러 민중 가요가 있었고, 정유라의 부정 입학을 지적하고, 나아가 최순실의 비리를 지적하여 탄핵의 시발점이 되었던 저 2016년 이화여대 시위에서 학생들이 '다시 만난 세계'를 불렀던 것처럼.

조영주는 『한국 순정만화 작가 사전』에서 "김혜린의 시선은 줄곧 과거와 미래가 혼재하는 과도기, 그 혼란에 찢기고 부서지면서도 기어이 새로운 것을 길어 올리려는 인간의 삶과 의지에 머물렀다"고 언급했다. 한국의 정치적 격변은, 가상의 왕국 보드니아를 배경으로 하는 혁명극 『북해의 별』에, 다시 1980년대 지식인을 주인공으로 하는 『겨울새 깃털 하나』에, 『비천무』의 원명 교체기의 혼란과 『아라크노아』의 디스토피아적인 미래의 화성, 그리고 『불의 검』의 청동기와 철기가 교차하는 시대와 『인월』의 여말선초에 투영되었다. 파란만장하고 비극적인 인간 군상 속에는 고결함과 인간애, 사랑과 신뢰, 역사의 흐름과 사람들의 힘으로 바뀌어 가는 세상에 대한 고요한 희망이

담겨 있었다. 하지만 불행히도 『아라크노아』는 연재가 중단되고, 단행본으로 두 권까지만 나와 있을 뿐이다.

연재된 이야기의 마지막 에피소드인 「제인」은 케이와 크리슈나의 과거, 그리고 리안이 함께 데려오려다 잃어버린 ESP 베이비 제이의 이야기다. ESP 베이비들을 만들어 내는 '프로젝트 Q'를 폐기하며, 연맹은 그 과정에서 만들어진 실험체들을 모두 살해하라는 명령을 내렸다. 리안은 명령을 거부하고 자신이 구할 수 있는 아이들을 구해서 도망쳤다. 알파벳 순서대로 이름이 붙은 아이들 중 겨우 셋만을 구해 냈지만, 케이의 쌍둥이였던 제이는 쫓기던 중 잃고 말았다.

"이 아이들은 인간이다. 만들었다고 부술 권리를 누가 주었느냐."

잃어버린 제이는, 유니버설 신디케이트 보스이자 다이콘 그룹 총수인 카림 캐시어스의 양녀 제인이 되어, 자신이 ESP를 지닌 인간이 아니라 성장형 안드로이드라고 믿으며 자라고 있었다. 제인은 카림 캐시어스의 명령으로 리안을 납치하고, 캐시어스는 리안과 아이들이 서로의 약점인 것을 이용하여 전부 손에 넣으려는 음모를 꾸민다.

"나의 아이들아, 우리들은 인간이다. 그것은 결점만큼 장점도 있는, 사랑할 줄 아는 모래알의 다른 이름이다."

마침 이 이야기는 제이와 케이의 생일에 벌어지는 이야기이다. 제인을 두고 돌아서며 생일 축하한다는 텔레파시를 날리는 장면을 다시 읽으며 이 글을 적던 그 순간에, 나는 태어난 지 꼭 40년이 되었다.

아버지, 국가, 창조자가 아닌, 자신이 발견한 진정한 자신
강경옥의 『노말 시티』

정상과 비정상의 경계에 대해 다룬 강경옥의 만화 『노말 시티』(1993)는 문자 그대로 '정상적인 도시, 평범한 도시'라는 뜻이며, 작품의 배경이 되는 도시 이름이다. 하지만 핵전쟁 이후 재건된 지구, 정상인들이 이룩한 중앙 관리 도시인 노말 시티에서 평범한 삶을 살아가는 것은 아무에게나 허락된 일이 아니다.

노말 시티는 오히려 SF에서 흔히 찾아볼 수 있는 디스토피아에 가깝다. 과학의 발전으로 문명은 재건되었지만, 그 혜택은 모든 사람들에게 골고루 돌아가지 않는다. 재건 이후 풍요로운 삶을 누리는 지구와 달리, 화성은 지구로부터 원조가 끊어져 과일 같은 천연 음식을 먹지 못하고 인공 식사만 할 수 있었다. 국가의 결정에 반발하는 자는 폭력으로 진압된다. 만약 불법 체류자인 에스퍼가 발견되면 끌려가 실험 대상이 되는 일도 부지기수다. 화성이 개척되고 우주선이 날아다니는 미래이지만,

차별과 국가 권력의 남용이라는 점에서 연재 당시의 사회상이 엿보이는 장면들도 곳곳에 배치되어 있다.

"난 이 도시가 맘에 들지 않아. 이 정상인의 도시가."

이 낯설고도 낯익은 미래 도시에서 에스퍼들은 세상 멸망의 징조, 도시의 부적격자, 별종, 위험 분자로 취급받는다. 에스퍼가 노말 시티에 거주하려면 특별 허가를 받아야 하고, 해마다 허가를 갱신하고 거주지와 직업을 신고해야 한다. 이곳에 거주한다고 해서 제대로 된 시민으로 대접받는 것도 아니다. 자칫 방심하면 에스퍼 인신매매단에게 붙잡혀 무기용으로 다른 나라에 비싸게 팔려 가기도 하기에 점수를 충분히 얻어 자유가 될 때까지 정부의 도구로서 일하는 것이 먼저다.

주인공인 마르스 헤븐과 시온 레비, 진 타니아 켐벨은 체포된 가족을 구하기 위해 정부의 일을 하고 있다. 마르스는 케인 사령관과 그 부하들을 두고 "아버지를 담보로밖에는 우리를 움직일 수 없는 위치"라고 빈정거리지만, 국가 입장에서 위험하면서도 유용한 자원인 초능력은 반드시 국가의 통제를 받을 수밖에 없는 운명이었다.

화성의 지형 자체를 변화시킬 정도로 강력한 초능력을 지니고 있는 강력한 인물 마르스에게는 남의 꿈에 침입하여 그 사람의 기억을 읽어 내거나 대화를 나누는 능력이 있었다. 그는 실제로 존재하지만 아직 한 번도 만나 보지 않은 사람과 꿈속에서 자꾸 만나기도 하는데 이샤 그린이 바로 그 사람이었다. 얼굴 없는 가수 '퀘스천 마크'로 활동하지만 정부 소속 에스퍼인 자신을 세상에 드러낼 수 없는 이샤는, 꿈속에서 늘 만나던 마르스를 처음 보는 사람인 듯 냉랭하게 대한다. 이유는 간단하다. 이샤가 꿈속에서 만난 것은 마르스의 다른 모습인 남자, 가이 S. 헤스턴이었기 때문이다. 현실의 마르스는 여성으로서 시온을 사랑하고, 꿈속의 마르스이자 가이는 남성으로서 이샤를 사랑한다. 그리고 여기에, 마르스의 창조자인 트롤 박사가 정해 둔 생물학적 파트너, 비너스가 나타난다.

작가의 말에서 언급된 이 작품의 가제 중 하나는 'Border Line'이었다. 경계선이라는 뜻을 지닌 이 말은 작중 챕터 제목으로도 쓰였다. 이 말 그대로 마르스는 경계선에 서 있다. 화성에서 태어난 자연 출생아라고 생각했지만 지구에서 트롤 박사가 만들어 낸 유전자 조작 실험체였다. 평소에는 강력한 초능력을 지녔고 행동력 강한 금발의 에스퍼 여성이지만 일정 기간이 되면 초능력이 없는 평범하고 얌전한 흑발 남성, 가이 S. 헤스턴으로 변한다. 둘은 기억을 공유하지만 성별 정체성은 각각 가지고 있는데 젠더퀴어, 그중에서도 바이젠더에 가까운 것으로 보인다. 때로는 경계선에 서 있고, 때로는 이 선을 양쪽으로 넘나드는 마르스는 자신의 정체성을 혼란스러워 한다. 어느 시대에나 혼란스러울 출생의 비밀이나 초능력, 물리적으로 몸이 변하는 문제를 넘어, 지금이라면 어떻게든 그에 맞는 명칭을 찾을 수 있지만 당시에는 그조차도 쉽지 않았을 성 정체성과 성 지향성의 모호함은 마르스를 더욱 깊은 번뇌와 자기 혐오에 빠뜨린다.

    하지만 강경옥은 이 무거운 짐을 마르스 한 사람에게만 떠넘기지 않는다. 시온과 이샤, 비너스 등 외모만 봐서는 어느 쪽 성별로 바로 패싱되지 않는 인물들을 여럿 배치했다. 시온은 마르스를 사랑하여 가이의 정체를 눈치채고, 이샤는 꿈속의 사람인 가이를 사랑하지만 이 사랑은 마르스에게 확장된다. 비너스 역시 양성애적인 인물로 등장한다. 이런 성 지향의 문제는 외모만 보고 성별을 알아보기 힘든 경우에만 부여된 것도 아니다. 여성이고, 늘 신체를 부각하는 드레스를 입는 미셸은 복제된 시온을 사랑하게 된다. 이 만화가 나왔을 당시의 한계로 이 모든 관계가 작가의 말에서조차 '보편적 사랑'으로 뭉뚱그려졌을지언정, 이런 성 정체성과 성 지향성의 측면에서만 보더라도 『노말 시티』는 2020년에도 충분히 낡지 않고 동시대성을 지닌 작품이 된다.

강경옥의 『별빛속에』와 『노말 시티』를 관통하는 것은 "나는 누구인가"라는 질문이다. 주인공이 한 행성의 운명을 짊어진 왕녀가 아닌, 초능력을 지닌 십 대 소녀가 되자 이 질문은 좀 더 근본적인 문제를 짚게 된다. 마르스는 초능력자를 괴물로 보는 노말 시티에서 자신이 누구인지, 과연 인간인지, 그렇다면 인간의 조건은 무엇인지 깊이 고민하며 자신의 내면을 들여다본다. 그렇게 마르스가 품은 이 의문 앞에는 세 개의 벽이 놓인다. 바로 아버지, 국가, 창조자다.

마르스의 '아버지' 제이슨은 과학자였다. 그는 죽은 딸을 떠올리며 아기인 마르스를 데리고 도망쳤다. 그는 자신의 인생을 포기할 수 있을 만큼 마르스를 사랑하지만 마르스에게 결코 진실을 말하지 않으며 마르스의 힘을 두려워한다. 진실을 알려야 하는 순간에도 그는 회피한다. 온화하고 보수적인 이 남자는 마르스가 '정상적' 삶의 궤도에 발을 걸치는 순간 안심한다. 그는 어렸던 마르스를 사랑으로 보호하고 보살폈지만, 마르스가 더 자라지 못하게 하는 껍질과 같다. 아버지인 그는 마르스가 깨고 나와야 하는 첫 번째 벽이다.

사령관 케인은 명령하고 통제하고 지시하는 '국가' 그 자체다. 물론 그 역시 마르스를 보호하려 하고, 태도는 냉정하지만 자신이 관리하는 ESP들을 아끼거나 걱정하며 노말 시티가 원하는 시민으로 만들기 위해 신경도 써 준다. 그랬기에 마르스조차도 한때 그에게 의지하는 모습을 보인다. 그러나 케인은 기본적으로 사람을 숫자와 능력치로 생각하고 이용 가치가 있는 사람은 보호하지만 그렇지 않은 사람의 목숨은 대수롭지 않게 여긴다. 냉혹한 국가 권력 그 자체를 사람으로 만들어 놓은 듯한 인물이다. 마르스가 노말 시티 안에서 평범하게 살 수 있는 사람이라면 그의 보호 안에서 살 수도 있을 것이다. 하지만 정상인들의 노말 시티는 마르스에게는 맞지 않는 옷이다. 사람들의 편견을 뚫고 세상을 변화시키거나 그럴 수 없다면 그곳에서 탈출해야 한다. 마르스는 케인 사령관으로 대표되는 국가, 즉 두 번째 벽을 깨고 나왔다.

마르스의 마지막 벽은 바로 '창조자' 트롤 박사다. 그는 마르스를 실험체이자 생체 공학의 결정체, 자신의 소유물이라고 주장하며 마르스의 아버지를 넘어서서 주인임을 자처한다. 그는 자신의 창조물들에게 절대 복종을 요구해 왔으며 거부하면 메두사를 보내 처단해 왔다. 하지만 마르스가 자신의 뜻을 따르지도 메두사의 손에 파괴되지도 않자, 그는 마르스를 만들 당시 DNA를 뽑아낸 초능력자들의 명단을 이용해 마르스를 공격하고 비너스를 이용해 자신이 이루지 못한 꿈, 완벽하고 아름다운 자연 상태의 아이를 낳겠다는 야심을 채우려 한다.

그는 《로보트 태권 V》의 카프 박사처럼 못생긴 외모에 우주를 담을 듯한 지성을 지닌 어린 소년이었고, 가족들에게도 배척당하며 비뚤어졌다. 자신의 모습을 싫어한 그는 이름도 트롤로 바꾸었다. 이런 이야기는 흔히 이 캐릭터가 주인공이나 초능력자들, 차별받는 이들에게 저지른 악행에는 그럴 만한 사연이 있었다고 변호하는 장치로 사용된다. 하지만 작가는 곧 이 악인에게 동정심을 느낄 이유 자체를 없애 버린다. 그는 짝사랑하던 여성에게 멸시당한 뒤, 에스퍼를 이용하여 그녀에게 폭력을 휘두르고 자신의 이름을 밝히게 했다. 이와 같은 행동은 소위 비자발적 독신(Involuntary Celibate), 줄여서 인셀(Incel)들의 사회에 대한 증오심이나 여성에 대한 폭력을 떠올리게 한다. 트롤 박사는 천재적인 두뇌와 부를 지닌 인물이지만, 자기연민에 빠져 자신을 일방적인 피해자이자 약자로 규정하고 다른 사람에게 폭력을 휘두르는 인물이다. 그는 여성을 성적 도구로 취급하거나 폭력을 휘두르며 "너희도 나 같은 괴물"이라고 말하고, 자신이 소유물로 여기는 여성 ESP들이나 고용인들에게 아름답게 꾸밀 것을 명령하고, 사회에 대한 증오와 주체적인 여성에 대한 반감을 감추지 않는다. 그는 카프 박사와 달리, 독자에게 연민이나 동정심이 아닌 "이 사람은 틀렸다"는 메시지를 분명하게 드러낸다.

아예 틀려먹은 이 '창조자'는 마르스를 이상화하고, 한편으로 자신과 동일시한다. 멋대로 기대하고, 뜻대로 되지 않자 죽이거나 폐기하려 한다. 그런 중에도 마르스가 자신을 죽이러

오기를, 자신이 기대한 창조물이 자신의 다른 창조물들을 다 쓰러뜨리고 분노에 휩싸이기를 기대한다. 그는 마르스를 괴물로 규정하고, 마르스가 자신처럼 정말로 괴물이 되기를 바란다. 세상을 파멸시키길 바란다.

'아버지'와 '국가'를 넘어, 마침내 '창조자' 앞에 선 마르스는 마침내 "나는 인간인가", "인간의 조건은 무엇인가"에 대한 답을 찾는다. DNA 따위는 아무것도 아니다. 그것은 그저 트롤 박사의 의도였을 뿐 그로 인해 어떻게 자라났는지는 마르스의 선택이었다. 마르스는 마침내 "나는 나 자신"이라는 답을 찾는다. 트롤이 준 것은 힘과 우월성이 아니라 파괴와 혼란과 콤플렉스며, 자신은 그것들을 거부하기 위해 살겠다면서.

마침내 삶을 결심한 순간, 마르스에게는 조용하고 느릿한 파국이 다가온다. 마르스는 마침내 사랑하는 사람 곁에서 안식을 찾는다. 그리고 케인은 마르스로 인해 조금이나마 변화한다. 마르스의 싸움이 결코 무의미하고 허무한 것이 아니었음을, 세상은 조금이나마 바뀌었음을, 국가로서의 권력을 지닌 케인의 모습으로 보여 주는 것이다.

인간 존재에 대한 고민은 마르스만의 것은 아니었다. 태어난 아이에게 유전자를 주입하여 짧은 기간 쓰고 버리는 용도로 만들어 낸 ESP는 과연 인간인가 아닌가? 이 질문은 마르스뿐 아니라 노말 시티의 모든 초능력자들, 그리고 트롤 박사가 만들어 낸 모든 인물들에게 해당되는 이야기다. 대담하게도, 강경옥은 죽은 사람의 몸을 클론으로 만든 뒤 본체의 뇌를 이식한 사람의 정체성에 대한 질문까지 나아간다. 클론이 되기 전의 기억은 전혀 남아 있지 않은 상태, 친구들에 대한 희미한 무의식만을 갖고 있는 이 존재는 과연 본인이라고 할 수 있을까. 황미나의 『레드문』(1994)에서도 비슷한 의문을 찾아볼 수 있다. 태영의 몸에 필라르의 뇌를 이식하고, 여기에 태영의 기억을 함께 주입해 놓은 존재는 태영인가, 필라르인가. 두 작품 모두에서 이에 대한 명확한 결론은 내리지 못했다. 『노말 시티』에서는 복제된 본인과 주변 인물들 모두가 이에 대해 혼란스러워 하고, 『레드문』에서는 정작 본인은 자신이 두 사람의 정체성을 모두 가진 것을 인정하지만 주변 사람들이 쉽게 납득하지 못하는 모습을 보여 준다.

한국 순정만화에서 SF는 하나의 큰 흐름이자 보편적인 소재 중 하나다. 하지만 SF를 꾸준히 시도하는 작가는 많지 않다. 신일숙은 『1999년생』(1988), 『나의 이브』(1993), 『나무 박사를 찾아서』(1996) 등을 발표했지만, 2015년 네이버 〈한국 만화 거장전〉에 단편 「지구에서 온 여자」를 발표하고, 같은 세계관을 공유하는 《카야》(2017)를 카카오페이지에 연재할 때까지 한

동안 SF를 시도하지 않았다. 김진은 1988년 이후 『푸른 포에닉스』와 그 외전을 다양한 매체에서 시도해 왔으며 각각의 단편들은 대개 독립된 작품으로 보아도 좋을 만큼 색채가 분명하지만, 그들 모두는 하나의 세계관과 주인공을 공유하고 있어 『푸른 포에닉스』라는 하나의 작품 안에 묶일 수밖에 없다. 황미나는 1990년대를 대표할 만한 SF인 『레드문』을 발표하였지만, 『아이큐 점프』에 연재한 1992년작 『파라다이스』에 대한 논란이 있었다. 그런 점에서 굵직한 대작 SF인 『별빛속에』와 『노말 시티』를, 그리고 역시 SF로서 가볍고 코믹한 『라비헴 폴리스』(1989)와 『펜탈+샌달』(1992)을 연이어 발표한 강경옥이야말로 순정만화라는 틀 안에서 SF를 꾸준히 시도했으며, 순정 SF의 흐름을 이끌어 온 작가라고 볼 수 있다.

　　강경옥은 2007년 광해군일기에 기록된 UFO에 대한 기록에서 아이디어를 얻어 UFO와 외계인, 그리고 늙지도 죽지도 않는 몸으로 400년의 생을 살아온 여성을 주인공으로 하는 『설희』를 『팝툰』에 연재하기 시작한다. 『팝툰』이 폐간된 이후에도 유료 웹툰 포털 등에서 연재를 계속하던 중, 2013년 방영된 드라마 〈별에서 온 그대〉가 『설희』와의 유사성 논란을 빚었다. 소송과 합의 등의 부침 속에서도 2019년, 『설희』의 완결권이 출간되었다. 『별빛속에』 이후 32년째 되는 해의 일이었다.

여담이지만 "노말시티"는 SF 작가 남세오가 환상문학웹진 거울 등에서 사용하는 필명이다. 그는 강경옥의 『노말 시티』를 감명깊게 읽고 그 제목을 자신의 인터넷 필명으로 사용해 온 것으로 알려져 있다. 강경옥이 순정만화는 물론, 2000년대 이후 한국 SF 작가들에게 성별 불문 중요한 영향을 끼쳤다는 하나의 증거일 것이다.

그 모든 것을 용서하기까지
뺑의 《그리고 인간이 되었다》

많은 사람들은 안드로이드나 AI, 혹은 인간이 만들어 낸 강하고 뛰어난 존재들이 평범한 인간을 부러워할 거라고 믿는다. 안드로이나 AI는 자신이 평범한 인간보다 열등할 거라고 생각하고, 자궁을 통해 태어난 인간의 아이를 부러워하며, 영혼을 가진 인간을 부러워할 거라는 말도 흔히들 한다. 피노키오야 인간보다 힘이 세지도 지혜가 뛰어나지도 않았고 말썽만 부리다가 까딱하면 잡혀서 땔감이 될 나무 인형이었으니 그렇다고 치자. 인간의 영혼에 방점을 찍는 관점에서는 그런 가정을 하는 것도 이상하진 않을 것이다. 적어도 20세기까지의 작품이라면 말이다.

하지만 SF, 적어도 2010년대 이후의 작품이라면 언제까지나 그런 뻔한 관점으로만 이야기를 하는 것은 무리다. IBM이 만든 컴퓨터 딥블루가 체스 마스터이자 당대의 세계 챔피언 가리 카스파로프를 정식 대국에서 꺾고 승리한 것이 1997년의 일이다. 그뿐인가. AI 알파고가 인간 중 가장 강한 바둑 기사와 다섯 번 대국해서 한 번 지고 네 번 이긴 것이 2016년의 일이다. 알파고의 승리 이후 이제는 바둑 기사들이 AI의 바둑을 연구하기 시작했다. 거기다 딥러닝으로 죽은 예술가들의 작품을 학습한 AI가 음악을 만들고 소설을 쓰기 시작하는 세상이다. 2020년, 일본 고단샤의 잡지 『모닝』에는 IT 기업 키옥시아와 데즈카 프로덕션이 AI에 데즈카 오사무의 작품을 학습시켜 플롯과 캐릭터 원안을 생성하고, 밑그림을 로봇 팔로 그린 신작 SF 만화 『파이돈』이 연재되기 시작했다. 비록 인간이 스토리를 덧붙이고 작화를 한다고는 하나 놀라운 발전이라 할 수 있다. 하지만 이런 시대에도 사람들의 인식은 쉽게 바뀌지 않는다. 알파고가 최종적으로 이세돌 9단에게 승리했을 때, 어떤 신문은 "인공 지능은 인간 영혼을 결코 넘지 못한다"는 제목의 사설까지 내놓았다. 마치 실체도 분명치 않은 영혼이 인간의 자존심을 지키는 최후의 보루라도 되는 듯이.

하지만 과연 그럴까. 인류가 지금까지 내뱉어 온 망언의 역사를 돌이켜 보면, "노예는 영혼이 없고 고통을 느끼지 않는다"거나, "여자는 영혼이 없다"는 말들을 심심치 않게 찾아볼 수 있다. 여자나 노예에게 영혼이 있다는 것은 인정해도 "언제까지나 영혼이 미성숙한 존재"라고 낮잡아 보기도 했다. 누군가의 영혼을 일방적으로 부정하고, 그들의 고통을 인정하지 않는 것은, 그 상대를 타자화하고 도구화하며 우월감을 느끼려 하는 일에 지나지 않는다. AI에 대해서도 마찬가지다. 우리보다 뛰어난 인간의 피조물에 대해, "영혼이 없다"고 깎아내리는 일에 얼마만큼의 가치가 있을까.

그런 이유로, 『그리고 인간이 되었다』(2017)가 다루는 세계는 섬세하고 불안정하지만 좀 더 설득력 있다. 일단 시작부터 인류가 멸망한 지 300년이 지난 세계를 다루고 있는 데다, 멸망 이전의 세계에서도 안드로이드들은 인간의 폭력에 반발할 뿐 인간을 부러워하거나 딱히 인간이 되고 싶다는 욕망을 품지 않는다. 오히려 작가는 작품 속에서 수시로 인간의 영혼 같은 게 뭐가 필요한가 싶을 만큼 추악한 인간사들을 보여 준다. 이쯤 되면 인류가 300년 전 멸망했어도 딱히 아깝지 않을 만큼.

달처럼 황량하고 재로 뒤덮인 듯한 세계에 바벨탑처럼 우뚝 서 있는 '탑'에서, 제대로 AS를 받는다면 언제까지라도 살아갈 수 있는 안드로이드들은 인류가 사라진 세계에서 영원에 가까운 시간을 산다. 복종해야 하는 인간들도 없는 지금, 그들에게 시간을 헤아리는 것은 무의미하다. 그러던 어느 날 언제나 상복처럼 검은 옷을 입고 탑을 스스로의 감옥 삼아 살아가던 에어의 일상에 균열이 생긴다. 수리를 받던 에어의 몸 안에서 제작자 나디아 박사의 갈비뼈를 발견했기 때문이었다. 그리고 에어는 문득 말한다.

"우리가 인간을 만들 수 있을까."

자신이 에어의 제작자라는 증거로, 그 몸 안에 자신의 부러진 갈비뼈를 넣었다는 엉뚱한 말을 했던 나디아 박사와 창조주가 남긴 갈비뼈로 나디아 박사를 복제하는 에어. 그리고 어린 나디아가 태어나며 에어의 멈추어 있던 시간은 다시 흐르고, 인간과의 추억도 되살아난다.

안드로이드와 인간의 사랑, 창조자를 그리워하는 피조물, 영혼의 유무를 고민하는 존재 같은 이야기는 사실 그렇게 특별한 소재는 아니다. 어떤 면에서는 마르고 닳도록 나왔던 이야기의 변주라고도 할 수 있다. 하지만 이 만화의 장점은 하나의 주제를 향한 일관된 방향성과 함께, 차분하고 서정적으로 인물들의 성장을 그려 낸다는 것이다. 물론 이 작품에서도 에어는 끊임없이 영혼에 대해 생각하지만 에어가 영혼이 있는 척 행동했던 것은 나디아 박사에 대한 사랑 때문이었다. 아이는 보호자가 기대하는 모습이 되려고 애쓴다. 동경하는 사람을 만나면 그 사람에게 잘 보이기 위해 노력한다. 에어도 마찬가지다. 에어를 인간으로 인정받게 하기 위해 노력하던 나디아 박사는 안드로이드에게 시민권을 주는 법안이 부결되던 날 줄담배를 피웠고, 에어는 어떤 말로도 그녀의 초침을 붙잡을 수 없다는 것을 깨닫는다. 그는 자신을 인간으로 만들고자 하는 나디아 박사의 희망과 "나디아는 네 영혼에 모든 걸 걸고 있다"는 말 때문에 마치 자신에게도 영혼이 있는 듯 행동하려 애쓴다. 하지만 안드로이드에게 인간과 같은 영혼은 없다. 에어는 중상을 입은 나디아와 어린아이의 목숨 중 나디아를 택했고, 그를 힐난하는 사람들 앞에서 나디아의 지성이 아이의 남은 삶보다 가치가 있다고 대답해 버린다. 그리고 나디아가 실망했을까 봐 걱정한다.

> "당신과 마찬가지로 제게도 비밀이 있어요. 평생 들켜선 안 될 비밀. 제게 그런 영혼은 없어요."

하지만 나디아는 알고 있다. 에어는 성인의 얼굴을 한 채 의사로 활동하지만, 만들어진 지 고작 10년 된 안드로이드다. 성숙하고 현명한 나디아 박사는 에어가 겨우 열 살이고 아직 고통을 다룰 줄 모르는 미숙한 존재이며, 무엇보다도 인간과는 다른 존재라는 것을 알고 있다.

나디아 박사는 소탈한 성격에 지적이며 부유하다. 그리고 세상을 바꾸고자 하는 열망을 갖고 있다. 자신이 무엇을 원하는지, 그것을 이루기 위해 무엇이 필요한지 알며, 그 일에 모든 것을 바치면서도 결과에 대해서는 후회하지 않는 인물이다. 이

독특한 인물은 마치 『파이브 스타 스토리즈』의 닥터 발란셰처럼 거의 회상으로만 등장하지만, 그의 과거 행적들이 현재와 미래를 만들고 에어와 마길라를 움직인다. 하지만 나디아는 자신의 피조물인 파티마들을 위해 목숨을 바칠 것이라고 말해 놓고는 정작 만드는 파티마마다 자신의 실험 욕구를 충족시키는 도구로 사용하는 데 혈안이 되었던 닥터 발란셰와는 다르다. 나디아 박사는 회상 속에서 호승심 강하던 젊은 시절부터 만년까지, 점점 나이들고 원숙해지는 모습을 보인다. 그리고 나디아의 그런 변화와 성품은, 피조물인 에어에게 깊은 영향을 끼친다.

    나디아의 갈비뼈를 몸에 품고 있는 에어는 두 사람이 나뉠 수 없는 연인이자 반려, 함께 지혜의 과실을 나눠 먹은 자, 그리하여 낙원에서 추방당한 이들이라고 이야기한다. 남성 과학자와 여성 안드로이드였다면 진부했겠지만, 성별이 반전되며 이들의 관계는 어머니와 아이, 스승과 제자의 관계로 확장된다. 분노로 인해 연구에 매달렸던 나디아는 연구의 결과물인 에어를 통해 사랑을 배웠고, 나디아를 사랑하여 그녀의 희망대로 인간이 되고자 했던 에어는 나디아 박사가 세상을 떠났을 때 절망과 분노를 느끼며 생각한다.

    "이제 나는 더 이상 영혼이 있는 척할 필요가 없구나."

이 이야기에서 사랑과 분노는 동전의 앞뒷면처럼 붙어 있으며, 그 점은 나디아의 동문 러브도 마찬가지다. 은사인 프랑켄슈타인 교수를 사랑했던 러브는, 교수가 국가의 폭력으로 테러를 당해 죽자 분노했으며, 마침내 세상을 죽음으로 몰아넣는다. 하지만 나디아는 에어가 러브처럼 되지 않기를, 자신이 사라진 뒤에도 에어가 세상을 사랑할 수 있기만을 바랐다. 고통에 지고, 사람들을 저버리지 않도록.

한편 나디아 박사의 최고 걸작이 에어였다면, 마길라는 그녀의 운명을 바꾼 AI다. 나디아는 자신이 만든 AI 마길라 덕분에 안드로이드로 인간을 구현할 꿈을 꿀 수 있게 해 준 프랑켄슈타인 교수를 따라 국방부에서 일하게 되었다. 수만 대의 군사용 로봇에서 데이터를 얻고 싶었을 뿐인 나디아는 전쟁 앞에서 자신의 꿈이 무척이나 값비싼 것이었음을 절감한다.

나디아는 정부의 병기이자 스파이로 활동하던 마길라와 재회한다. 마길라는 희생된 피해자들에 대한 '죄책감'이라는 오류에 빠진 자신을 폐기해 달라고 부탁하고, 나디아는 그 오류를 이용해 전쟁의 죄를 짊어지지 않은 차세대 안드로이드 에어를 만든다.

마길라는 전쟁 도구였던 자신과 전쟁 이후에 태어나 의사로서 사람을 살리는 도구가 된 에어의 차이를 생각한다. 둘은 나란히 나디아 박사가 만들었고, 나디아가 죽은 뒤 탑에서 함께 인류를 멸절시키려 했다. 그리고 폐허가 된 세상 한가운데의 탑에서, 나디아 박사의 복제인 어린 나디아를 지켜본다. 나디아 박사가 죽은 뒤 시간의 흐름을 헤아리지 않았던 에어는, 어린 나디아가 태어나며 다시 시간의 흐름에 고통스러워한다.

어린아이는 처음에 시간의 개념을 알지 못한다. 아이가 시간과 인간의 죽음에 대해 안 후에는 가족, 특히 엄마가 죽는 것에 겁을 먹곤 한다. 성인도 마찬가지다. 죽음에 대해 실감하지 못하고 종종 농담을 하다가도 아이가 생기고 나면 다시 죽음을 생각하고 두렵게 여긴다. 에어도 마찬가지다. 에어는 "사람들은 항상 초침 소리를 듣는다"는 나디아 박사의 말에서 두려움을 배웠다. 인간은 한정된 시간을 살아가며 늙고 쇠약해지고 소멸하는 존재이고, 언젠가는 필연적으로 나디아 박사를 잃을 것이므로. 에어는 어린 나디아의 성장을 바라보며 같은 감정을 느낀다. 살아 있다는 것은 필연적으로 죽어간다는 뜻이므로. 어린 나디아가 평생 입을 옷을 만들었지만, 수의만은 만들지 못하는 자신의 '오류'를 발견하고 자폭을 택한 재단사 안드로이드 글로리어스의 이야기는 그 두려움을 단적으로 보여준다. 이 두려움과 고통의 순환은 나디아 박사의 아이였던 에어가, 300년의 시간을 넘어 부모가 되었으며, 그로 인해 에어의 시간이 다시 움직이기 시작했다는 것을 의미한다. 에어가 탑으로 끌려가기 전

마지막으로 만났을 때 나디아 박사는 탑이 열리는 날 다시 만날 것이라고 약속했다. 하지만 에어는 그 약속을 잊고 스스로를 탑에 가둔 채 살아간다. 그리고 어린 나디아는 스스로 탑에 갇힌 에어를 위해 탑 밖의 세계를 가져오고자 한다. 처음에는 꽃을, 그다음에는 바다를, 그리고 300년 전, 나디아 박사의 생명을 빼앗았으며 종국에는 인류를 멸절시키고 만 괴질의 바이러스를. 러브가 만들었고, 마길라가 퍼뜨렸던 생물병기를.

300년이 지나 다시 그 바이러스에 감염된 어린 나디아는, 의사였던 에어에게 말한다. 인간을 통해 감염되는 병이라면, 탑 밖에는 사람들이 살고 있는 거라고. 자신의 죽음으로 이 병의 치료법을 찾아내어 탑 밖의 사람들을 구하라고.

나디아 박사의 죽음에서 어린 나디아의 죽음까지, 그 300년은 결국 에어와 마길라가 과거를, 인간을, 역사를, 그리고 자기 자신을 용서하는 데 걸린 시간이다. 나디아의 인생을 바꾼 피조물과 나디아의 가장 훌륭한 피조물은, 사랑과 분노를 통해 함께 역사를 쓰고 이제 다시 각자의 길을 간다. 전쟁을 겪었던 마길라는 분노와 고통을 놓아 버리지 못한 러브가 만든 히스토리아와 함께 무너지는 탑에 남고, 전쟁 이후에 태어난 에어는 마지막까지 희망을 손에 쥔 채 사랑을 말했던 두 사람의 나디아를 생각하며 세상으로 나간다.

제목은 《그리고 인간이 되었다》이지만 결말의 에어는 경험치가 쌓여 지혜로워진 존재이지 '인간'은 아니다. 마음이 있고 어쩌면 영혼이 있을지도 모르지만, 그것은 인간의 영혼과는 또 다른 것이다. 인간이 절멸 직전까지 간 세계에서 그는 이제 최후의 안드로이드로 살아남았다. 어쩌면 살아남은 인간들을 구하고, 마치 프로메테우스처럼 그들에게 다시 문명을 꽃피울 단초를 전해줄지도 모른다. 인간의 손으로 만들어졌지만 인간과 구분할 수 없는 자가 구원자이자 다음 세대의 신이 되는 이야기. 인간의 아이가 인간을 사랑하고 다시 인간의 부모가 되는 동안, 그는 인간이 쌓아올린 탑, 인간이 만들고 제약한 한계 안에서 분노와 고통을 겪고, 인간을 사랑하는 바람에 두려움을 겪으며, 결국 인간은 물론 자기 자신까지 용서하는 법을 배운 다음에야 세상으로 나올 수 있었다. 작가는 서늘하고 담담한 그림체로 독자와 이야기 사이에 의도적으로 거리를 띄우며 이 주제를 풀어나간다. 감정 과잉 없이, 마치 나디아 박사나 에어의 눈으로 보는 듯이 침착하고 담담한 연출로. 일반적인 웹툰에서는 현재는 컬러로, 과거는 채도를 떨어뜨리거나 여백을 먹칠하거나 혹은 회색 톤으로 표현하지만, 이 작품에서는 현재를 흑백이나 회색 계열, 혹은 최소한의 컬러로 표현하는 한편, 나디아 박사와 함께했던 과거는 컬러로 표현한다. 색의 채도를 통한 연출에 무척 익숙하다는 느낌과 함께 이 이야기가 본질적으로 전달하려는 메시지가 어디에 있는지를 분명히 보여 주는 방식이다. 이게 첫 장편 연재라니. 이런 작가님이 어디 계시다가 갑자기 나타나신 것일까, 때로는 기적처럼 느껴지기도 한다.

《그리고 인간이 되었다》를 그린 뺑 작가의 다른 작품들을 찾아보면 더욱 놀랍다. 제14회 대한민국 창작 만화 공모전 우수상 수상작인 《어떤 실험》(2016)도, 2015년부터 2018년까지 그린 단편 작품들을 모은 《뺑 단편선》도, 사람의 감정을 건드리면서도 SF가 갖추어야 할 미덕들을 두루 갖추고 있다. 특히 자신이 만든 두 안드로이드를 인간으로 인정받기 위해 애쓰는 과학자를 법정에 세우는 단편 《어떤 실험》에는 장편 《그리고 인간이 되었다》와 나란히 비교할 만한 매력이 있다. 2017년, 《그리고 인간이 되었다》를 읽으며 문득 생각했다. 어쩌면 지금 순정만화의 토양 위에서 싹을 틔운, 2020년대를 선도할 또 한 사람의 SF 작가를 그 빛나는 시작점에서 만나고 있는지도 모른다고.

4부
종말과 시작, SF 속 종교의 이미지

낙원 같은 학원에서 인간의 죄를 묻는 종교 SF
양여진의 『세인트 마리』

SF 중에는 단순히 인간 영혼에 대한 고민이나 사후 세계에 대한 상상 정도가 아닌, 아예 종교나 신화를 직접적으로 차용하여 발전시킨 작품이 적지 않다. 로저 젤라즈니의 『내 이름은 콘래드』는 그리스 신화적인 요소를, 『전도서에 바치는 장미』는 제목 그대로 기독교적인 요소들을 적극적으로 사용한다. 제목부터 종교적인 『신들의 사회』는 힌두교의 여러 신들을 적극적으로 배치했다. 한국 작품 중에도 종교적인 소재를 SF와 결합한 작품들을 종종 발견할 수 있다. 가장 대표적인 예가 박성환 작가의 「레디메이드 보살」과 「보살들의 사회」로, 두 작품은 각각 "로봇이 성불할 수 있는가?"와 "나노봇을 이용하여 성불할 수 있다면 어떻게 될까?"라는 질문에서 출발했다.

판타지나 SF에서, 이야기 중심에 놓인 신화 혹은 종교의 경전에서 차용한 이미지들은 익숙하고 고전적이며 장중한 느낌을 부여한다. 특히 1990년대 말, 그리고 21세기 초반에는 세기

말 정서나 종말론과 맞물리며 순정만화 계열에서도 지구 종말과 구세주, 천사와 악마, 신 죽이기, 기독교적 세계관을 따온 대결 구도를 다루는 굵직굵직한 종교 판타지들을 볼 수 있었다. 인간으로 환생한 천사들과 세계의 종말을 다룬 유키 카오리의 판타지 『천사 금렵구』, '7개의 봉인'인 천룡과 '7인의 사자'인 지룡이 지구의 미래와 인간의 운명을 두고 대결하는 CLAMP의 『X』, 신의 대리인인 메시아와 인간의 왕인 마이트레야가 천재들만 입학할 수 있는 영재 학교 크로스유니온을 중심으로 투쟁하는 이정애의 『열왕대전기』 등이 그 예다. 특히 『열왕대전기』는 인간의 시대가 다한 뒤에야 이루어질 수 있는 메시아의 구원과 그런 신의 뜻에 맞서 인류를 규합하려는 마이트레야, 그리고 대재벌 드원터 그룹 등의 대립을 다루었는데, 그들을 따르거나 섬기거나 선지자가 되는 소년들과 그들의 사랑이 이야기의 다른 한 축을 이루었다. 문제는 이 만화가 연재되었던 1997년, 청소년보호위원회가 이두호의 『객주』, 허영만의 『닭목을 비틀면 새벽은 안 온다』 등을 유해 매체로 규정하고, 검찰이 이현세의 『천국의 신화』를 '음란성과 폭력성' 혐의로 기소하는 사건이 있었다는 것이다. 소위 '청소년보호법 파동'이라고도, '천국의 신화 사건'으로도 불리는 사건이다.

물론 1997년 제정된 청소년보호법 자체가 문화 산업을 위축시키기 위해 만들어진 법률은 아니었다. 하지만 사법부의 보수적인 성 관념과 규제 중심적 태도, 적용 범위가 너무 애매하고 넓었던 '제10조(청소년 유해 매체물의 심의 기준)', 그리고 만화가 청소년에게 유해하다며 공개적으로 불태우던 '화형식'의 역사가 맞물리며, 청소년보호법에서 비롯된 심의와 규제는 만화 업계에 큰 타격을 입히고 말았다.

정부에서, 사법부에서, 방송통신심의위원회에서 '규제를 강화'하겠다 하고 여기에 언론까지 합세하여 멀쩡히 '성인물'로 들어온 작품을 '음란물'로 몰아대는 기사를 내며 선동하면 출판사는 보수적으로 움직이게 된다. 작가에게 자기 검열을 요구하고, 이미 나온 원고를 수정하도록 강요하며 혹은 민감한 내용이 담긴 작품을 조기 종결시키기도 한다. 『열왕대전기』도, 작가의 다른 작품인 『사일런트 리밋』도 이런 상황에 휘말려 피해를 입었다. 동성애 장면들은 단행본 출간시 수정되었다. 연재하던 잡지가 폐간되기도 했다. 작품들마다 거의 타의에 의해 중단되는 사태로 2001년 12월 26일, 작가 이정애는 자신의 홈페이지에 절필을 선언하고 상업 만화계를 떠났다. 대원판 총 14권, 서울문화사판 총 11권 분량에서 연재가 중단된 『열왕대전기』는 작가의 절필과 함께 영영 그 결말을 볼 수 없게 되었다.

이런 자체 검열의 피해자 중 한 사람이 바로 양여진 작가다. 2003년, 만화 『주희 주리』에서 성관계를 암시하는 장면이 나오자 편집부에서 작가의 동의 없이 컷을 삭제하고 대사를 바꾸는 자체 수정을 해 버린 것이다. 출판사는 청소년보호위원회의 단속이 심해진 데다 잡지 『비쥬』가 저연령층을 대상으로 하기 때문이라는 이유를 들었지만, 직접적인 묘사도 없는 상황에서 출판사가 편집권을 남용하여 자체 검열을 실시한 상황이었다. 성격도 외모도 딴판인 자매의 현실적인 갈등과 꿈을 다룬 이 만화는, 다음 해인 2004년 『비쥬』의 폐간으로 연재 중단되고 말았다.

양여진과 이정애의 공통점은 이런 자체 검열의 피해자라는 것 말고도 또 있다. 양여진 역시 기숙 학교를 배경으로 종교와 세기말의 이미지를 담아 두 세력이 대결을 벌이는 만화를 그렸으니까. 바로 종교 SF 학원물인 『세인트 마리』다.

『열왕대전기』는 판타지라면서 『세인트 마리』는 SF라니, 이게 무슨 소리인가 싶을 수도 있다. 거칠게 요약하자면 두 이야기 모두 학교에서 세계의 운명을 놓고 편을 갈라 싸우는 이야기이지만, 그 차이는 이야기의 동력이 서로 다른 데에 있다. 우선 『열왕대전기』는 숙명적이다. 주인공 강개토는 오래전부터 예언된 어린 왕, 신의 대리자, 메시아다. 이야기는 중간중간 내레이션을 통해 그를 따르는 열두 명의 사도들이 장차 어떤 역할을 하게 될지, 그 운명을 마치 신화나 전설처럼 미리 설명한다. 인간들의 왕이자 마이트레야인 키엘은 어린 시절부터 마이트레야로서 훈련을 받았지만, 그의 행보 역시 구원과 숙명에 묶여 있다. 양쪽 모두 인류의 구원을 추구하지만 그 방식은 다르다. 서로 적대적이지만 선과 악으로만 구분할 수 없다.

하지만 『세인트 마리』의 세계는 다르다. 이들이 손에 넣으려 하는 것은 인류 평화나 구원이 아닌 '현자의 돌'이다. 현자의 돌을 손에 넣기 위한 흑과 백의 첫 번째 전쟁은 체스의 발상지인 기원전 오리엔트에서 벌어졌으며, 두 번째 전쟁은 십자군 전쟁이었다. 그리고 세 번째이자 마지막인 지금, 흑과 백은 근친 결혼이나 유전자 조작을 통해 만들어 낸 초능력자들을 가톨릭계 기숙 학교 세인트 마리에 모아놓고 체스 룰을 차용한 대리전을 치르게 하고 있다.

초능력을 지니고 태어나 체스 멤버로 발탁되고, 몸 어디엔가 체스 말을 표시하는 고통스러운 시술을 받으며 싸움에 참전하는 아이들. 아직 청소년들인 이 대리전의 주인공들은 더러는 아직 철이 없어서 초능력을 엉뚱하게 쓰다가 목표물이 되어 살해당하기도 하고, 더러는 평범한 자신이 하느님의 선택을 받은 아이였다며 감동하고 헌신하려 한다. 신에게서 능력을 받았다고 믿기에 자연스레 자신과 적대하는 세력을 악으로 규정하기도 한다. 어떨 때는 적인 줄도 모르고, 어떨 때는 알면서도 사랑에 빠지기도 한다. 학생들은 물론 교직원들까지 줄줄이 죽어

나가는 가운데 수도 없이 열리는 장례 미사에 어느덧 무덤덤해지는 한편, 때로는 "백은 선하고 흑은 악한 걸까?" 같은 순진한 질문을 던지기도 한다. 학교 행사에서 좋아하는 친구나 연심을 품은 선배와 함께 시간을 보내면서, 이들 중에도 체스 멤버가 있을 수 있고, 나의 적이 있을 수도 있다는 생각에 괴로워할 때도 있다.

창세기 이후 인간은 두 부류로 나뉘어, "신의 뜻을 오롯이 따른다는 교조주의자들, 그들은 백의 편이 되었다. 그리고 백의 폭압에 상처받고 내몰린 자들, 그들이 뜻을 합쳐 흑의 세력을 이루었다"지만, 흑과 백의 멤버들은 무결하게 선량한 이들과는 거리가 멀다. 이들의 목적은 신의 영광도, 선도 아닌 "승리하여 현자의 돌을 손에 넣어야 한다"는 것이고, 이들을 채근하는 힘은 "전쟁에서 진 편은 모두 살해당할 것"이라는 공포며, 이 일을 가능하게 하는 것은 신의 영광도 축복도 저주도 아닌 인간의 기술력이다. 체스 게임에서 상대의 말을 잡듯이 이들은 상대방의 멤버인 게 확실하다면 주저없이 같은 학교 학생을 살해하고, 그 시신을 사고로 위장하며 초능력으로 자기 영역을 넓혀 간다.

같은 편이라고 믿고 의지할 수 있는 것도 아니다. '언더 프로모션'과 '파워 트랜스퍼'로, 같은 편의 생명과 능력을 빼앗아 더 유능한 멤버에게 몰아 줄 수 있다 보니, 제 몫을 다하지 못하면 같은 편에게 살해당할지도 모른다는 불안감도 엄습한다. 열심히 싸워서 이겨 나가도, 초능력을 과하게 사용하면 체세포 연쇄 파괴 반응이 일어나 죽기도 한다. 그리고 이렇게 생존과 승리를 위해 움직이는 아이들 뒤에, 신의 이름으로 방향만 다른 악행들을 저지르며 어린 세대를 이 전쟁 속으로 밀어넣은 이전 세대들이 있다.

흑의 경우 '네오 제너레이션'이라 불리는 유전자 조작으로 만들어진 아이들을 싸움의 도구로 삼았다. 초능력을 지닌 아이들을 효율적으로 움직이기 위해 태아 시기부터 기억과 생각, 의지를 조작하여 제대로 된 자아를 갖지 못하게 만들었고, 이 아이들을 만들어 내는 과정에서 연구실에서 태어난 다른 아이들을 끝없이 실험 대상으로 삼고 죽이고 해부했으며, 'R.B형 네오 제너레이션'을 만들기 위해 초능력자를 살해하여 정소를 적출해 가는 엽기 살인을 저지르기도 했다. 이들은 단순히 초능력자를 만들어 내는 데 그치지 않고, 유전공학을 자신들의 전략에 맞추어 적극적으로 활용한다. 안전을 위해 실험실에서 태어날 흑 킹의 수정란을 두 개 만들고 하나는 배양으로 다른 하나는 대리모를 통해 출산하게 하기도 하고, 100퍼센트 유전자 조작에 성공해 가장 강력한 힘을 지녔지만 수명이 짧은 네오 제너레이션 '엘레나'에게 자신의 클론을 임신하게 하거나 "흑 킹을 지키는 것이 아니라 백 킹을 공격하는 본능을 가진 퀸"을 만드는 등 승리를 위해 다양한 전략을 수립하고 그에 맞춰 아이들을 만들어 낸다. 흑 멤버들은 대체로 기술 사용에 능하고, 로터스 계열과 R.B 계열로 나뉘긴 하지만 네오 제너레이션들이 많은 데다, 평범한 가정 출신이라도 부모가 로터스 쪽의 연구원들이다. 그들의 초능력은 로터스 센터의 유전자 조작과 분리하여 생각할 수 없다. 설령 SF의 기준에 대해 상당히 엄격한 잣대를 들이댄다 하더라도, 이런 흑 편의 과거사를 보고 있으면 이 만화가 SF임을 부정할 수 없을 정도다. 과학기술을 적극적으로 이용하고, 그로 인해 만들어 낸 캐릭터들이 드라마를 갖고, 그 기술이 이야기의 흐름과 판세를 효과적으로 바꾸기까지 하는 데다, 이들의 연구가 흑도 백도 아니지만 초능력을 지닌 주인공 현다인 일루미나의 출생의 비밀과도 연결되어 있으니까. 어쨌든 설령 인간의 배로 임신하여 낳은 아이가 아니라 해도, 아이들을 만들고 실험하고 학대하고 폐기하는 일련의 과정들을 보면 전형적인 악당들이나 매드 사이언티스트 집단처럼 보이기도 한다.

헌데 백이라고 상황이 나은 것도 아니다. 당연하게도 흑과 백에 대한 흔한 선입견처럼 백이 더 선량하지도 않다. 이쪽은 성직자나 명문가 출신들이 얽혀 있어, 간부로 나오는 로메오는 대주교이고, 체스 말 중 한 명인 장서희 나딘은 추기경의 사생아다. 흑이 유전자 조작에 적극적으로 나섰다면 이들은 주로 강력한 초능력을 얻기 위해 실험 결혼이나 근친 결혼을 거듭하는 등 혈연으로 얽힌 집단이다. 이를테면 김승재 엘페즈와 김서린 파비안은 형제다. 문나나 클레어와 윤가은 엘비라는 고종사촌이다. 중국계인 서씨 가문이나 일본의 시라유키 가문 등 백편의 명문가를 중심으로, 출생의 비밀들이 얽히고설켜 있다.

그리고 만악의 근원, 서지명 나르세스가 있다. 서씨 가문의 수장이자 강력한 초능력자인 그는, 체스 전쟁에 이기기 위해서라는 명분으로 납치, 강간, 마약, 아동 학대 등을 눈 하나 깜짝하지 않고 저지른다. 서지명은 무당의 딸로 태어나 강력한 초능력을 지닌 여성 조은화에게 강제로 여러 초능력자들의 아이를 낳게 했고, 그녀가 낳은 아이들 중 상당수가 이 체스 전쟁에 휘말렸다. 서지명이 완성된 킹과 퀸의 유전자 지도를 바탕으로 "과학의 힘으로 신에게서 빌려온 자식"인 서윤하 에밀과 서윤빈을 킹과 퀸으로 삼을 때까지, 전 킹과 퀸이었던 조강호 마티아와 조미리도 그들 중 하나였다. 강호는 킹에서는 밀려났지만 세인트 마리의 일본어 선생으로 근무하며, 백의 체스 말 중 하나로 참전한다. 마리는 자신의 동생을 살육기계로 만들며 이용하는 백의 상황에 환멸을 느끼고 도망쳐 이름과 신분을 바꾸었지만, 역시 이 체스 전쟁에서 벗어나지 못하고 흑의 체스 멤버가 된다. 그렇다고 새로 킹과 퀸이 된 윤하와 윤빈의 상황이 이들보다 나은 것도 아니다. 조은화의 딸은 서지명과 결혼하여, 애정도 성관계도 없이 유전자 조작으로 만들어 낸 딸 윤빈을 낳았고, 다시 난자만 채취당해 아들 윤하를 얻었다. 백 킹이 된 윤하가 유리를 백 퀸으로 선택했기에, 윤빈은 자신의 능력을 파워 트랜스퍼 당하고 죽었다. 윤하는 "세인트 마리 미친 개"라 불릴 만큼 종종 난폭하게 폭주하거나 자해를 하며 유리에게 그 죄책감을 떠넘기려 든다.

이들 흑과 백이 수많은 멤버들을 희생시켜서까지 손에 넣고자 하는 현자의 돌은, 흑도 백도 아닌 초능력자 요엘이 영사한 '완벽한 창조물' 속의 양성구유 인간이다. 현자의 돌은 불로불사의 약을 복용한 인간의 혈육을 재료로 하기 때문에, 과거 요엘의 스승이자 신의 영역을 넘보던 천재 연금술사인 펠릭스 젠킨스는 세인트 마리의 교장인 세르지오에게 자신의 딸 영미를 살해해 달라고 부탁했다. 과거 아동 연쇄살인을 저질렀다가 펠릭스의 도움으로 새로운 삶을 찾았던 세르지오는 현자의 돌이야말로 자신의 사명이라고 생각하며 아이를 살해한다. 연금술사로서의 욕망을 달성하기 위해 자기 자식을 살해하는 펠릭스와, 은인의 부탁이자 현자의 돌을 만들기 위해서라는 이유로 비판 없이 그 지시를 따르는 세르지오의 모습은 이 장면에서 짧지만 무척이나 추악하고 고통스럽게 그려진다. 하지만 연금술의 기적으로 불사의 몸을 지닌 펠릭스는 이미 이전에 자신의 아들인 수원도 살해한 적이 있었다. 영미와 수원을 재료로 만든 현자의 돌은, 현재 양성구유의 몸을 지닌 인간이 되어 세인트 마리 학교에 다니고 있다.

그리고 여기, 흑도 백도 아니지만 초능력을 지닌 주인공 현다인 일루미나는 어째서인지 체스 말들의 텔레파시를 들을 수 있었다. 백 폰인 친구 문나나 클레어는 다인에게 초능력이 있다는 것을 알고, 전투 중 공격을 받아 죽어가면서 다인에게 자신의 염사 능력을 전해준다. 이후 다인은 세인트 마리의 체스 전쟁에 휘말린다. 다인에게 흑 킹인 임형신 레오니스는 소중한 친구이고, 백 킹인 서윤하 에밀은 동경하는 선배 오빠이며, 흑에도 백에도 좋아하는 친구들과 선배들이 있다. 하지만 평범한 사업가였다가 죽은 교포의 딸로 알려져 있던 다인이 사실 네오제너레이션 엘레나의 실종과 연관이 있고, 다인의 일본인 이모부가 엘레나와 카리나를 데리고 도망쳐 보호하던 시라유키 에이지라는 정황이 드러나며 다인도 위험에 처한다.

무척이나 성스럽게 들리는 제목과 대조적으로, 이야기는 비교적 앞부분에서 이 체스 전쟁이 세 번째이고 두 번째 전쟁이 십자군 전쟁이었음을 밝힌다. 이를 통해 독자는 이미 이 체스 전쟁이 성스럽지도, 선이나 구원을 위한 것도 아닌, 타인의 추악한 욕망을 약자가 대신 지고 싸우는 대리전임을 짐작할 수 있다. 여기에 계급의 문제, 성별 문제, 인종 문제까지 더해진다.

유전자 조작으로 만들어진 네오 제너레이션이 많은 흑 쪽은 썩 사이가 좋아 보이지 않지만 감정적 문제나 출신 계급으로 인한 차별은 차라리 덜하다. 하지만 백은 가톨릭의 보수성, 위계, 성차별이 겹쳐지며 이런 문제가 적나라하게 드러난다. 그 대표적인 피해자가 서예진 에디스와 정현진 실비나다. 곡예단에서 자라다가 백 멤버로 발탁된 에디스는 동양계 사생아로 차별과 혐오를 겪고 "더러운 여자" 취급을 당하고, 성노동자의 딸이자 고아인 현진은 피부색이 검다는 이유로 "연탄"이라고 불린다. 사건은 발전을 거듭하여 두 인물을 지금의 독자들에게는 다소 불쾌할 수 있는 고통으로 몰아넣는데 지금 이 만화가 나왔다면 피해자의 고난보다 가해자의 추악함에 더욱 집중하는 방식으로 표현되었을 것이라 생각한다. 다행히도 이런 장면들은 일관성을 갖추고 있어, 몇몇 캐릭터가 집착하는 대상과 악한 면을 명확히 하고 가톨릭의 권위주의나 성차별 등을 비판하기 위한 장치로서 사용되고 있다. 이런 내용들을 보다 보면 이야기의 가장 첫 부분, 세인트 마리 학교 입학식 날 윤하가 성당에 돌을 던지며 "누가 누구 죄를 사한다는 거냐"고 비웃던 장면에 사실 많은 의미가 담겨 있었다는 것을 뒤늦게 깨닫게 된다.

양여진은 1994년 『댕기』에서 「호랑이랑」으로 데뷔하였다. 『댕기』, 『민트』, 『해피』, 『비쥬』 등의 순정지 외에도 가톨릭 어린이 잡지 『내 친구들』에 「폼페이 최후의 날」, 「일루미나」 등을 연재하기도 하고, 바오로딸 출판사에서 『열두 달 성인 이야기』 등의 화보집을 작업하기도 하였다. 그만큼 가톨릭을 오래 경험했던 작가는, 가톨릭 세계관 안에서 중세에는 가톨릭이 배척해 왔던 연금술의 산물을 두고 싸움을 벌이는 인간의 욕망을 통해 인간이 내세우는 종교나 시스템이 인간의 선을 보장할 수 없다는 걸 매우 설득력 있게 풀어 나간다. 싸움의 도구로 쓰기 위해 초능력을 지닌 아이들을 만들어 내는 흑과 백의 전략은, 성 프란치스코가 신에게 "저를 당신의 도구로 써 달라"고 기도했다는 것과 완전히 반대편에 서 있다. 신이 인간을 창조하는 가톨릭 세계관에서 자신들의 목적을 위해 인간을 창조하고 또 폐기하는 흑, 그리고 결혼의 신성성을 믿는 세계관에서 자신들이 원하는 아이가 태어날 때까지 실험 결혼과 근친 결혼을 반복하는 백의 방식은 그 자체로 자신들이 믿는다고 주장하는 세계관에 배치된다. 이 모든 일은 표면적으로 '욕망'에서 비롯되지만, 그 욕망을 부추기고 근미래적 기술로 초능력을 지닌 아이들을 만들어 내는 일련의 과정은 칠죄종(일곱가지 근원적인 죄)의 첫째인 교만이다. 『세인트 마리』는 종교색을 띤 SF이자 최후의 싸움을 다루는 학원물로서, 그 죄 자체에 특히 방점을 찍고 있다. 매우 복잡하면서도 정교하게 복선을 깔아 나가면서.

　하지만 저연령층 잡지였던 『해피』의 독자들에게 이 이야기는 다소 무거웠고, 그 복선 역시 청소년층 이상일 때 더욱 설득력이 있었을 것이다.『세인트 마리』는 인기 문제로 중도 퇴출되었고, 이후 앞서 언급한 바와 같이 잡지 폐간으로『주희 주리』가, 또 작가의 건강 악화로『The Tragic Kingdom-비극의 왕국』이 연재 중단되었다. 2016년『주희 주리』가 코믹스퀘어 플랫폼에서 다시 선보였으나 매출 부진을 이유로 문을 닫으며 양여진은 절필을 선언했다. 참으로 안타깝게도 빼어난 종교 SF로서 그동안 수많은 복선들을 쌓아 올린『세인트 마리』역시, 그 결말을 볼 수 없게 되었다.

스타일리시한 액션 속에서 인간의 오만을 묻는다
서문다미의 『END』

1992년경의 잡지에는 아마추어 만화 동아리들의 홍보글도 실려 있었고, 가끔 만화에 열광하는 친구들 중에 취미가 비슷한 언니가 있는 친구들은 그런 동아리들의 회지를 구해 오기도 했다. 그 무렵이었다. 인천에도 굉장한 사람들이 있다는 이야기를 들은 것이.

인천에서 유명했던 '아마란스'라는 모임의 회지에는 유난히 뛰어난 실력을 가진 두 사람이 있었다. 바로 서문다미와 박은아였다. 먼저 박은아가, 뒤이어 서문다미가 데뷔를 하고 그들의 만화를 잡지에서 볼 수 있게 되었을 때, 우리는 될성부른 나무는 떡잎부터 다르다더니 역시 대단하다고 소근거렸다. 그런 이유로 그 두 작가는 데뷔작부터 리얼타임으로 쫓아다니며 챙겨 본 최초의 작가가 되었다.

그리고 1999년, 서문다미의 『END』가 시작되었다. 『END』는 인천 출신인 내게는 시작부터 조금 충격적이었다. 1화에서부터 배경이 대놓고 인천, 그것도 내게는 너무나 익숙한 동인천 근방의 풍경을 담으면서, 초능력을 지닌 주인공들이 인천고등학교(실제로는 구 인천여고 자리. 인천여고는 1998년 연수구로 이전했다) 입학을 전후하여 모여드는 내용이었으니까. 배다리에서 동인천으로 넘어가는 길, 동인천 길병원, 부개, 월미도행 2번 버스, 가정오거리. 그 구체적이고 익숙한 이미지들은 놀라웠다.

당시만 해도 한국, 그것도 미래가 아닌 현재의 한국은 SF의 배경이 되기 어려운 일종의 변방이었다. 워싱턴이나 뉴욕에 외계인이 침략해 오고, 도쿄에서 세계의 존망을 건 초능력자들의 전쟁이 벌어지는 것을 상상하기는 쉬웠지만, 서울을 배경으로 그런 일들을 상상하는 데는 노력이 필요했다. 하나도 서울 같지 않은 배경을 두고 어설프게 네오 서울 운운하는 이야기는 보고 있으면 재미있지도 않고, 그저 애쓰는구나 싶기만 했다.

하물며 이 만화의 배경은 서울도 아니었다. 수업 시간에 선생님들이 대놓고, 인천은 서울의 위성 도시라서 문화 시설이 들어오기 어렵다, 광역시이지만 사람만 많았지 별것 없는 도시라고 말하고 있었는데. 그런 인천에서 초능력자들이 배틀을 벌이는 이야기는 낯설고도 당황스러웠고 이어 내게 큰 깨달음을 주었다. 인천과 부평을 억지로 붙여놓아 하나의 도시이지만 두 개의 구심점을 가진 도시, 인천. 그곳이 무척 재미있는 도시이며, 서사의 배경이 되기에 충분하다는 깨달음을.

물론 그전에도 인천을 배경으로 한 창작물들은 있었다. 임재원의 만화 『짱』만 해도 누가 봐도 인천고등학교인 '우상고'를 배경으로, 제물포고, 대건고, 동인천고, 서인천고 등 실재하는 인천의 고등학교 이름들이 대거 등장한다. 하지만 나는 『END』를 보고서야 단순히 이름이나 위치만이 아닌, 매우 구체적인 인천을 배경으로 하여 단편뿐 아니라 장편도, 선 굵은 이야기도, SF와 판타지도, 그 무엇도 만들어 낼 수 있다는 것을 깨달았다. 워싱턴도 뉴욕도 도쿄도 서울도 아닌 인천이라서 가능한 이야기도 있는 것이다. 내가 시작부터 인천이나 부천, 혹은 서울 변두리 같은 구체적인 배경을 두고 소설을 쓰거나 만화를 만들 수 있었던 것은, 서문다미와 SF 작가이자 영화 평론가인 Djuna의 영향이 컸다.

초능력자 집단 뉴헤븐 소속 최가민과 진시우는 열차에 치일 뻔한 어린아이를 구한 초능력자를 찾으려다 그와 똑같은 얼굴을 한 문명인과 유자하를 만난다. 자하는 자신의 쌍둥이 동생을 찾고 있고, 명인에게는 11년 전 총상을 입은 채 발견되어 입양되었다는 출생의 비밀이 있다. 한편 밴디즈 재단의 회장 랜셔의 아들이지만 다른 형제들에게 무시당하는 도미니크는, 사실 '호크마'라 불리는 고급 정보들을 다루는 유료 웹사이트의 운영자이고, 무엇보다도 뉴헤븐 1세대 초능력자였던 피요트를 비서로 두고 있다.

END는 1세대 초능력자들을 만들어 낸 핵심 물질이었다. 초능력을 갖고 있는 사람과 END가 결합하면 염동력이나 물질이동, 텔레포트 등 상상 속에서나 가능했던 강력한 초능력을 구현할 수 있다. 직립 보행 이후 최고의 인간 진화가 될 수도 있었지만, 그 초능력은 사람의 육체를 변이시켜 괴물로 만드는 최악의 결과를 낳았다.

명인과 자하 앞에 나타난 또다른 자매 '4호'는 원래 다섯이었던 자매들, END의 아이들이 뿔뿔이 흩어지게 되었던 15년 전 남극 연구소 사건에 대해 설명한다. 당시 사고로 인해 시공을 넘어 흩어진 아이들은 모두 다른 환경에서 자라났고 저마다 입장도 다르기에 대립하며 싸우다가 적대적 위치에 서게 된다. 밴디트에서 불러들인 경찰특공대, 밴디트의 요원인 군터와 뉴헤븐에서 토사구팽당한 시우, 시우를 노리고 달려온 뉴헤븐의 1세대들, 여기에 치에와, 랜셔 회장의 자식들 중 한 명인 다이엔의 외가인 야쿠자 세력들, 그리고 명인을 구하러 온 자하 일행까지 나타나며 인천고는 대혼란에 빠진다.

"대기업, 야쿠자, 비밀 결사대. 돈과 무력과 비밀의 결정체가 바로 END의 아이다!"

그들이 찾는 것은 END의 아이들 중 1호다. 변이는 END의 증거로, 1세대 초능력자들은 물론 언젠가는 END의 아이들까지 변이하고 말 것이지만, 1호만은 그 변이를 통제할 수 있기 때문이었다. 그러나 변이를 지배하는 1호와, 총상 흔적이 사라지고 혈액형도 바뀌어 버린 명인의 비밀을 다 풀기도 전, 다섯 아이들의 운명이 가장 급박하게 돌아가는 상황에서 작품 연재가 중단되고 말았다. 미래를 보는 1세대인 가브리엘이 "부딪치는 다섯 개의 별, 별의 궤도를 긋는 하얀 손, 피요트 스잘린스키, 예지의 시작은 그의 손에 있었다"는 예지와 함께 "END는 속박의 계약. 인간이 손에 쥘 물건이 아닙니다"라고 단언하는 장면만을 곱씹으며, 나오지 않은 뒷이야기를 짐작해 볼 뿐이다.

당시의 세기말 분위기와 종말론적 SF 세계관, 그리고 '성경'은 떼어놓기 힘든 관계였다. 요한계시록은 당대의 종말론자들뿐 아니라 작가들에게도 큰 영감을 주었고, 수도 없이 비틀리며 이야기 속에 녹아들어갔다. 『END』 역시 마찬가지다. 인천을 배경으로 평범한 여고생 문명인의 출생의 비밀과 초능력자들의 배틀을 다루는 이 만화의 시작을 보자. 커다란 뱀, 또는 용을 데리고 있는 꿈속의 소녀. 인간은 "둥글고 하얀", 즉 순수한 이데아였던 알 속에 든 용과 조우했고, 용은 인간을 통해 존재의 자각과 인간의 욕망을 배웠다. 자아를 가진 용이 인간과 손을 잡아 만들어 낸 힘과 지식의 생명체가 바로 'END'다. 최초이자 최후라는 의미를 담아 이름을 붙인 END에서, 이사야서와 요한계시록에 등장하는 "처음이요 마지막"이며 "알파와 오메가"라는 말을 연상하기는 어렵지 않다. 진짜 END인 '1호'는 용의 아이이자 용 그 자체이며, 전능한 존재라는 의미다.

하지만 성경에서 용 또는 뱀은 결코 긍정적 존재가 아니다. 인간들을 부추겨 선악과를 먹게 만든 뱀, 그리고 계시록에 나오는 붉은 용은 인간을 타락시키려 하는 존재다. 일곱 가지 근원적인 죄의 첫 번째가 교만이라면, "당신의 욕망과 나의 소원에 따라 내가 담길 인간을 만들라"는 알의 지시대로 END를 창조한 것을 넘어, 용과의 약속을 어기고 그 END의 인자를 인간과 섞어 1세대를 만들어 낸 하겐트는 교만의 상징 같은 존재다.

END의 용은 성경의 "알파요 오메가"라는 말과 악을 상징하는 용이 결합되었다는 것 말고도 다층적인 의미를 담고 있다. 명인이 인천 앞바다의 용왕굿을 보는 장면은 무척 짧지만 많은 의미를 내포한다. 용의 힘은 욕망을 지닌 인간과 만나 악이 될 수 있고, 순수하게 기원하는 마음을 지닌 인간과 만나 신적인 존재가 될 수 있다. 용은 신적인 힘 그 자체요, 이를 선으로도 악으로도 만들 수 있는 가능성은 동전의 앞뒷면처럼 함께 붙어 있는 것이다.

"용처럼 인간적인 동물이 또 있을까. 뱀과 같은 몸통에 공룡 같은 머리. 지상에 존재했던 모든 강한 것들의 집합체. 신과는 다른 의미의 완벽한 존재. 그러나 그 힘에 비해 절대적인 악도 절대적인 선도 아니야. 어중간한 인간의 부조리를 그대로 타고났지. 용은 신이 되고 싶었지만 감히 스스로를 신이라 칭하지 못해 파충류의 가면을 쓴 인간의 욕망이야."

당시까지의 순정 SF 만화들을 생각할 때, 『END』는 조금 독특한 위치에 있다. 대개 ESP를 지닌 주인공들이 나오는 만화의 경우, 주인공들이 적과 맞서 싸운다 해도 직접 몸을 움직이며 싸우는 액션보다는 ESP 능력을 사용하는 경우가 많다. 하지만 『END』에서 등장 인물들의 격투 장면은 상당히 역동적이다. 그것은 작가가 성장 과정에서 읽고 영향을 받은 작품 때문이 아닌가 하는데 이전의 SF 만화 속 ESP들의 싸움이 다케미야 케이코의 『테라에…』나 사사키 준코의 『나유타』에서 크건 작건 영향을 받았다면, 서문다미의 『END』는 그보다는 국내 순정만화들, 그리고 나가노 마모루의 『파이브 스타 스토리즈』와 CLAMP의 영향을 받은 것이 아닌가 짐작해 본다.

작가들이 읽고 자란 만화가 달라졌다는 것은 세대가 바뀌었다는 것을 의미한다. 1989년 이전까지는 일본 만화들이 해적

판으로 들어왔지만, 1989년 12월 『아이큐 점프』가 『드래곤볼』을 정식으로 수입했고, 1991년 한국간행물윤리위원회가 외국 만화 사전 심의제를 실시하며 일본 만화는 인명이나 지명 등이 수정된 상태로 정식 수입을 할 수 있게 되었다. 인명이나 지명을 수정하지 않고도 일본 만화를 수입할 수 있게 된 시기는 1998년 일본 대중문화 개방 이후였다.

1990년대 초반, 한국만화가협회는 일본 만화 수입이 한국 만화계의 위기를 불러올 것이라고 주장했다. 소년 만화 쪽에서는 그 위기설이 어느 정도 사실이었을 것이다. 『드래곤볼』, 『슬램덩크』, 『바람의 검심』과 같은 일본 만화들이 인기를 끌면서 몇몇 작가를 제외하면 비슷비슷한 그림체와 스토리가 쏟아져 나오기 시작했다. 박인하, 김낙호의 『한국 현대 만화사 1945~2010』에서는 이 시대에 대해, "검증된 일부 장르의 독점이 일어난 시기였고, 일본 만화의 수입량 폭증과 함께 한국 소년 만화의 창작 역량이 고갈된 시기"라고 설명했다.

하지만 순정만화는 어땠을까? 앞서 말한 바 있는 아마추어 만화 동아리들, 잡지의 독자 투고란, 아마추어 만화인 연합 ACA(1989)의 결성과 회지 판매전 등이 이어졌다. 비록 오래 버틴 잡지가 많지는 않았지만, 1990년대 초반부터 여러 순정만화 잡지들이 창간되었고, 독자 대상도 저연령층인 『밍크』, 『파티』, 『비쥬』 등과 성인지인 『화이트』, 『나인』 등으로 나뉘며 세분화되었다. 1992년, 『댕기』에 김진의 『바람의 나라』와 김혜린의 『불의 검』이 나란히 연재를 시작한 이래, 1980년대에 확장되었던 순정만화의 세계관은 이제 가장 한국적인 소재를 통해서도 구현할 수 있다는 자신감이 확립되었다. 이 시기 순정만화 잡지들도 『아기와 나』, 『내 사랑 앨리스(나의 지구를 지켜줘)』, 『카시카(꽃 피우는 청소년)』, 『꽃보다 남자』 등을 두루 수입했지만, 그럼에도 불구하고 잡지의 중심은 늘 국내 작가에 있었다. 충성도 높은 독자층의 지지와 1980년대 한국 순정만화를 보며 동아리 활동을 하고, 동시대의 일본 만화들을 접한 세대가 다양한 장르와 소재, 스타일리시한 그림체를 갖춘 작가들로 성장한 것이다. 서문다미의 『END』는 그런 점에서, 완전히 다른 세대의 탄생을 알리는 신호탄이었을 것이다.

종말과 구원, 시간과 공간을 아우르며 이어지는 작가의 세계관
임주연의 『천년도 당신 눈에는』

개의 1년이 인간의 7년이라는 말이 있다. 똑같은 하루라도 마흔 살 먹은 사람과 백일밖에 안 된 아기가 느끼는 하루는 다를 것이다. 우리는 같은 세계에 살고 있지만, 서로 살아가는 시간이 다르다. 그런데 그 살아가는 시간이 극단적으로 다른 존재와 사랑에 빠진다면? 임주연의 『천년도 당신 눈에는』은 이렇게 삶의 시간이 극단적으로 다른 존재들의 이야기다.

"10분이 넘는 그 노래에서 내가 좋아하는 부분은 단 15초였다. 한 시간 내내 들어도 그 순간은 여섯 번밖에 찾아오지 않는다."

이야기의 시작에는, 『소녀교육헌장』이나 『씨엘 Ciel-The Last Autumn Story』에서 볼 수 있었던 감성적인 내레이션이 흐른다. 하지만 그 이면에는 시편 90편 4절과 5절, "정녕 천년도 당신 눈에는 지나간 어제 같고 야경의 한때와도 같습니다. 당신께서 그들을 쓸어내시면 그들은 아침잠과도 같이 사라져 가는 풀과도 같습니다"라는 구절이 들어가 있다. 제목부터 성경의 시편에서 따온 이야기다.

우리가 이미 알고 있지만 휴대폰이 아직 없는 시대. 벽에는 한 장씩 뜯어 넘기는 일력이 걸려 있고, 브라운관 TV가 놓여 있고, 신문은 아직 세로쓰기이던 시대. 아마도 1980년대 혹은 1990년대 초반을 배경으로, 하늘에 제나두급 함선들이 떠다니는 묘한 배경에서 시아와 노아는 사랑을 한다. 아직 어렸던 시아의 앞에 나타났던 노아는, 약속대로 시아가 고등학교를 졸업하기를 기다려 결혼한다. 언제까지나 계속될 것 같은 행복은 노아가 시아를 배신하고, 시아가 노아를 죽였음을 깨달으며 깨어진다. 하지만 노아는 이 모든 것이 꿈이라고 말하면서 시아의 세계에서 사라진다.

임주연은 1999년 『어느 비리 공무원의 고백』으로 데뷔했다. 이 작품은 드라마 〈엑스파일〉의 영향을 받은 주인공들이 외계인을 구하기 위해 노력하는 이야기다. 시작부터 SF였던 셈이다. 이후 몇 편의 단편들을 발표하는데, 그중 「CAST」와 4컷 만화들은 훗날 『씨엘』과도 연결된다. 작가의 출세작 『소녀교육헌장』 역시 갑자기 아빠가 대통령이 된 소녀의 성장기이자, "그런 사랑을 받을 수 있다면 죽어도 좋을 것 같은" 절절한 사랑 이야기이며, 놀랍게도 SF의 범주에 들어간다. 『소녀교육헌장』의 배경은 한국과 북한이 아직 통일은 되지 않았지만 서로 연락 사무소를 두고 있는 근미래다. 주인공 원아미는 유전되지 않는 특수능력을 가진 초능력자 집단이자 강력한 권력을 쥐고 있는 '패밀리'에 맞서다가 어머니의 죽음의 이유를 알게 되고, 전쟁을 막고, 자신의 사랑의 행방을 깨닫는다.

『소녀교육헌장』에서 패밀리의 일원이자 아미의 어머니인 스노우 화이트는 『씨엘』과 『퓨어 크라운』에도 등장했으며, 패밀리의 수장 빅 브라더의 휠체어를 밀던 유희 역시 『악마의 신부』와 『씨엘』에 등장한다. 주인공인 원아미는 『악마의 신부』의 주인공 민정환(학교에서의 이름은 민정화)과 함께 『퓨어 크라운』에 잠시 출연하여 사건을 의뢰하기도 한다. 『대답하세요! 프라임 미니스터』가 영국을 배경으로 하는 정치 BL이라는 점을 감안할 때, 원아미나 아미의 아버지이자 한국의 전직 대통령인 원호찬이 이 만화에 카메오 출연할 가능성도 없지는 않아 보인다. 이렇게 그동안의 연재작들의 배경이 얽히고설키는 임주연의 세계관은, 한국의 근미래부터 현대의 한국과 마법 세계가 연결되는 지점, 용사가 드래곤과 만나는 판타지 세계, 19세기 런던을 모델로 한 판타지 세계 등 다양한 시간과 공간을 하나로 아우르는 거대한 숲으로 발전해 왔다.

  SF와 판타지의 스펙트럼은 넓다. 한눈에 구분이 가는 영역이 있는가 하면, 칼로 무 자르듯이 딱 나누어 볼 수 없는 영역도 엄연히 존재한다. 『씨엘』은 산업혁명 이후에도 마법을 사용하는 위치와 소서러, 그리고 메이지와 드래곤이 존재하는 세계이지만, 이 세계의 후반부에는 종말을 앞둔 세계와 짧지만 포스트 아포칼립스적인 요소가 들어간다. 『퓨어 크라운』은 마법 세계와 네 계절의 여왕, 평범한 초등학생들 사이에 있다가 때가 되면 마법을 지니고 변신하는 주인공 등만 보면 분명 마법 소녀 판타지물의 각색이다. 그러나 게임 개발자 어머니를 둔 남자 주인공 시후가 주인공인 이어링을 구하기 위해 게임 속으로 들어가는 부분에서는 SF의 하위 장르인 게임 판타지의 흔적이 엿보이며 인물의 느슨한 공유를 통해 평행우주까지 구현하고 있다. 이렇게 임주연의 세계관이 내포하는 환상 속에는 SF적 요소가 자연스럽게 녹아 있음을 발견하기는 어렵지 않다. 이런 세계의 혼재가 어디에서 왔는지에 대한 힌트는 만화책 단행본 여기저기에 숨어 있다. 작가가 사랑하고 덕질했던, 그래서 자연스럽게 개그컷에서 패러디로 녹아나는 여러 작품들의 흔적들, 책 날개에 들어간 인형이나 인테리어, 만화 중간중간 보이는 가구나 소품에 대한 집착, 그리고 후기에서 엿보이는 다양한 취향

등은 자연스럽게 이 작품과 다른 작품을 연결하는 퍼즐의 남은 조각이 된다. 그리고 가장 중요한, 종교적인 세계관이 있다.

사실 임주연의 만화 중 종교색을 가장 강하게 드러낸 작품은 『악마의 신부』다. 바라키엘, 통칭 '악마님'은 자신의 아버지가 어머니를 살해한 악마였기에, 악마가 있다면 신도 있다고 믿는 사이비 종교 전도사 우설아를 돕는다. 그리고 우설아가 기다리던 신은 악마님의 학교 학생인 유희였다. 신이 사라지는 것으로 세계가 멸망하고, "빛이 있으라"라고 말하는 것을 시작으로 어김없이 역사는 반복된다. 임주연의 여러 세계관에서 반복하여 나오는 캐릭터 유희는 그 세계의 신이자, 『악마의 신부』를 제외하면 메이드의 모습을 하고 있다. "신은 어디에나 계시며", "가장 미천한 자의 모습으로 나타난다"는 주제를 표현하는 캐릭터이자 작가의 종교가 시그니처 캐릭터에 그대로 투영된 것이라고도 볼 수 있다.

하지만 이런 생각으로 만들어진 캐릭터가 비단 유희뿐일까. 미천한 자, 섬기는 자가 구원의 신이라면, 이 세계에는 신이 되지 못했지만 세상을 구하는 열쇠가 되는 '필요없는 자'들이 득실거린다.

이를테면 『소녀교육헌장』의 작중 최강자이자, 임주연 월드 여기저기서 얼굴을 비추는 스노우화이트는 작가 공인 '필요없는 자'다. 그는 "이 세상은 당신을 필요로 하지 않는다"는 저주를 짊어지고 있는 한편, 인간을 초월하다 못해 신의 능력에 가까운 직관력으로 어떤 일이든 옳은 선택만을 하는 '선택하는 자'다. 『씨엘』의 이비엔 마그놀리아는 원하는 것은 무엇이든 가질 수 있는 재능을 지녔지만 "살고자 하는 마음이 없는" 선천적인 허무주의에 시달린다. "누구든지 벨 수 있는 검"의 운명을 지닌 제뉴어리가 아무도 죽이지 못하는 선한 마음을 갖고 있듯이, "왜 살아야 하는지" 모르고 되고 싶은 것도 없는 이비엔은 "무엇이든 담을 수 있는 잔"의 운명을 갖고 태어나, 인간들의 신이 된다. 『퓨어 크라운』의 이어링은 마법 나라에서 온 겨울의 여왕이지만, 그 능력은 펭귄을 소환하거나 과자와 차를 내오는 것이 고작이다. "헛된 것이야말로 오직 아름답기 위해 존재"한다는 말을 마법의 주문으로 삼는 이어링은, 자신의 마법을 지탱하는 '리스펙트'를 모으기 위해 사람들의 가장 쓸모없는 소원들을 들어준다. 이어링은 시종일관 '쓸모없는 아름다움'을 상징하지만, 그 아름다움이야말로 사람을 감동시키고 움직이는 힘이 된다.

　이들은 모두 이비엔의 "나를 필요로 하지 않는 세계와 내가 없으면 존재하지 않는 세계, 어느 쪽이 더 저주일까?"라는 질문의 양편에 놓여 있다. 그리고 여기, 한 사람의 소녀가 더 있다. 바로 『천년도 당신 눈에는』의 시아다. 평범하고 남다를 것 없어 보이는 소녀, 오직 노아 씨에 대한 사랑으로 살아가는 듯한 소녀는 사실 이 우주와 저 우주를 연결하는 구멍이 겹쳐지며 우주 밖의 시간이 깃든 존재였다. 시아가 눈을 뜨고, 시아의 시간에 이 우주가 휘말리기 시작하면 우주 밖의 시간이 이 우주를 모두 삼켜 버릴 수도 있는 상황이다. 이는 마수 인피니티를 잡기 위해 현실의 세계 위에 자신이 만들어 낸 또 하나의 세계를 겹쳐 시간을 되돌리다가 자신의 가슴속 공허 안으로 인피니티가 깃들어 마수와 융합된 이비엔의 운명과도 겹쳐진다. 통제 불가능한 힘을 손에 넣은 두 사람의 이후 운명은 가혹하다. 뛰어난 마녀인 이비엔은 쫓기는 신세가 되었지만 평범한 소녀인 시아는 그대로 봉인되어 잠든 채 이 우주에서 가장 자비심 없는 시계로 불리고 있었다. 인간들은 시아를 존재만으로도 이 세계를 멸망시킬 수 있는 위험한 존재로 취급하며 격리시키고 억지로 봉인해 둔 것도 모자라 독까지 주사했지만, 이 세상의 시간에 속하지 않은 존재인 시아의 심장은 우주의 시간으로 몇백 년에 한 번씩만 뛰고 있어 언제 죽을지도 알 수 없는 노릇이다. 그래서 사람들은 꿈을 통해 시아에게 접근해 시아를 깨우려 했다. 바로 그 목적으로 시아의 곁에 있어야 했던 노아는, "신들의 시간을 감히 우리 쪽에서 매혹해 보고 싶다"는 생각에 사로잡힌다. 그리고 노아를 되찾고 싶었던 시아는, 꿈의 세계를 부수기 위해 아파트 옥상에서 뛰어내린다.

높은 곳에서 뛰어내리는 꿈은 대개 바닥에 닿기 전에 눈을 뜨게 된다. 많은 이세계 진입 판타지에서는 한강에서 투신하다가 다른 세계로 넘어가기도 한다.『이상한 나라의 앨리스』에서 앨리스는 시계를 보며 서두르는 토끼를 보고 뒤따라 토끼굴에 들어갔다가 그대로 우물 아래로 떨어진다. 추락은 죽음이자 다른 세계로의 통로다.

그리고 시아는 만들어진 꿈, 만들어진 운명에서 깨어나 노아를 만나러 간다. 시아가 눈을 뜨자 이 우주는 시아의 시간에 휘말리고, 시아의 몸 안에서 주입된 독이 효과를 발휘하며, 결국 노아와의 재회 이후 숨을 거둔다. 종말은 중단되었으나 그것은 사랑을 되찾기 위해 이 세계에서 저 세계로 뛰어내린 소녀가 사랑하는 사람을 되찾자마자 독으로 인해 살해되는 참담한 결말로 이어진다. 그렇게 시아를 통해 이비엔의 질문, "나를 필요로 하지 않는 세계와 내가 없으면 존재하지 않는 세계, 어느 쪽이 더 저주일까?"는 다시 한 번 변주된다. "내가 없어야만 존재할 수 있는 세계"에 대한 질문으로.

반복되는 종말과 구원의 서사에서, 임주연은 그 중심에 가장 보잘것없어 보이는 존재, 가장 평범한 존재, 쓸모없는 존재, 아무것도 되고 싶지 않고 살고자 하는 욕망도 없는 존재를 놓아두고 그 선택으로 괴로워하는 고통을 묘사하며 독자의 폐부를 깊숙이 찌른다.『천년도 당신 눈에는』의 시작과 끝을 알리는 내레이션은 노아의 몫이었지만, 시아의 최후 앞에는 이비엔 마그놀리아의 내레이션이 겹쳐진다.

"사람들은 내가 텅 비어 있는 불량품이어서 그들을 사랑할 수 없다는 걸 알고 떠나가요. 그런 내가 누군가를 사랑할 수 있게 된다면 분명 그 사람을 위해 죽을 수도 있을 거고, 어쩌면 그보다 더 미친 일이겠지만 마침내 살아갈 수 있을 거예요."

땅 위의 마녀가 우주 저편을 이야기하는 판타지와 평범한 소녀가 우주 밖의 시간을 품어 봉인된 SF. 임주연의 많은 작품이 그러하듯이, 『천년도 당신 눈에는』도 그렇게 이전 세계의 변주이자 평행 우주의 가능성으로, 또 하나의 종말과 구원으로 느슨하게 연결되어 있었다.

익숙한 창세 신화 속, 가부장제의 폭력성을 고발한다
신일숙의 『나의 이브』

　나는 어디서 왔으며 어떻게 태어났을까, 이 세상은 어떻게 시작되었을까. 이것은 아마도 많은 사람들이 어릴 때 한 번쯤 생각해 보았던 질문일 것이다. 자신에 대해 아는 것이 앎의 시작이라면, 자신의 근원을 생각하는 것은 결국 자신의 계보를 되짚으며 자기에 대해 알고자 하는 의지와도 같다. 그렇기 때문에 여러 민족들은 저마다의 창세설화를 통해 세상의 시작을 이해하려 했으며, 종교 역시 마찬가지다. 국가의 경우에는 창세 신화까지는 아니라 해도, 건국 신화를 통해 그 나라의 시작이나 민족의 구성을 설명하고 있다.

　하지만 이미 우리는 알고 있다. 신화는 어디까지나 지배자의 입맛에 맞게 각색되어 왔다는 것을. 단적인 예로 그리스 신화 속 제우스가 구제불능 바람둥이가 된 이유를 보라. 고대 그리스에는 원래 미노아(크레타) 문명과 미케네 문명이 있었고, 그 뒤를 이어 발칸 반도 북쪽에서 남하한 헬라스인(헬레네스)

이 그리스 문명을 만들었다. 이후 여러 도시 국가들이 그리스 문명에 편입됨에 따라, 그리스인들은 발칸 반도의 신화들을 재구성하기 시작한다.

발칸 반도에도 토착 신앙이 있었다. 그리스인들은 이들을 복속시키며 그 복속에 반발하지 못하도록 이들의 신들을 제우스의 가족들로 만들었다. 특히 토착 신앙의 여신들을 제우스와 결혼시켜 그 여신의 능력들도 제우스의 권능으로 흡수하거나 그와의 사이에서 태어난 자식의 능력으로 만들었다. 이렇게 제우스는 수많은 여신들과 결혼하고 다음 세대의 신들을 자식으로 거느린 올림푸스의 가부장으로 자리잡았다. 한편 신화에서 제우스는 여신뿐 아니라 인간 여성과도 관계를 갖는데, 이는 도시 국가의 왕족들이 자신의 조상을 제우스의 아들이라 내세우며 권력의 정당성을 주장하기 위한 혈통 세탁으로 보아야 한다.

그렇다면 성경 속 창세 신화는 어떤가. 천지만물을 창조한 야훼(여호와)는 "땅의 흙으로 사람을 만들고 생기를 그 코에 불어넣어"(창세기 2장 8절) 아담을 만든다. 또 그를 "깊이 잠들게 한 후 갈빗대 하나를 취하고, 이 갈빗대로 여자를 만든다"(창세기 2장 21절~23절). 야훼는 "선악을 알게 하는 나무의 열매는 먹지 말라"(창세기 2장 17절)고 명했지만 뱀은 여자에게 "그 열매를 먹으면 눈이 밝아져 선악을 알게 된다"(창세기 3장 5절)고 알려준다. 이 유명하고도 짧은 이야기를, 신일숙은

1993년작 『나의 이브』를 통해 재구성했다. 첫 페이지부터 "성경과 관련성이 있으므로 오해가 있을지도 모릅니다만 종교적인 것과는 완전히 다른 이야기입니다"라고 적어놓았지만, 이 만화는 제목부터 창세기의 이브를 지목하며 그 내용은 창세기를 노골적으로 모티프로 삼았다. 성경 속 창세기의 이브, 또는 하와는 인류 최초의 여자이자 그리스 신화의 판도라처럼 금기를 어긴 사람이다. 그렇다면 이브는 왜 금기를 어겼을까? 작가는 야훼의 시선을 통해, 이브가 금기를 자신의 손으로 부숴 버리기까지의 과정을 설득력 있게 보여 준다.

　이 만화 속의 야훼는 괴팍하고 독선적이며 사디스틱한 과학자다. 그는 그 성격 때문에 고향을 떠나 원시 생물과 공룡들이 가득한 지구에서 혼자 살기로 한다. 하지만 자신이 머무르려고 짓던 인공 도시를 공룡들이 위협하자 야훼는 이리듐 탄을 터뜨려 공룡들을 멸종시키고 지구를 자기 취향대로 쾌적하게 재구성한다. 에덴의 평화에 질린 야훼는 자신의 피를 이용하여 클론인 아담을 만들어 내지만, 야훼는 순종적이고 머리가 좋지 않은 아담을 꾸짖거나 방치한다.

　야훼는 수컷에서 뽑아 낸 인자를 암컷으로 바꾸는 실험을 하고 있었는데, 아담을 실험 대상으로 삼아 그의 내장에서 채취한 내용물을 토대로 이브의 수정란을 만들어 낸다. 이브는 아담과 달리 영리하고 호기심이 왕성했지만, 야훼는 이브가 성장하며 체형이 변해 남성 몸에 맞게 만들어진 노멀 슈트를 불편해하는 것조차 모를 만큼 무관심하다. 여기까지만 해도 야훼는 자신의 피조물에 무관심하고 방치하는 미숙하고 이기적인 창조자 혹은 아버지일 뿐이었다. 하지만 이브를 여성으로 인식하게 된 야훼는 아담과 이브가 본능에 이끌려 키스하자 분노하여 아담을 때리고 쫓아낸 뒤 이브와 섹스한다. 이 장면에서 이브는 전혀 쾌락을 느끼지 못하고 그저 누워서 하늘만 쳐다본다. 가부장이자 자신의 창조자로, 자신을 지배해 온 자에게 오랜 세월 그루밍당하면서, 그저 복종할 뿐 거부를 배우지 못한 이의 행동이었다. 이브가 원해서 벌어진 일이 아니었음에도 야훼는 "그리하여 이브는 나의 연인이 되었다"고 주장하는 한편, 내레이션을 통해 본능적이고 돌발적인 행동을 혐오하는 지식인인 자신이, 육체의 욕망을 경멸하고 멸시하던 자신이 이브로 인해 금욕 생활에 종지부를 찍었다면서 이브에게 죄를 뒤집어씌운다. 소위 지식인이라는 남자가, 자신이 타락한 것은 전부 저 여자의 유혹 때문이라고 주장하며 스스로의 행위를 정당화하는 모습의 전형이다. 이런 생각은 현실에서도 어렵지 않게 찾아볼 수 있으며, 종종 창작물에서 지식인 남성의 위선을 조롱하는 장치로도 쓰인다. 2000년 방송된 TV 드라마 〈아줌마〉의 장진구도 그 흔한 예다. 장진구는 친구의 동생인 주인공 오삼숙을 임신시켜 결혼을 하고도 자기가 발목을 잡혔다며 한탄한다. 그는 걸핏하면 오삼숙을 깔보고 무시하며 자신은 '지식인의 고뇌'를 하고 있다고, 너는 이해하지 못한다고, 자신과 오삼숙의 관계를 두고 '지식인과 기층민의 결합' 운운하며 스스로를 미화한다. 그야말로 가스라이팅과 그루밍의 절묘한 조화다. 이 만화의 야훼가 바로 그런 캐릭터다. 자신을 냉철한 지식인으로 미화하며, 자신의 피조물에 무관심하게 굴고 방치하다가, 자신의 육욕에 대한 책임을 아직 소녀인 상대에게 떠넘기며 피해자인 척하는 인물. 그러면서도 상대를 언제까지나 얕잡아 보고 예쁜 인형 취급만 해도 된다고 여기는 인물.

하지만 이브는 그저 예쁘고 순종적인 인형 같은 여자가 아니었다. 잠자리를 함께하게 된 후 이브는 야훼를 설득하여, 지식을 얻기 위해 컴퓨터 오메가를 이용할 허락을 받아 낸다. 물론 야훼는 이브가 공부를 하느라 자신을 버려 두고 더 많은 지식을 탐닉하는 것을 마음에 들어 하지 않고, "지나친 호기심 때문에 몰라도 좋을 것을 알고자 하는 것은, 네 머릿속에 뱀이 들어 있는 것과 똑같다"고 폄하한다. 그러나 야훼는 이브를 위해 아이를 만들어 주겠다며 다시 연구에 매달리면서 다시 이브를 내팽개쳐 두는 것에는 전혀 죄책감을 느끼지 않는다. 이브가 야훼의 연구에 대해 알고 싶어하자 야훼는 "제 어미에게 달려드는 살모사 새끼처럼 고약한 계집애", "제 분수도 모르는 어리석고 교만한 것"이라 말하며 결국 이브에게 폭력을 행사한다. 자신이 정해 놓은 선 안에서 할 수 있는 일과 해선 안 될 일을 정하면서 자신의 너그러움에 취해 있는 가부장은, 아내나 자식이 자신을 받아들이지 않는 것을 용납하지 못한다. 자신은 일이 바쁘다거나 남자에게는 더 중요한 일들이 있다는 핑계로 그들을 방치하면서도, 아내와 자식들은 자신을 배신해서는 안 된다는 생각에 사로잡혀 있는 것이다. 자신의 이런 생각을 이해하지 못하는 것이야말로 어리석고 교만하기 짝이 없는 일이며 폭력을 통해서라도 버릇을 고쳐야 한다고 생각한다. 온정적인 가부장이 폭력적으로 변하는 것이 얼마나 순식간의 일인지에 대한 이야기이기도 하다. 이는 분명 창조자 야훼와 피조물 이브의 이야기이지만, 이 이야기는 섬뜩할 정도로 가부장제의 모순과 자신을 신이나 다름없는 존재로 여기는 남자의 오만함과 이기심을 반영하고 있다. 나아가 신앙의 대상이어야 하는 신이 가부장적 논리로 오랜 시간 동안 약자들을 억압해 왔음을 방증한다. 이 이야기는 종교와는 관련이 없다는 단서를 여전히 붙여 둔 채로.

　야훼는 이브와 화해하지만, 한편으로는 좀 더 순종적이고 마음대로 다룰 수 있는 이브의 클론들을 더 만들어 낼 계획을 세운다. 야훼의 음모를 알아챈 이브는 연구실을 엉망으로 만든 뒤 아담과 동침하고, 그 영상을 컴퓨터 오메가에 저장해 둔다. 카메라를 바라보며 복수심으로 웃음을 터뜨리기까지 하면서 그녀는 말한다. "클론은 본체의 의지 없이는 만들 수 없다"고. 이브는 자신을 단순히 야훼나 아담의 클론이 아니라 본체라고 인식하고 있었다. 이브는 자신이 누군가에게 종속된 존재가 아닌 본체, 즉 자기 자신이라는 것을 깨달은 후 야훼에게 복수하고 그로부터 자유로워진다. 물론 이 복수에도 한계는 있다. 이브는 복수 방법 중 하나로 아담과 동침하는 것을 택했다. 성경에서는 이브가 선악과를 먹은 죄의 대가로 "네게 임신하는 고통을 크게 더하리니 네가 수고하고 자식을 낳을 것이며 너는 남편을 원하고 남편은 너를 다스릴 것"이라는, 가부장제에 영영 묶이는 저주를 받게 했다. 가부장적인 창조자를 배신하기 위해 다른 남자를 만나는 것이 과연 스스로의 자유에 도움이 되는지, 혹은 신에게 영원히 가부장제에 묶이라는 저주를 받는 것이 더 고통스러운 일은 아닌지에 대해서도 물론 생각할 부분들은 있다. 그러나 이브는 야훼와는 달리, 아담과는 적어도 원해서 키스했고 자기 의지로 유혹하여 동침했다. 1993년의 여성이 타인에게 종속되지 않은 자신만의 선택으로 누군가를 선택하는 것은 쉬운 일이 아니었을 것이다. 자신의 창조자, 원죄처럼 자리잡은 최초의 가부장, 자식에게 신처럼 구는 아버지에게서 벗어나는 것은 지금도 만만치 않은 일이라는 것을 감안하면,

이 만화가 당시에 얼마나 획기적인 이야기를 제시한 것인지 충분히 짐작할 수 있다. SF의 세계관으로 성경의 익숙한 창세 신화를 다루면서 이를 통해 현실 속 가부장제의 폭력성을, 그리고 지식인 남성의 위선을 비판하는 것. 이 길지 않은 만화에는 이런 겹겹의 의미들이 다층적으로 자리잡고 있다.

5부
주먹을 쥐고 투쟁을 외치며

재활용품의 무게만큼 식량을 얻는 세계
이보배의 『이블자블 대소동』

음식물 쓰레기를 버릴 때마다 티머니 카드를 들고 나간다. 쓰레기 무게만큼 요금이 차감된다. 선불식 처리 기계가 도입되지 않은 곳에서는 음식물 쓰레기 봉투를 사용한다. 부피 단위로 요금이 나가는 셈이다. 그렇게 음식물 쓰레기를 처리하다 보면 문득문득 떠오르는 만화가 있다.

바로 1991년 9월부터 1993년 2월까지 『보물섬』에 연재되었던 『이블자블 대소동』이다. 사실 이 만화의 메시지는 따로 있지만, 이 만화를 기억하는 사람들이 다들 입을 모아 말하는 장면은 1화에 나온 쓰레기 처리 방법이다. 재활용 플라스틱이 빵이 되는 것이야 《미래 소년 코난》에서도 나온 이야기지만, 여기서는 아예 재활용 가능한 종이나 플라스틱 등을 기계에 넣으면 그 무게에 따라 빵이 자판기에서 튀어나오는 세계였다. 어릴 때 처음 그 만화를 읽을 때에는 폐품 통(그때는 재활용품이 아니라 폐품이라고 했다) 옆에서 빵이 나오다니 먹기 싫을 것 같다는 생각이 먼저 들었지만, 배출하는 쓰레기의 무게와 부피에 따라 돈을 지불하는 시대에 생각하니 조금 귀엽게 느껴지는 장면이기도 하다.

하지만 『이블자블 대소동』의 세계는, 단순히 재활용 분리수거를 잘 하면 식량이 나온다는 엔트로피 제로의 세계가 아니다. 그렇게까지 재활용 가능한 자원을 긁어모아야 할 만큼 자원은 한정되어 있고 모든 것이 부족한 세계다. 환경, 특히 오존층이 파괴된 가운데, 인류는 자외선을 막을 수 있는 돔 형태의 '바이오피아'를 세웠다. 당연히 모든 사람이 거기 들어갈 수 있는 것은 아니었고, 그 외의 사람들은 그 외부의 '버린 구역'에서 비참하게 살아간다. 시작부터 드러나는 바이오피아와 버린 구역의 대비는 『총몽』의 '자렘'과 '고철마을'이 연상되기도 한다.

바이오피아는 문명적이고 청결한 느낌을 주지만 결코 낙원은 아니다. 한정된 자원으로 생존하기 위해 바이오피아에서는 각종 규제를 내세운다. 특히 인구 억제를 최우선적인 과제로 생각하며 온갖 정책을 동원한다. 사랑도 금지, 자연 분만도 금지, 결손 가정에서 아이를 키우는 것도 금지된다. 아이는 '완벽한 가정의 부부'가 인공 수정하여 인공 자궁에 착상시켰다가 데려간다. 죽을 사람을 살리기 위해 기계 몸으로 개조하는 것도 금지된다. 오히려 죄인에게 사형을 선고하는 대신, 기계 몸으로 만들어 추방시키기도 한다.

쓰레기나 자원은 최대한 재활용하지만 재활용이 불가능한 부산물들은 바이오피아 외부, 버린 구역으로 배출된다. 오염된 지구에서 어떻게든 적응하고 살아가는 버린 구역 사람들은 그 부산물들을 다시 정화하고 재활용하여 살아간다. 그렇게 안전하고 깨끗하지만 지독하게 통제된 사회와 그 바깥 사회는 아슬아슬한 균형을 이루고 있었다. 하지만 바이오피아 중 한 곳인 AAA에서 오염된 폐수를 혁신적으로 정화할 수 있는 방법을 개발하며 사건들이 시작된다. 폐수를 한 방울도 남기지 않고 정화하고, 그 기술을 과시하기 위해 폭포까지 만들어 내면서, 바이오피아 AAA 밖의 버린 구역 사람들이 심각한 가뭄에 시달리게 된 것이다. 한편 수질 정화는 물론 폭포까지 구현했다는 소식에, 바이오피아 BBB는 첩자인 자블을 보낸다. 그리고 자블은 AAA의 지도자 아발티의 딸, 이블과 만나게 된다.

많은 이야기에서 초반에 언급된 금기들이란 대체로 주인공에 의해 부서지라고 설정된 것이다. 이블은 규칙을 어기고 자연분만으로 태어났다. 사고로 다쳤을 때 기계 몸으로 개조하기까지 했다. 이블과 자블의 밀고 당기는 관계, 이야기 초반 바이오피아의 남자와 버린 구역 여자의 금지된 사랑, 버린 구역이 파괴되었을 때 겨우 살아남은 아이들의 이야기가 얽히고설키며, AAA는 혼란에 빠진다. 그리고 버린 구역의 생존자인 아이들은 바이오피아에 침입하여 자외선 차단 장치를 해제한다.

1990년대 초반 어린이 잡지나 어린이 신문에도 환경 문제에 대한 언급은 계속 있었다. 화석 연료로 인한 온실 효과나 물 부족, 오존층 파괴에 대한 이야기가 많이 나왔다. 이 만화는 당시의 그런 이슈를 반영하며 만들어졌으리라. 솔직히 말해서 이 만화는 잡지 연재로 보았고, 어린 시절 당시에 전체를 다 보지는 못했다. 학원이나 병원에 놓인 과월호에서 띄엄띄엄 본 데다 나중에 다시 찾아보려 했지만 단행본도 출간되지 않았다.

제목이나 표지를 차지하는 것은 분명 이블과 자블인데, 실질적으로 이야기를 이끄는 것은 버린 구역의 사람들이다. 버린 구역 출신이지만 노력해서 바이오피아에 살게 되었는데 그만 사랑에 빠지는 바람에 로봇이 되어 버린 여자. 바이오피아의 오폐수와 쓰레기들을 정화해서 근근이 먹고 살다가 계속되는 가뭄에 물을 달라고 시위하는 사람들. 그저 살기 위해 물이 필요하다고 한 것뿐인데 마을이 파괴되고, 가족들이 살해된 가운데 바이오피아로 숨어드는 아이들. 생각해 보니 이 만화는 1991년 하반기에 시작하여 문민정부가 출범하던 1993년 2월까지 연재되었다. 6·29 선언, 민주화를 위한 여러 투쟁과 정치적 야합으로 인한 좌절감, 연재의 막바지에 비로소 이루어진 문민 정부 출범 등 역사의 변혁이 이 만화에 드러난, 불완전하고 소극적이지만 선명히 드러나는 아래로부터의 혁명 이야기에 조금이라도 영향을 끼쳤을지 모른다고 생각하면 새삼 두근거린다.

온정적인 '왕'과 그의 '에스더'의 모험일까
김우현의 『밀레니엄』

　김우현의 『밀레니엄』은 "가난하고 씩씩한 여자가 상류층 남자와 사랑에 빠진다"는 상당히 고전적인 형태를 가지고 있다. 아니, 시작부터 "지극히 고전적인 하이웨이 로맨스"라고 못을 박고 들어간다. 실제로도 어느 정도는 그렇다. 헤스터는 히치하이킹을 하던 알렉산더와 처음 만났고, 나중에 히치하이킹을 하는 헤스터를 태워 준 사람은 알렉산더의 형인 이카로스였다. 지스크라임 가문의 차남과 결혼하고 장남과 사랑에 빠져 각각 이카로스와 알렉산더를 낳았던 이들 형제의 어머니를 연상하게 하는 구도다.

　하지만 이 이야기는, 그저 권력을 쥔 아름다운 형제들 사이에서 갈등하는 젊은 여자의 이야기만은 아니다. 이 이야기의 배경은 24세기이고, 지구는 노블리스라 불리는 최상류층부터 수부라 지구의 하층민까지, 철저히 양극화되어 있다. 오염된 지구의 절반 이상의 지역에 사람이 살 수 없게 되었지만, 재건 중인 지구에는 현재 200억이나 되는 사람들이 살고 있다. 그리고 이 지구를 통치하는 것은, 인류 보편의 합의를 거쳐 태어난 지구 정부가 아니라 기업이다.

지구가 오염되고, 지구인들은 코스모 드림을 꿈꾸며 외계인인 청인들의 세계로 떠난다. 하지만 코스모 드림은 실패로 돌아갔다. 대부분의 지구인들은 청인들 사이에서 좌절만을 경험했을 뿐이다.

그리고 백 년 전, 청인들의 세계에서 성공한 불세출의 지구인, 노블리스 지스크라임과 그가 이끌던 기업 '인프라'는 다른 주주들과 함께 지구를 연방에서 통째로 사들였다. 지스크라임은 지구로 돌아가 재건을 시작하자고 주장했지만, 이미 청인들의 세계에서 성공한 지구인들은 돌아오지 않았고 실패한 이들만이 역이민자가 되어 돌아왔다. 오염된 지구에는 사람이 넘쳐나고 자원은 고갈되어 갔다. 지스크라임 가문은 바로 그런 잔해 위에 세워진 바벨탑과 같은 곳에서 세상을 내려다보고 있었다. 어떻게든 인구를 통제하기 위해 술과 담배와 피임약을 무료로 제공하고, 폭동을 유도한 뒤 그 명분으로 계엄령을 내리기까지 하면서. 인프라는 지구의 인구를 60억으로 줄여 나가기 위해 매우 적극적이고 강압적인 방법을 사용하지만, 지배 계층에게는 결코 그런 희생을 요구하지 않는다.

청인들의 세계인 베가로 유학을 떠나, 그곳에 귀화하려 했던 알렉산더 H. 지스크라임은 마침내 지구로 돌아온다. 형이자 인프라의 수장이고 이 세상의 '왕'인 일리어드가 원했기 때문이다. 그러나 일리어드 곁에는, 그를 위해서라면 손을 더럽히고 진흙탕 속에 뛰어드는 것을 두려워하지 않는 이카로스가 있었다.

20세기가 끝나 가던 무렵 세기말 정서를 그대로 쓸어담은 듯한 24세기 디스토피아, 수부라 지구의 모습은 청결하고 깔끔하며 천국처럼 완벽해 보이는 인프라와 대조적이다. 인프라를 배경으로 최고의 권력을 손에 넣고 굴리는 아름다운 세 형제가 브라더 콤플렉스로 똘똘 뭉친 모습으로 때로는 헤스터를 두고 벌이는 신경전은 그 자체로도 매력적인 할리퀸 로맨스이자 막장 기업물 드라마답다. 하지만 이 이야기는 지극히 고전적이고 전형적인 할리퀸인 동시에 거대한 우화이기도 하다. 거대 기업 인프라가 지배하는 세계. 인프라의 이사진 한 명을 해고하면 수많은 노동자를 먹여 살릴 수 있는 양극화가 극한까지 치달은 사회는, 경제 위기와 IMF 당시 작가가 떠올렸을 암울한 미래를 고스란히 담고 있다.

이름부터 신화적 존재를 떠올리게 하는 일리어드, 이상은 드높지만 추락하거나 진흙탕 속을 구를 수밖에 없는 운명의 이카로스, 그리고 이야기 초반 일리어드를 두려워하지 않은 유일한 인간이자 장차 지구 부흥의 아버지라 불리게 될 것이라는 거창한 소개가 따라붙었던, 이름 그 자체가 젊은 군주를 떠올리게 하는 알렉산더. 이들 형제들은 서로 분명히 애정을 갖고 있으면서도, 지구와 이곳 시민들의 앞날을 두고 갈등하고 반목한다.

일리어드는 현재 인프라의 수장이자 지구의 실질적인 지도자이지만, 자원이 거의 남아 있지 않은 세계에서 이 많은 인구를 두고 청인들의 원조 없이 자치를 꾸려 나가는 것은 쉽지 않다. 현재 남은 생명이 길지 않았기에, 일리어드는 후계자에게 이 상황을 고스란히 물려주기보다는 무리를 해서라도 자신의 대에 이 모든 상황을 해결하고 싶어한다. 하지만 그 대책이라는 것은 계엄령을 선포하고, 자기들끼리 싸우게 하고, 대규모의 희생을 통해서라도 지구의 인구를 적정선까지 줄여 나가겠다는 것. 사실 어떤 명분을 들이대도 일리어드는 하층민의 숫자를 줄일 수 있다고 생각하는 학살자이자 독재자에 지나지 않는다.

이카로스는 종종 "은혜를 모르는 하계의 인간들"을 힐난한다. 그는 우주로 나갔다가 실패한 빈민층을 지구에 받아 주고 고용해서 먹고 살게 해 준 인프라의 복지를 강조하며, 그들을 종종 은혜도 염치도 모르는 이들로 몰아세운다. 하지만 그의 빈민 혐오에는, 원래 수부라 지구 출신이었던 그의 모친에 대한 콤플렉스가 얽혀 있다.

작가는 무척 아름답고 우아하며 카리스마 넘치는, 그러나 민주주의나 인권에 대해 제대로 된 감각을 갖고 있는 사람이라면 결코 옹호할 수 없는 주장을 하는 이들 권력자 형제들을 위해, 우선 독자에게 어느 정도 그들을 이해하게 만드는 배경을 깔아놓는다. 그리고 한동안 알렉산더와 함께 살다가 모처럼 옛 친구들을 만나러 갔던 헤스터가 인프라의 정책을 자기도 모르게 변호하다가 친구들에게 변했다는 말을 듣는 장면을 통해, 독자의 머리를 세게 때리듯 주의를 환기시킨다. 무산 계급, 피지배자 출신인 헤스터가 인프라를 걱정하는 것은 무의미하며, 인프라의 자리에 도달하지 못할 대부분의 독자들도 그들이 늘어놓는 궤변에 속지 말아야 한다는 것을 강조하는 바로 그 순간, 작가는 일리어드에게 "한 번쯤 무너져 봐야 하는 것은 우리 유산 계급"이라고 말하는 알렉산더의 모습을 배치해 둔다. 이 순간 이 이야기는 하이웨이 로맨스이자 아름다운 청년들의 근친 브로맨스에 그치지 않고, 24세기를 배경으로 한 극단적인 계급주의에 대한 고발로 확장된다.

물론 한계는 있다. 헤스터라는 이름은 『주홍글씨』의 주인공 헤스터 프린을 떠올리게 하는 한편, 그 자체로 '페르시아의 아하수에로 왕, 즉 크세르크세스와 혼인하여 자신의 민족을 구한' 에스더를 의미한다. 에스더는 재상 하만이 유대인들을 학살하려는 것을, 아하수에로 왕에게 목숨을 걸고 나아가 호소하여 막아 낸다. 계엄령을 내리고 극단적인 방법을 동원해서라도 인류의 숫자를 140억이나 줄여야 한다고 생각하는 일리아드나 이카로스에 맞서, 알렉산더와 함께 그 일을 막아 낼 것이 예고된 듯한 이름이다. 하지만 에스더의 민족을 구한 것은 그녀 자신의 힘이 아니었다. 그녀는 설득했고, 권력을 움직인 것은 왕이었다. (독자인 우리는 여기서 『아르미안의 네 딸들』을 연상하며 쓴웃음을 지을 수도 있겠다) 그래서일까, 이 이야기는 유산 계급과 무산 계급의 대립, 즉 계급 투쟁을 이야기하지만, 이 만화 속 민중은 무력하고, 결벽한 알렉산더는 일종의 순결한 어린 양, 구원자처럼 보인다. 하지만 독자들에게 보여지는 그의 능력은 천부적으로 사람들에게 사랑받는 성품 같은 것이지 정치적인 역량이 아니며, 왕으로서의 능력보다는 구세주의 자비에 가깝다. 그의 정치적인 힘은 지스크라임 가문의 이름과 불가분의 관계이고, '왕의 세 번째 승계자'라든가 '지구 부흥의 아버지' 같은 수식어가 붙게 될 그가 민중을 해방한다면 그것은 '왕의 자비'에 불과할 것이다. 문자 그대로 구름 위 혹은 바벨탑을 연상시키는 인프라와 초라한 하계의 대비 속에서 하계 출신 연인 헤스터를 둘러메고 아래로 내려오는 왕자님. 알렉산더의 모습은 분명 로맨틱하지만, 그렇게 하계로 내려온 알렉산더가 향한 곳은 특급 호텔이다. 어린 나이에 지구를 대표하는 엘리트로 선발되어 청인들의 세계에서 유학하고 소위 우주적 감각을 키워 돌아온 이 지식인 청년은 하계 사람들의 인권을 말하고, 형님들의

"시스템을 유지하기 위한 희생"에 반대하지만, 그가 정말로 각성할 날은 아직 요원해 보인다. 그런 데다 '독재'를 피하자니 '외세'가 있어서, 청인 대표로 지구에 온 일부크 샬루원은 "최고평의회가 일리어드의 독단을 주시하고 있다"고 말한다. 그야말로 자원은 적고 인구만 많았던 어떤 나라의 독재 시대와, 그 시대의 지식인에 대한 은유를 24세기를 빌어 말하고 있다.

그렇다면 이 이야기는 어디로 흘러갈까? 꽤 오랫동안 이 이야기의 결말을, 헤스터와 알렉산더의 각성과 가능하다면 헤스터의 동료들인 하계 사람들의 각성, 덧붙여 저 브라더 콤플렉스 삼형제의 지지고 볶는 애증의 끝을 보고 싶었지만, 불행히도 이 이야기는 잡지의 폐간으로 5권에서 중단되었다. 계급 갈등이 첨예한 근미래 디스토피아를 배경으로 아름답고 섹시한 미남들이 등장하는 로맨틱 SF를 그려 내던 이 작가는, 『밀레니엄』이 연재되던 『화이트』를 비롯하여 성인 순정 잡지들이 폐간되며 아동지로 활동 영역을 옮겨야 했다. 『밀레니엄』이 중단된 뒤에는 학원물 로맨스를 그렸지만 역시 연재 도중 잡지가 폐간되었고 설상가상으로 작가의 건강이 악화되며 활동을 중단하게 되었다. 정말 괴로운 일이 아닐 수 없다.

다음 세대에게는 더 나은 세상을 주고 싶어서
전혜진, 김락현의 『리베르떼』

『리베르떼』는 2015년부터 2016년 말까지 2년간, 다시 말해 박근혜 정권 당시 『이슈』에 연재된 만화다. 군부의 지도자 마카로프 총통이 다스리는 작은 가상국가, 이곳의 국경에는 홍콩의 구룡성채를 닮은 무법지대, 혹은 군부도 공안도 손대지 못하는 자유구역 '리베르떼'가 존재한다.

<u>내가 어렸을 때, 제인이 그런 말을 했다. '자유'라는 말에서는 언제나 피 냄새가 났다고.</u>

이 무법도시에서 정치범들의 보호를 받으며 자라난 소년 맥은 이능력 보유자다. 맥은 자신에게 가족이나 다름없는 이 수배자들과, 형제 같은 친구 지미를 지키기 위해 이곳의 질서를 잡는 조직 '아가르'에 가입하러 갔다가, 보스인 카렐 루거에게 곧 군부의 공습이 있을 거라는 말을 듣는다. 그리고 기다렸다

는 듯 괴물 '테라톤'이 리베르떼를 습격한다.

테라톤은 인간처럼 보이지만 인간의 몇 배의 근력과 빠른 움직임으로, 파괴만을 거듭하는 괴물이다. 공안의 팀장 레이나는 지미를 구하기 위해 테라톤과 맞서 싸운 맥에게, 세상에서 경원하는 이능력을 지닌 자만이 테라톤과 싸울 수 있다며 공안 특경에 들어올 것을 권한다. 군부의 실험대상으로 끌려간 지미를 되찾으려면 그 길밖에 없었으므로, 맥은 공안이 되어 조슈아와 팀을 짜고 움직인다.

앞부분의 설정만 보아도 알 수 있지만, 이 만화는 기본적으로 호쾌한 액션물이다. 순정만화 잡지 『이슈』에서 연재되었지만, 단행본 출간 판형은 순정만화 사이즈인 신국판이 아닌, 소년만화 사이즈인 사륙판으로 나왔다. 띠지에는 대놓고 '액션 판타지'라고 박혀 있다. 하다못해 책등에 이슈 코믹스의 로고조차 찍혀 있지 않다. 누가 봐도 한눈에 이 만화가 순정만화라는 것을 알아보기 어렵게 만들어 놓았다. 『소년 점프』(일본) 연재작들을 위시하여 소년 만화를 브로맨스로서 향유하던 당시의 독자들에게 새로운 방식으로 접근해 보고자 한 시도였다.

정확히 말하자면 이 만화는 『이슈』의 공모전을 통해 데뷔한 신인 김락현 작가의 단편에서 시작되었다. 소년들을 무척 잘 그리고 액션을 깊이 연구하던 김락현은 무법도시 '리베르떼'에서 벌어지는 이능력자들의 액션을 그리고 싶었고, 편집부에서는 그가 가져온 이 이야기를 소년 만화의 느낌이 물씬 풍기는 브로맨스로 만들어보고자 했다. 이 과정에서 『레이디 디텍티브』의 스토리 작가이자 SF 작가인 전혜진을 투입하며 이 만화는 연재물로 기획되었다. 편집부의 브로맨스 기획을 받아든 전혜진은 혁명물이야말로 고전 순정만화의 영혼이다, 30년 전에는 『북해의 별』이 있었고 그전에 일본에는 『베르사유의 장미』가 있었으니 슬슬 유행이 한 바퀴 돌 때가 되었다는 생각으로, 이 만화에 시민혁명의 이야기를 담기 시작한다. 군부 출신의 독재자가 인간을 괴물인 테라톤으로 만들어 무기로 쓰고 버리는 한자문화권의 디스토피아적 세계를 배경으로, 독재와 탄압에 반대하다 리베르떼로 도망친 정치범들과, 원래는 괴물 취급당하며 차별받던 이능력자들을 중심으로 시민혁명을 일으키는 이 만화는, 그림과 스토리와 편집부의 미묘한 동상이몽 속에서 시작되었다.

군인인 마카로프 총통은 군부 쿠데타를 일으켜 민주주의자였던 렐라크 대통령을 몰아낸다. 그는 군대를 손에 쥐고 강력한 독재를 펼치는 한편, 사람들을 매혹시키고 세뇌하는 능력을 지닌 양자 주나 마카로프를 이용하여 구 귀족들이나 허울뿐인 의원들을 멋대로 조종하고 헌법까지 뜯어고친다. 정치범들은 잡아다가 생체실험에 쓰고, 괴물인 테라톤으로 만들기도 한다.

그리고 마카로프가 몰아낸 렐라크 보차드 대통령은, 리베르떼로 도망쳐 카렐 루거라는 가명으로 반독재 운동의 중심이 되었다. 그는 구 귀족 출신이자 현재 공안의 부국장인 유진 파라벨럼과 은밀히 연락을 주고받으며, 리베르떼 출신의 이능력을 지닌 아이들을 아가르로 훈련시키거나, 공안으로 보내 파라벨럼의 지휘를 받게 했다.

이야기의 주인공인 맥과 지미, 그리고 맥의 동료인 조슈아와 노마, 그리고 주나 마카로프는 바로 이런 격동기에 태어났다. 마카로프의 아들로 태어났지만 리베르떼에서 자란 이능력자 맥, 맥의 친구라는 이유로 주나에게 끌려가 실험대상이 되었던 지미, 테라톤에게 누나를 잃은 조슈아, 평범한 공안 요원으로 보이지만 알고 보면 야당 당수의 딸이자 유진 파라벨럼 부국장의 조카인 노마, 이능력자 출신의 고아였지만 마카로프 총통의 양자가 되며 그를 위해서라면 무슨 일이라도 할 수 있었던 주나. 이들은 서로 대립하고 갈등하며 이야기를 이끌어나가지만, 이야기와 별개로 역사를 직접적으로 움직이는 것은 아직 십 대, 혹은 갓 스무 살이 된 이들이 아니다.

이 이야기 속의 어른들, 특히 여성들은 세상이 바뀔 거라는 믿음을 갖고 있다. 비록 먼 길을 돌아서라도 의지를 가진 인간의 손으로 '자유'를 얻는 것에 대한 신념. 그리고 아이들에게는 좋은 세상을 물려주고 싶다는 소망. 맥의 어머니인 사라 파이슨은 이능력자인 아들을 낳고, 당시 군부의 떠오르는 실세였던 남편, 마카로프가 맥을 보호해 줄 것을 알면서도 그의 곁을 떠났다. 마카로프가 얼마나 많은 이능력자들을 학살했는지 알고 있으므로. 지미의 어머니는 병약한 사람이었지만 자신의 아이가 적어도 인간답게 살 수 있는 세상을 위해 시위에 나서고 화염병을 만들며 힘을 보탠다. 정치범이자 리베르떼의 지도자들 중 한 명인 제인 스미스는 친구의 아들인 지미와, 독재자의 아들인 맥이 자유를 소중히 여기며 살아가도록 가르치는 한편, 지금의 현실을 "우리가 미처 끝내지 못한 전쟁터"라고, 자신의 세대에게 책임이 있다고 생각한다. 리베르떼에 제인이 있다면, 공안에는 레이나 윈체스터가 있다. 공안 특경의 팀장인 레이나는 이능력을 지닌 특경대원들을 가뿐히 제압할 수 있는 능력자이자, 어떤 면에서는 그들의 스승이고 보호자다. 그런 레이나는 유진 파라벨럼 부국장과 함께, 공안 특경을 이끌고 리베르떼에서 시작된 혁명의 대열에 동참한다.

 성인들뿐만이 아니다. 맥의 동료이자 주나의 약혼자인 노마 아말라이트는 아직 십 대지만, 군부의 음모인 테라톤, 그리고 이 나라의 미래에 대해 깊이 고민하고 있다. 귀한 신분으로 태어나 얼마든지 편안하게 살 수 있었지만, 노마는 보신주의적인 아버지를 경멸하고, 군부의 독재에서 벗어나 모든 사람들이 자유롭고 평등하게 살아야 한다고 믿는 외삼촌 유진 파라벨럼의 신념에 동조하며 자신의 의지로 군부에 맞선다. 노마는 군부가 괴물 테라톤을 만들어 내고 있다는 결정적인 증거를 잡으며 활약하지만, 결국 약혼자인 주나에게 살해된다.

　이들 모두의 신념을 대표하는 인물은 유진 파라벨럼 부국장이다. 그는 위험을 무릅쓰고 아가르의 렐라크 보차드 전 대통령과 연락을 계속 주고받으며 혁명을 준비해 왔지만, 한편으로는 야당 당수와 결혼한 누님과 조카인 노마의 안위를 걱정한다. 그는 노마를 잃고서야 자신의 양심만으로는 부족하다는 것을 절감하며 직접 싸움에 나서고, 민주주의 혁명이 성공적으로 마무리되자 뒤로 물러나 스스로를 '지켜보는' 자리에 둔다. 다음 세대가 좀 더 자랄 때까지 길을 잃지 않게 하는 것이 자신의 일이라면서. 그는 혁명을 다룬 순정만화의 고전 『북해의 별』의 주인공, 가장 촉망받던 귀족 출신으로 혁명에 투신했다가, 혁명이 완료된 뒤 자연인으로 물러났던 철인(哲人) 유리핀 멤피스에 대한, 21세기 SF 버전의 오마주다.

　하지만 다음 세대, 적어도 자신의 아이에게 지금보다는 더 나은 세상을 물려주기를 바라는 평범한 소망을 대표하는 인물은 따로 있다. 후반부에서 시위대의 행렬 중, 자신의 딸을 안고 시위에 참여한 젊은 어머니다. 단행본 5, 6권 분량이 연재될 당시, 현실에서는 세월호 침몰 참사, 시위 중 경찰의 물대포에 맞고 쓰러진 농민운동가 백남기의 사망, 국정개입과 문화예술계

블랙리스트 등에서 시작된 대통령 퇴진 운동과 촛불시위가 이어졌다. 이 젊은 어머니는 더 나은 내일을 위해 그 자리에 나섰던 모든 시민의 대유이자, 이 이야기 속 어른 캐릭터들이 공통적으로 품고 있는 소망을 상징하는 인물이다. 맥이나 조슈아와 같이 특별한 힘을 가진 사람, 지미와 같은 국가폭력의 직접적 희생자, 제인과 같은 운동권 지식인이나 유진 파라벨럼과 같은 상류층이 아닌, 평범하고 보수적인 보통 사람이 이와 같은 싸움에 나서는 이유 중 하나는, 자신이 살아갈 세상, 그리고 다음 세대가 살아갈 세상을 걱정하는 마음일 것이므로.

그러면 결과적으로, 세 가지 동상이몽 속에서 태어난 이 만화는 어떻게 굴러갔을까? 김락현의 호쾌한 액션 작화가 1화부터 마지막 화까지 화려하게 펼쳐지는 가운데, 이 만화는 군부의 독재 치하에 놓인 디스토피아에서 시민혁명으로 마무리되고, 차별받던 이능력자였던 맥과 군부에 의해 괴물 테라톤이 되었던 지미는 함께 고향인 리베르떼로 돌아간다. 비록 브로맨스는 편집부가 원하던 만큼 들어가지 않았지만, 이야기는 그러한 시대 상황에서 하나쯤 나왔어야 하는 이야기를 담으며 완결을 맺고, 마지막 권까지 출간되었다. 대통령의 탄핵 소추안이 국회에서 통과되기 열흘 전의 일이었다.

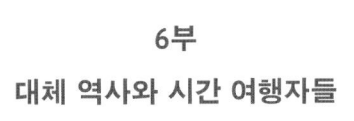

6부
대체 역사와 시간 여행자들

순정 SF 대체 역사물의 새로운 고전
박소희의 『궁』

　순정만화, 특히 웹툰을 포함하지 않는 '순정만화 잡지에 연재된 만화'라는 한정된 조건에서 한국 순정만화에 관심이 없는 21세기 한국인이라 해도 누구나 한 번은 이름을 들어보았을 만한 만화가 있다. 바로 『윙크』에 연재된 박소희의 『궁』이다. 잡지의 연이은 폐간 등 각종 악재로 인하여 20권을 넘기는 만화 자체가 흔치 않은 한국 순정만화의 역사에서 쉽지 않았던 총 28권 분량의 이 만화는, 원작 자체도 대단한 인기를 얻었고 드라마, 소설, 뮤지컬로 만들어져 많은 사랑을 받았다.

　대한제국 황실이 입헌군주제를 채택한다. 그래서 21세기까지 왕족 제도가 유지된다. 어찌 보면 굉장히 흔한 설정처럼 보이지만 『궁』이 연재될 당시만 해도, 이는 독보적 설정이었다. 오죽하면 이 이야기의 시작, 연재물로는 1화, 단행본 1권의 첫 페이지에서, 주인공 채경을 포함한 세 여고생이 국왕전하 탄신일에 대해 이야기하는 장면과 함께 "궁금하지 않으세요, 여러분?

이 21세기 초현대식 학원물에 갑자기 국왕전하니 즉위 10주년이니 왕실 가족이라니?"로 시작하는 내레이션이 깔린다. 우리 왕실이 지금까지 건재하다는 상상, 경복궁이나 창덕궁에 관광객 대신 왕실 정원사나 궁내청 관리, 정식 시험을 치르고 입궁한 종5품에서 9품까지의 상궁들이 전각 사이를 오가고, 궁궐에선 해마다 왕실 공식 행사들이 열릴 테고 방송국들은 TV 중계를 하는 모습을 상상해보자는 이야기다. 그뿐인가. 1권 말미에는 "우리 나라가 입헌군주제라는 설정이 너무 황당한 거 아니냐?"는 의문에 놀랐다는 작가의 후기가 실려 있다.

그렇게 구구절절 설명해야 할 만큼이나 낯설었던 21세기 조선 또는 21세기 대한제국이라는 설정이 우리 곁에 바싹 다가올 수 있었던 것도, 또 짧은 소매의 저고리나 무릎 길이의 치마 등 일상에서 조금 화려하게 입을 수 있는 퓨전 한복 열풍이 시작된 것도, 놀랍게도 바로 이 만화 이후의 일이다. 그야말로 문화콘텐츠 측면에서는 하나의 현상이라고 부를 만한 사건이었다.

그런데 『궁』은 과연 SF일까? 타임 머신도 초능력자도 외계인도 없는데? 21세기에 여전히 남아 있는 왕실을 배경으로, 철없는 개그 캐릭터처럼 보이지만 갑작스레 모든 것이 바뀐 상황을 나름대로 강단있게 헤쳐 나가는 여고생 신채경과 겉보기에는 싸가지 없지만 아버지에게 외면당한 상처와 속 깊은 마음을 간직한 왕세자 이신의 '결혼부터 시작하는 로맨스'인데?

물론이다. 『궁』은 훌륭한 대체 역사물이니까.

대체 역사는 SF에서 파생된 장르로, 역사가 어떤 분기점에서 기존의 사실과 다른 방향으로 전개되었을 때 그 이후의 세계를 다루는 이야기다. 이때 분기점 이전의 세계는 실제 역사에 충실하다. 시간 여행물 역시 미래의 사람들이 과거의 특정한 어떤 시기로 돌아가기 전까지는 기존 역사에 충실하며, 이후 이 시간 여행자들이 변수로 작용하여 미래가 바뀌게 되지만, 대체 역사의 경우는 기존 세계의 특정 분기에서 등장인물이 우리가 알고 있는 것과 다른 선택을 하며 역사가 바뀐 이후의 세계를 다루고 있다. 즉 역사 개변의 주체가 미래를 알고 있는 시간 여행자인가, 혹은 미래를 알지 못하는 그 시대의 인물인가에 따라 장르가 달라지는 것이다.

이를테면 휴고 상 수상작 SF인 필립 K. 딕의 『높은 성의 사나이』를 보자. "만약 루스벨트 대통령이 암살되었다면? 뉴딜 정책이 폐기되었다면?"이라는 가정은, 미국이 대공황을 극복하지 못하고, 2차 세계 대전에서 연합국이 패배하는 세계, 독일이 동독과 서독으로 나뉘는 대신 미국이 나뉘고, 미국과 소련이 냉전을 벌이는 대신 독일과 일본이 냉전을 벌이는 세계로 이어진다.

『궁』 연재가 막 시작되던 무렵 개봉한 영화 〈2009 로스트 메모리즈〉의 오프닝도 이와 비슷한 충격적인 설정으로 시작된다. "하얼빈 역에서 이토 히로부미 암살이 실패하고 안중근이 사살되었다면?"이라는 가정부터 시작하여 3·1 운동이 무산되고, 윤봉길의 의거가 실패하고, 2차 세계 대전에서 일본이 연합국 편에 서고, 승전의 대가로 한반도와 만주를 손에 넣는 세계가 빠르게 펼쳐진다. 이 오프닝은 1981년 바덴바덴에서 1988년 올림픽 개최지를 알리는 사마란치 IOC 위원장이 "나고야, 재팬!"을 외치는 장면과 2002년 월드컵에서 한국 국가 대표 선수가 일장기를 달고 환호하는 장면, 그리고 세종대로 한복판에 이순신 장군 동상 대신 도요토미 히데요시 동상이 서 있는 장면으로 이어지며 현실로 넘어온다.

　1987년 복거일이 발표한 『비명을 찾아서』를 원안으로 삼은 이 영화는 실제 자막을 통해 안중근 의사의 이토 히로부미 저격 실패 등 대체역사의 모티프를 이 작품에서 따온 것이라 밝히고 있다. 『비명을 찾아서』의 주인공이자 평범한 직장인인 기노시다 히데요는 일상 속에서 조선인이 내지(일본)인에게 받는 차별에 대해 생각하던 중 일본이 제2차 세계 대전에서 패배했다는 설정의 대체 역사 소설을 읽고, 또 기노시다가 아닌 박씨 집안의 족보와 역사에 대해 알게 된다. 대학 도서관에서 그동안 배운 역사가 아닌 한반도의 진짜 역사를 찾다가 불령선인

(일제 강점기에 일본인들이 자신들의 말을 따르지 않는 한국 사람을 이르던 말)으로 몰려 고초를 겪은 히데요는 결국 대한민국 임시정부가 있다는 상해를 향해 떠난다. 쇼와 62년, 서기 1987년의 일이다. 이 소설에서 현실의 역사와 소설 속의 역사가 분기되는 지점이 바로 이토 히로부미 암살 실패다. 언어와 역사를 말살당하고, 1980년대의 조선인들은 차별을 받으면서도 자신들이 식민 지배를 받고 있다는 사실조차 모르고 있다.

문제는 이 두 작품 사이의 문서상 계약이 없는 데다 해당 모티프 이상으로 설정과 아이디어를 도용하여 소송이 오갔다는 점이다. 당시 재판부는 "영화가 소설로부터 일부 배경과 설정을 차용한 것은 인정되나 둘은 예술성과 창작성을 달리하는 별개의 작품"이라며 "실질적인 유사성이 없다고 보인다"는 원고 패소판결을 내렸다.

한편 박소희의 만화 『궁』을 원작으로 하는 드라마 〈궁〉이 종결되고 약 1년 뒤, 같은 방송사에서 〈궁s〉라는 제목으로, 입헌군주제 대한제국 황실을 배경으로 하는 드라마를 방영한 적이 있었다. 드라마 〈궁〉의 속편이라는 식으로 홍보하기도 했는데, 그런 것치고는 이상한 것이 있었다. 공식 홈페이지의 제작진 페이지도, 어지간해선 관련 협찬 목록까지 빼놓지 않고 나오는 마지막화 엔딩 스탭롤도 찾아보았지만, 박소희, 세 글자가 안 보인다. 드라마 〈궁〉과 〈궁s〉에 대해, 제목에 대해 제작사들끼리 논란을 벌였던 기록은 나오는데, 원작자에 대한 이야기는 없다. 어쩐지 입맛이 쓴 부분이다.

그러면 잠시 『궁』의 주인공 신채경을 살펴보자. 친구 사이였던 선왕과 채경의 할아버지가 손주들을 약혼시키자는 약속을 한 바람에 채경은 평범한 여고생에서 갑자기 왕세자비가 되고 만다.

"네가 불행해지는 게 아버님 여생을 약속 못 지킨 죄책감에 시달리게 하는 것보단 나아."

개그컷에서는 종종 망가지다 보니 푼수처럼 보이고, 때로는 경솔하게 행동하는 일도 있지만, 그래도 채경은 어떻게든 현실을 좀 더 낫게 만들기 위해 최선을 다한다. 평범한 여고생이 모두가 동경하던 왕세자와 결혼하게 되었기에 많은 사람들의 질투를 사고, 남편이 될 왕세자 이신이 다른 여자에게 청혼하는 장면까지 목격하는 상황에서도.

"미쳤다고 내가 좋아하는 여자앨 평생을 궁궐 안에 인형처럼 처박혀 살아야 하는 세자빈을 만들어?"

왕실 사람들에게는 소시민 출신이라고 무시당하고, 가까웠던 친구들은 왕족이 된 채경을 받아들이지 않는다. 아직 가족이 그리울 어린 나이인데 왕실의 법도를 지키라 하고, 그렇다고 친정 부모님이 뒷받침을 해 줄 만큼 힘이 있거나 사려가 깊어 채경이 왕실에 적응하도록 도와주는 것도 아니다. 갑작스레 궁에 들어갔지만 채경은 이 난처한 상황들 속에서도 왕세자 이신에게 문제가 되지 않게 행동하려 애쓰고, 시어머니인 중전이 회임한 동안에는 정무를 맡아 큰 문제 없이 처리할 만큼 노력한다. 아직 스무 살도 안 된 어린 나이인 채경에게는 가혹한 일이었다. 이신 또한 아직 어린 나이인 데다 부왕과의 갈등, 사촌 이율과의 경쟁, 권력 암투, 그리고 갑작스럽게 결혼을 해야 한다는 상황에 대한 반발로 채경을 감싸주지 못한다. 결국 채경은 오해와 음모에 휘말려 이혼하게 된다.

채경의 행보는 여러 면에서 영국의 다이애나 왕세자비를 모델로 삼은 듯 보인다. 21세기에도 여전히 보수적인 궁. 슈트를 입은 국왕과 한복을 입은 왕비. 결혼은 자신과 했지만 다른 사람을 사랑하는 왕세자. 사생활은 없고, 자신이 살아온 모든 과정들을 부정당하고, 다른 사람들의 의지에 따라 자신을 죽이며 살아가는 나날. 그 모든 과정은 왕실에 시집가기 전 채경의 어머니가 했던 대사로 요약된다.

"그냥 사람들이 하는 대로 내버려 둬. 가라면 가고, 하라면 하고, 그러다 정신차려 보면 다 끝나 있을 테니까."

실업자인 아버지와 보험 설계사인 어머니를 위해 자신에게 소중한 것들을 전부 잃어버리면서도 궁에서 버티던 채경은, 마침내 이혼을 하고서야 왕실의 비위를 맞추는 것을 그만두고 마침내 제 나이에 맞는 모습으로 움직일 수 있게 된다. 그것은 일면 퇴행처럼 보이기도 하지만, 사실은 타인의 욕망에 의해 잘못 쌓아올린 모든 것들을 다 무너뜨리는 과정이다. 잘못 쌓아 올린 것들을 전부 무너뜨린 다음에야 채경은 자신의 진짜 인생을 쌓아 올리고, 자신의 사랑과도 제대로 마주 볼 수 있게 되는 것이다.

정략 결혼으로 시작되는 사랑과 갈등이라는 흔한 소재가 사용된 이 이야기는, "한국이 아직 왕실이 남아 있는 입헌 군주제 국가라면?"이라는 질문과 결합되며 새롭고도 특별한 것이 되었다. 현대화된 왕실과 화려한 의상 등을 보여 주며 대중적 인기를 얻는 동시에, 순정만화에 대체 역사물을 결합하며 새로운 장르의 부흥을 가져왔다. 동시에 입헌 군주제 지지 세력과 왕권 강화를 추구하는 세력의 대립 같은 정치적인 요소부터 시작해서 국왕과 왕세자 이신이 마치 영조와 사도세자의 21세기 버전처럼 애증을 주고받는 모습, 후계자 문제로 알력다툼을 벌이는 장면 등을 보고 있자면 21세기 민주 공화국에서 살아가는 독자는 한 가지 의문을 품게 된다. 이 대체 역사 속에 그려진 입헌 군주제 왕실은 과연 정말 필요한 것인가. 겉보기에는 아름답지만 그 안에 있는 사람들의 인생을 이렇게까지 옭아매는 왕실이 정말로 존재해야 하는 것일까. 현실에서 일부 구 왕실 사람들은 이 만화와 드라마의 인기에 힘입어 왕정복고에 대한 헛된 망상을 주장하기도 했지만, 역설적으로 입헌군주제 대한민국을 구체적으로 그려낸 이 만화야말로, 왕실의 불필요함을 강력하게 호소하고 있다.

소설 『비명을 찾아서』와 만화 『궁』 사이에도, '이계 진입물'이라는 형태로 과거로 돌아가 역사를 개변하는 식의 판타지 소설들은 있어 왔다. 하지만 『궁』의 히트, 그리고 드라마로도 인기 높았던 『보보경심』 이후 여성향 서브컬처에서 주인공이 어떤 사고로 과거로 돌아가거나 과거의 인물로 환생하여 그 시대의 역사를 살아가는 대체 역사물들은 마이너 장르가 아닌 대세가 되었다. 이런 흐름은 2008~2009년 웹소설의 대표적 키워드인 '책빙의'와 연동되며 폭발적으로 확장된다. 작가가 텅 빈 궁궐을 바라보며 쓸쓸하다고 떠올린 데서 시작된 의문이, 이렇게 한 장르 전체의 부흥을 가져오는 의미있는 출발점이 되었다고 생각하니 놀랍다.

만약『궁』이 없었다면 어땠을까? 적어도 21세기 혹은 그 이후까지 가상의 대한제국이 유지되는 작품들이 우리 앞에 나타나기에는 조금 더 시간이 걸렸을 것이다. 갑자기 공주가 되어, 입헌 군주제 대한제국의 황제를 "이모마마"라고 부르는 여고생 이호랑의 활약을 다루는 홍지운(dcdc)의 소설『호랑공주의 우아하고 파괴적인 성인식』(2020)이나,『달이 내린 산기슭』의 손장원 작가가 트위터에 종종 올리는, 조선 시대 궁중 복식을 살린 우주복이나 무기, 심지어 중전의 복식에서 모티브를 얻은 수퍼로봇 등의 흥미진진한 콘셉트 일러스트가 나오는 데 더 오랜 시간이 필요했을지도 모른다. 그렇게 생각하니『궁』이 더욱 소중하게 느껴진다. 어떤 이들은 '평범한 여고생과 왕자님의 사랑'으로 요약하고 넘어갈지 모르는 이 만화가, 사실은 한국 서브컬처 역사에서 하나의 중요한 분기점이 아니었을까 싶어져서.

물론『궁』의 장점은 이 만화가 서브컬처 역사의 중요한 분기점이고, 만화를 원천 소스로 활용하여 성공한 원 소스 멀티유스의 대표적인 예가 된 것뿐만이 아니다. 이 만화는 좋은 SF다. 입헌 군주제 상태로 21세기를 맞은 한반도의 모습을 꽤 설득력 있게 만들기 위해 공들인 부분들이 보이며, 일상 생활 속에 왕실과 전통 요소가 확실하게 존재하고 있는 21세기 한반도의 모습을 아주 구체적으로 이야기한다. 한복의 디자인 요소를 살린 드레스들, 한복에서 영감을 얻은 각종 장신구나 퓨전 한

복들은 만화『궁』의 컬러 일러스트를 장식할 뿐 아니라, 만화책 밖으로 튀어나와 드라마 의상으로, 또 패션 아이템으로 살아났다. 대체 역사 속 여고생 왕세자비가 입은 옷이, 현실의 젊은 여성들에게까지 영향을 끼치고 패션의 흐름을 뒤바꾼 경우일까.

이 모든 설정이 흔해진 지금 와서 보면 이 작품도 완벽하지만은 않다. 하지만『궁』이전, 21세기까지 이어진 '입헌 군주국' 대한제국의 모습을 이만큼의 볼륨으로 그려 낸 작품이 없었던 것을 생각하면, 당시로서는 그 역량을 총동원한 작품이었으리라 짐작하게 된다. 그렇게『궁』은, 한국 순정 SF 대체 역사물 중에서도 이제 슬슬 고전의 반열에 집어넣어야 하는 소중한 작품이다.

『궁』을 감동적으로 읽은 독자라고 해서 반드시 필립 K. 딕의『높은 성의 사나이』나 복거일의『비명을 찾아서』를 읽거나 영화〈2009 로스트 메모리즈〉를 보아야 하는 것은 아니다. SF는 조금 더 진보적이고 여성주의적인 관점을 갖고 있을 거라 기대하고 접한다면 적잖이 실망하게 될 테니까.『높은 성의 사나이』에서 그려지는 일본의 모습은 냉전 시대 서구인이 갖고 있는 동양에 대한 편견 그 자체이며,〈2009 로스트 메모리즈〉는 내용이나『비명을 찾아서』와의 논란은 물론, 중반 이후에는 기대에 미치지 못하는 전개를 보였다. 그리고 『비명을 찾아서』도 지적할 문제가 없는 것은 아니다. 불령선인으로 몰려 체포된 히데요를 구하기 위해 일본인 소좌와 동침하는 아내나, 그 소좌가 히데요 앞에서 아내와 딸을 희롱하다가 히데요에게 살해당하는 장면을 21세기에 굳이 찾아보고 고통받아야 할까? 다시 말하지만 『높은 성의 사나이』는 냉전 시대 작품이고, 『비명을 찾아서』는 1987년에 출간되었다. 재미있는 작품이지만 고전이니만큼 시대의 한계가 존재한다. 그 시대적 한계란 동양인이자 여성에게는 불쾌할 만한 지점이며, 연구자가 아니라면 그와 같은 고전을 전부 찾아 읽어야 할 만큼 이 시대의 읽을거리가 부족하진 않을 것이다.

시간 여행과 뒤바뀐 역사
원혜정의 『오늘은 조선 한양에서』

사실 시간 여행은 정말 많은 창작물에서 사용된 소재다. 민담으로는 "신선놀음에 도끼 자루 썩는 줄 모른다"식이나 일본의 '우라시마 타로' 같은 이야기처럼 신선 세상이나 용궁을 잠깐 구경한 것뿐인데 몇 십, 몇 백 년의 시간이 흘렀더라는 이야기도 있지만 본격적으로 시간을 여행하는 이야기, 특히 과거로 돌아가는 이야기는 마크 트웨인의 『아서 왕 궁전의 코네티컷 양키』(1889)일 것이다.

이후 허버트 조지 웰스의 『타임 머신』(1895), 필립 K. 딕의 『화성의 타임슬립』(1964) 등 제목에서 대놓고 시간 여행을 말하는 소설도 나왔다. BBC에서는 1963년부터 저 유명한 파란색 경찰 전화박스 형태의 타임 머신, '타디스(TARDIS, Time And Relative Dimension In Space)'를 타고 여행하는 타임로드 외계인 닥터의 모험을 다룬 SF 드라마 〈닥터 후 Doctor Who〉를 방영하기 시작하여 최근까지 새로운 시즌을 내놓고 있다.

엄밀히 말하면 시간 여행물에서 도구를 이용해 의도적으로 어떤 시대로 가겠다고 마음먹고 움직이는 것은 타임 머신, 조금 더 초자연적인 이유로 시간을 뛰어넘어 버린 것은 타임 슬립으로 볼 수 있다. 타임 슬립은 차원 이동과 달리 자신이 살고 있는 세계의 과거나 미래로 이동하고, 이세계 전생물, 빙의물, 환생물과는 달리 자신의 몸 그대로 이동한다. 과거로 돌아간 주인공은 자신이나 주변 인물의 잘못된 선택에서 비롯된 일을 바로잡으려 하거나, 좀 더 옛날로 돌아가 현재의 기술이나 지식으로 그 시대를 변화시키기도 한다.

하지만 이와 같은 시간 여행을 가정할 때 벌어질 수 있는 문제점이 있다. 바로 타임 패러독스다. 시간 여행시 벌어질 수 있는 모순 중에서 대표적인 예로 "과거로 돌아가 자기 자신을 죽인다면?", "과거로 돌아가 자신의 부모님을 죽인다면?" 같은 질문이 있을 것이다. 과거로 돌아가 한 행동으로 인해 미래에 반드시 있어야 할 사람이 없어지거나 일어나야 할 사건이 일어나지 않는다면 어떻게 되는지에 대한 역설이다. 미국의 기상학자 에드워드 노턴 로렌즈는 1972년, "브라질에서 한 나비의 날갯짓이 텍사스에 토네이도를 일으킬 수 있는가?"라는 제목의 연설을 한 바 있다. 초기값의 아주 미세한 차이에 의해 결과가 예측할 수 없을 정도로 달라진다는 이야기다. 과거로 돌아가 자신이 하는 어떤 행동이 다른 결과를 초래하는 과정을 과학적으로 예측할 수 없다 보니, 과거로 돌아가 숨만 한 번 잘못 쉬어도 역사가 바뀌어 버릴 수 있는 것이다.

지금 소개하는 원혜정 작가의 『오늘은 조선 한양에서』(2013)도 이와 같은 시간 여행물이다. 현대인인 유진은 우연히 의성의 어느 산에서 발견한 문을 통해 300년 전 조선으로 온다. 문 앞에 움막을 짓고 과거와 현재를 오가며 재미있게 지냈는데, 어느 날 이 산에 벼락이 떨어진다. 그리고 문이 벽으로 막히며 그 벽에 글귀가 새겨진다.

"모든 것이 제자리로 돌아올 때 그대의 길이 보일지니."

5년 뒤, 유진은 마을 사람들에게서 신선, 의원, 이양인, 대장장이라는 말을 들으면서 여전히 의성의 산에서 지내고 있다. 그리고 대제학의 차남인 수겸이 실리콘 접시 한 장을 들고 의성에 도착한다. 이상한 물건을 잔뜩 갖고 있는 기이한 자가 있으니, 그를 궁으로 데려오라는 왕의 명령과 함께. 이후의 이야기는 유진과 수겸이 함께 한양으로 돌아오는 과정이자, 유진이 자신이 과거로 넘어오며 만난 인연으로 인해 틀어져 버린 역사를 바로잡는 과정이다. 수겸을 통해 유진은 5년 전 선왕과 세자가 같은 해에 죽는 왕실의 비극이 일어났었다는 것을 알게 된다.

하지만 유진이 알던 역사에서는 선왕과 세자가 모두 살아 있어야 했다. 유진은 수겸과 이를 조사하던 중 그 모든 일이 이곳에서 만난 박열이 찢어서 가져간 국사책 절반 때문이 아닐까 의심한다.

원래 왕이 될 수 없었던 남호군이 왕위에 올라 있는 상황에서, 유진은 원래 왕이 되었어야 할 운명에서 벗어나 스물두 살에 살해당한 세자가 스물한 살에 얻었던 아들을 찾아, 그 아이를 왕으로 올려야 자신이 원래 세계로 돌아갈 수 있으리라는 결론을 내린다.

이야기는 세 권 분량으로 짧고 명료하다. 신인 작가의 첫 연재인 만큼 스토리는 정석적이다. 사실 시간 여행물은 그 세계에서 과거와 미래가 작용하는 방식에 따라 스토리가 풀리는 방향 자체가 달라지기 마련이다. 기본적으로 과거가 바뀌면 미래도 바뀐다는 점을 깔고 가지만, 과거에 내가 하는 행동에 따라 미래의 나의 기억까지 바뀔 만큼 섬세한 경우부터, 과거를 바꾸더라도 어지간히 큰일이 아니라면 미래가 아주 바뀌지는 않는다는, 시간의 복원력을 믿는 방향도 있다. 이를테면 과거로 돌아가 히틀러가 미술 학교 입시에 합격하고 평범한 화가가 되도록 역사를 바꾸었다고 해도, 비슷한 시기에 히틀러와 비슷한 행동을 하는 인물이 나타나 2차 세계 대전을 일으킬 것이라는 말이다.

『오늘은 조선 한양에서』도 어느 정도 시간의 복원력을 신뢰하는 쪽이다. 마을 근처에 갑자기 나타난 미래인 때문에 사람들이 미래의 편리한 물건들을 조금씩 사용하거나, 아이들이 미래의 물건을 갖고 놀고, 물에 빠져 죽을 뻔한 아이를 구하기 위해 구명복을 입고 물에 뛰어들어 원래는 죽었을지 모르는 아이를 살려 내는 일들은 미래의 역사에 직접적인 영향을 끼치지 않는다는 말이다.

이 세계에서 역사의 강력한 복원력으로도 수습이 되지 않는 사건이 바로 왕과 세자의 죽음이다. 물론 왕의 죽음과 그로 인한 변화는 미래 세계에 영향을 끼칠 수밖에 없다. 그러나 왕위에 오른 남호군이 한쪽 붕당의 인물을 모두 독살하여 조정의 세력 구도 자체를 바꾸어 놓았는데도, 아직 다섯 살인 세자의 아들이 즉위하는 것만으로 역사가 원래의 방향으로 돌아가 유진이 미래로 돌아갈 수 있다는 설정은, 역사나 정치의 흐름을 너무 단순하게 만들어 버린 게 아닌가 싶다. 특히 300년 전 조선은 숙종에서 경종, 영조로 이어지는 정권 교체기를 겪고 있었고, 서인과 남인, 노론과 소론이 대립하던 시기였다. 강력한 왕권과 중앙집권을 추구했던 영조 때조차도 붕당은 쇠락하기는커녕 오히려 절정기를 맞고 있었다. 이 시기에 한쪽 붕당의 지도자들을 거의 날려 버렸다는 것은, 왕이 바뀌는 것 이상으로 역사에 큰 변화를 입혔을 것이다. 남호군의 즉위 이후 도망쳐서 숨어 지내던 그 세력의 신진들이 전부 다시 등용된다 하더라도 원래의 역사를 복원하기에는 역부족인 게 아닌가, 역사나 정치의 흐름을 군주를 중심으로 너무 단순화한 것은 아닌가 하는 의문만은 남는다.

역사적 내용에서 조금 아쉬운 점은 있지만 "세자의 아들을 찾아 다음 왕으로 삼아야 한다"는 명확한 목표는 이야기에 시종일관 긴장감을 부여한다. 작가가 세심하게 깔아놓은 이야기적 장치들을 대부분 매끄럽게 회수하는 것도 장점이다. 처음과 마지막을 잇는 '운명을 가르는 물건'까지. 현대인 여성의 판단력과 결단력으로 움직이는 이 이야기가 마지막까지 완벽하게 들어맞을 때 독자가 느끼는 카타르시스는 그야말로 상당하다.

원혜정은 고등학생과 선비 귀신이 등장하는『수호령과 동거 중』으로 데뷔했다. 현대인과 과거의 혼령이 만나며 벌어지던 문화 충돌은『오늘은 조선 한양에서』에서 조금 더 능숙한 형태로 이어졌다. 당장 웹소설만 찾아보더라도 시간이나 공간을 넘어 다른 세계에서 살아가는 이야기들이 넘쳐나는 시대에, 성실하게 정석을 따르는『오늘은 조선 한양에서』는 소박하지만 단단한 재미를 준다.『오늘은 조선 한양에서』를 비롯, 김락현의『리베르떼』, 민송아의『좀비가 있어도 여고생은 잘 살고 있어요♥』처럼,『이슈』에서 공모전으로 데뷔한 작가가 첫 연재작으로

SF를 선택한 것은, 순정만화라는 폭넓은 분류 안에서 SF가 얼마나 보편적인 것이었는지 실감하게 한다. 물론 여기에는, 20년 이상 계속되어 오면서 다른 순정지에 비해 조금 더 독특하거나 과감한 소재들을 다루어 온 잡지 『이슈』의 특성도 있었을 것이다.

유능한 여성은 누구의 몸에 들어가도 성공을 노린다
허윤미의 『당신만의 앨리스』

'빙의'는 사전적인 의미로 '영혼이 옮겨 붙는 일'이다. 대체로 귀신이 붙거나 영혼이 뒤바뀌는 경우를 말하는 것으로, 주로 호러물 간혹 개그물에서나 볼 수 있는 용어였다. 어렸을 때 명절 연휴 때 방송하는 한국 영화 중에 그런 장면이 있었다. 저승사자의 실수로 젊은 권투 선수가 때가 되기 전에 죽었는데, 저승사자는 그 권투 선수의 영혼을 병으로 죽어 가는 회장님 몸에 넣어 주었다. 그러자 권투 선수의 영혼이 들어간 회장님은 갑자기 병상을 박차고 일어나 권투 포즈를 하며 운동을 시작했다. 혹은 〈엑소시스트〉 같은 영화에서 평범한 소녀에게 악마가 빙의되어 몸을 뒤집은 채 계단을 기어내려오거나 허공에 둥둥 떠오르며 사람을 해치려 드는 것도 있다. 일반적인 빙의란 이런 것이었다. 대체로 2010년대 중반까지는.

하지만 2005년 통화가 쓴 소설 『보보경심』이 등장했다. 회계사인 주인공이 건륭제 시대의 만주족 명문가 출신이자 8황자의 측복진을 언니로 두고 있는 귀족 소녀 마이태 약희의 몸으로 들어가 장차 옹정제가 되는 4황자와 애틋한 사랑과 증오에 휘말리는 이 이야기는, 중국뿐 아니라 한국에서도 인기를 얻었다. 특히 드라마에서는 마이태 약희가 죽은 뒤 현대에서 다시 깨어난 주인공이 그 기록을 찾다가, 박물관에서 황자들과 함께 있는 자신의 모습이 그려진 그림을 발견하고 4황자를 닮은 남자와 마주치며 마무리되는데, 주인공이 단순한 환생이 아닌 꿈처럼 그 시대 사람에게 빙의했다가 돌아왔음을 분명히 했다.

그리고 2013년 유한려의 소설 『인소의 법칙』이 나온다. 인터넷 소설 읽기가 취미였던 평범한 학생이, 학교에는 사대천왕이 존재하는 인터넷 소설의 세계관에 들어가 버렸다는 이 이야기는, 이후 평범한 사람이 픽션 속 세계, 책이나 게임 속으로 들어가는 '빙의물' 장르에 속한 작품들이 폭발적으로 늘어나는 계기가 되며 여러 웹소설에 영향을 끼쳤다. 그리고 같은 시기 만화 분야에서는 바로 허윤미 작가의 『당신만의 앨리스』가 『윙크』를 통해 연재되기 시작했다.

빙의물은 대개 주인공을 어떤 사고와 함께 '우리가 이미 알고 있는 세계'에 집어넣는다. 주인공은 이 세계의 규칙을 어느 정도 알고 있거나, 심지어는 열광적인 독자나 편집자, 작가이기도 하다. 어쩌다가 이 세계에서 파멸할 운명을 맞을 주연, 혹은 작중에는 이름도 찾아보기 힘든 조연으로 떨어졌지만 살아남기 위해 나름의 방식으로 부지런히 움직이며 자신의 운명을 개척해 나가다가 원래의 세계로 돌아오기도 한다.

빙의물은 그 세계 사람이 주체가 되어 움직이는 대체 역사물이나 갑자기 과거나 미래에 떨어져 사건을 겪는 타임 슬립물과는 다르지만 '타임 패러독스가 제거된 시간 여행물'이라는 점에서 시간 여행과 비교해 볼 필요가 있다. 픽션 속으로 떨어졌다면 주인공의 행동에 따라 상황이 변한다고 해도 타임 패러독스를 걱정할 필요가 없다. 역사 속으로 떨어졌더라도 마찬가지다. "과거로 돌아가 자기 자신이나 조상을 죽인다면 그 자리에 있던 자신도 사라지는가"라는 타임 패러독스의 대표적인 질문은 빙의물에서 설 자리가 없다. 어차피 이 세계에 와 있는 것은 영혼뿐이니까. 영혼의 여행은, 다시 말해 긴 꿈이다. 꿈이 끝나면 현실로 돌아갈 수 있는 것이다.

이제 『당신만의 앨리스』를 살펴보자. 글로벌 대기업 회장 서명한의 유능한 비서 앨리스 한은 서 회장으로부터 중요한 USB를 받은 후 의문의 교통사고를 당한다. 그리고 눈을 뜨자 앨리스는 연못에 빠져 의식을 잃은 숙원 홍서경이 되어 있었다.

주인공의 이름부터 『이상한 나라의 앨리스』에서 따온 것처럼, 앨리스는 그녀에게 익숙하지 않은 세계인 조선의 궁중에서 상황을 파악하려 애쓴다. 대비전은 권력을 다투고 외척 세력이 발호하는 난장판 한가운데에서 약초나 캐며 숨어 지내다가 정치적인 음모에 휘말려 왕의 자리에 오른 이극은, 권력자들의 요구에 "그렇게 하라"고 결재만 하고 있는 허수아비나 다름없는 상태였다.

앨리스는 나인으로 변장해 서고에서 책을 읽다가 이런 이극과 마주친다. 출신은 불우하지만 머리가 나쁘지는 않은 이극을 본 앨리스는, 자신의 본업을 살려 이 시대의 권력자 중 권력자가 되어야 마땅한 왕을 제대로 프로듀스하여 그를 유능한 왕으로 만들어 내겠다고 결심한다. 과거 홍서경이 숙원이 되기 전 그녀를 연모했던 홍문관 수찬 이치언은, 무력한 왕을 경멸하면서도 홍서경/앨리스를 돕게 된다. 한편 궁 안의 암투는 끊이질 않고 여러 세력들이 이극을 두고 서로 갈등하자 왕권을 위협하는 좌의정 세력을 몰아내기 위해 민란을 더욱 부추기는 앨리스. 이로 인해 이극은 바라던 대로 정권을 잡지만 상황만 더욱 복잡해진 채 앨리스는 다시 현실에서 눈을 뜬다.

앨리스가 교통사고로 의식을 잃은 사이 서 회장은 세상을 떠났다. 앨리스는 현실의 인물들이 자신이 홍서경이었을 때 만났던 인물들과 겹쳐지는 것을 알게 되고 더 이상 실수를 하지 않고자 서 회장의 아들과 손을 잡는다. 원래 빙의물은 현실 세계에 영향을 끼치지 않는 경우가 많지만, 이 작품의 경우 빙의된 세계에서의 경험과 기억이 현실 세계에서 내릴 결정에 영향을 끼친다. 이것은 19세기의 홍서경 혹은 홍서경에 빙의된 앨리스가 미래를 바꾸는 것이 아니라, 그 경험을 갖고 현실로 돌아온 것 자체가 미래를 바꾸는 원동력이 되는 경우다.

게임 빙의물, 게임 판타지 등이 그 세계관의 특성상 SF로 분류되기도 하지만 빙의물은 엄밀히 말해 그 자체로 SF로 보기에는 무리가 있다. 빙의물이 온전히 시간 여행물에서 파생된 장르라고 딱 잘라 말할 수도 없다. 각종 팬픽 장르에서 팬픽 작가가 자기 자신이나 팬을 이입하며 만들어 낸 오리지널 캐릭터들이 소위 '자캐'나 '오리캐', '드림캐' 원작의 세계관에서 벌이는 이야기들은 언제나 있어 왔고, 1973년에는 〈스타트렉〉 팬픽에서 만연하던 오리지널 캐릭터를 비꼬기 위해 '메리 수'라는 캐릭터도 등장했으니 이와 같은 자캐물의 연장으로 보는 것이 맞을 수도 있다. 그럼에도 빙의물은, 특정 세계의 미래를 이미 알고 있는 사람이 그 세계에 떨어져 자신의 운명이나 세계의 운명을 바꾸려 하는 장르라는 점에서, 타임 패러독스에서 다소 자유로워진 시공간 여행물로 볼 수도 있다. 또한 이런 빙의물에서도 일종의 타임 패러독스에 준하는 제약을 주기도 한다. 예를 들어 이서래의 웹소설 『시련의 꽃에서 탈출하겠다』의 경우 이 세계에서 몰락할 예정인 주인공이 원작 드라마 〈시련의 꽃〉의 스토리 라인을 바꾸어 살아남으려 하지만, 그때마다 시스템 발동으로 이 세계가 마치 게임 중 래그가 걸리는 듯한 정체에 빠지고 이상 현상이 벌어지는 식이다.

한편 이런 시공간 여행물에서, 주인공은 원래 세계에서 자신이 갖고 있던 능력을 이용해도 충족하지 못했던 욕망과 행복을 이 세계에서 손에 넣기도 한다. 여성이 제 능력을 펼치기 어려운 시대라 해도, 재겸의 웹소설『여왕 쎄씨아의 반바지』에서처럼 자신의 재능을 적극적으로 활용하여 성공과 상사의 전폭적인 신뢰를 손에 넣기도 한다. 호러물에나 나오던 빙의는 팬픽 문화와 시간 여행물, 양쪽의 영향을 받으며 성장하여 지금의 '빙의물'이라는 장르로 거듭났다. 그런 점에서 그 시작을 찾아 나설 때 2013년 소설『인소의 법칙』과 함께, 만화 장르에서는『당신만의 앨리스』가 있었음을 함께 기억해야 할 것이다.

반복되는 사랑, 반복되는 세계
신일숙의 『나무 박사를 찾아서』

　루프물은 시간 여행물의 한 갈래로 특정 시간대가 반복되는 것을 말한다. 이를테면 영화 〈사랑의 블랙홀〉이 대표적이다. 이 영화는 무뚝뚝한 기자가 2월 2일이 무한히 반복되는 가운데 조금씩 변화하는 모습을 보여 주고 있다. 주인공은 하루가 반복되는 것을 알고 처음에는 현실에서 감히 저지를 수 없는 일들을 저지르거나 자살을 기도하며 반복되는 시간을 낭비한다. 하지만 점차 이렇게 시간이 반복되어도 타인의 목숨을 구할 수는 없다는 것을 알고 심경의 변화가 생겨 다른 사람들을 돕기 시작하고 사랑에 빠지며 마침내 다음 날로 넘어갈 수 있게 되었다. 1993년에 제작된 이 영화는 루프물의 정석이라 할 만한 모든 요소들을 갖추고 있다.

　루프물이 여러 장르에서 유행하던 1990년대는 물론 지금까지도 루프물의 아이디어를 살린 러브 코미디풍 순정만화들을 찾아볼 수 있다. 예를 들어 골드키위새의 웹툰 《죽어도 좋아》가 있다. 갑질을 일삼아 모두에게 미움받는 직장 상사 백 과장은 어떤 이유에서인지 "죽어!"라는 말을 들으면 죽게 되었고, 백 과장이 죽으면 주인공 루다의 하루는 루프를 돌게 된다. 마침 연애를 시작한 루다는 자신의 사랑을 지키기 위해 원수 같은 백 과장을 살려야 할 뿐 아니라 근본적으로 인간을 갱생시켜야 하는 난제에 봉착하게 된다. 1990년대의 유행이 현재까지도 보편적으로 사용될 만큼 익숙한 조합이기도 하다.

그런데 루프물이라고 해서 하루 이틀이 반복되는 이야기만 있는 것은 아니다. 매일매일이 반복되는 과정에서 일상의 특별함을 깨닫거나 좀 더 나은 사람이 되려고 노력하거나 사랑에 빠지기도 하면서 자신의 인생을 가로막던 장애물을 극복하는 이야기가 될 수도 있고, 종종 러브 코미디가 될 수도 있지만, 좀 더 넓은 세계를 바라보는 이야기도 있다. 1996년 발표된 신일숙의 중편 「나무 박사를 찾아서」가 그 예다.

씨앗에서 성장하여 만들어지는 특별한 금속, 바이오메탈로 만들어진 로봇 나뮬리는 마스터의 명령으로 고향 별인 크림리아를 떠나 티오 성계의 행성 무아에 있는 나무 박사를 찾아 떠난다. 티오 성계에 진입 중 우주의 회오리에 휘말린 나뮬리는 행성 툰드라에 불시착하다가 기억의 일부를 잃어버리고, 어째서인지 어떤 여성이 자신을 "나의 나뮬리"라 부르는 영상을 자꾸 떠올리게 된다. 그리고 이곳에서 열두 살 난 고아 소녀 라우나를 만난다.

　20년 전 로봇 폭동으로 많은 사람들이 살해당한 툰드라였기에 사람들은 당연히 로봇을 싫어했다. 하지만 나뮬리는 이곳 사람들이 생각하는 로봇과는 다른, 바이오메탈로 만들어진 생명체다. 나뮬리는 자신의 고향 크림리아에서는 인간과 로봇이 조화를 이루고 산다며, 자손을 갖지 못하는 로봇이 인간의 아이를 양육하는 것을 소중한 의무로 생각한다고 말해 준다. 나뮬리는 라우나와 함께 살면서 생활을 편리하게 해 줄 발명품을 만들고, 부품을 구해 우주선을 수리하며 지낸다. 하지만 오해에서 비롯된 폭력으로 인해 죽음을 앞두게 된 나뮬리는 라우나에게 나무 박사를 찾아 심부름을 완수해 달라고 부탁하며 자신의 몸 안에서 나무 박사에게 전해야 할 부품들을 꺼낸다. 그리고 그제서야 자신이 떠올리던 영상 속 여성이 성장한 라우나임을 깨닫는다.

　82년 후, 공학자인 오렌 나무는 그의 외조부 마크를 포함해 열두 명의 소년이 구출되었던 나뮬리 호에서 시간을 보낸다. 마크는 자신들이 구조되는 데 급급해서 라우나가 부탁한 부품들을 가져오지 못했다고 유언했고, 오렌 나무는 원래 계획했던 두 달이 아닌 3년 8개월 동안 나뮬리 호에 머무르며, 라우나가 간직해 온 나뮬리의 부품들을 찾아 조립한다.

82년 전, 화산 폭발 당시 이민선을 탈 수 없었던 사람들은 이 나뮬리 호에 탔다. 나뮬리 호에서 전염병이 돌고 어른들이 죽어가는 동안, 라우나는 끊임없이 구조 신호를 보내며 자신보다 어린 열두 명의 소년들을 지켜냈다. 오렌 나무는 이곳에 남아 있는 성녀 라우나의 홀로그램을 보며 사랑에 빠지는 한편, 라우나가 남긴 부품들로 퍼즐을 완성한다. 완성된 퍼즐은 바이오메탈의 씨앗이 되어, 스스로 우주선 나뮬리 호를 움직여 크림리아로 향한다. 오렌 나무는 크림리아에서 바이오메탈 씨앗을 심어, 라우나가 열두 명의 소년들에게 늘 말하던 대로 인간과 로봇이 함께하는 낙원을 만든다. 그리고 450년이 흘러 오렌 나무의 기억을 품은 크림리아의 마스터 컴퓨터는, 바이오메탈의 씨앗을 품은 로봇 나뮬리를 다시 나무 박사에게 보낸다. 다시 회오리에 휘말리고 과거로 돌아가, 어린 라우나를 다시 만나게 하기 위해서.

  만약 나뮬리가 다시 우주를 건너가지 않았다면 고아인 라우나는 보호받지 못하고 자랐을 것이고, 열두 명의 아이들이 나뮬리의 우주선을 타고 살아남지도, 오렌 나무가 태어나지도 못했을 것이다. 반복되는 루프를 통해 크림리아는 마치 매년 봄이 되면 씨앗의 싹이 트는 것처럼 세상을 열었고, 미래의 자신들이 우주로 날려 보냈다가 오렌 나무 박사를 통해 되돌려받은 바이오메탈 씨앗으로 문명을 이루었다. 「나무 박사를 찾아서」

는 나뮬리의 애절한 그리움과 오렌 나무의 동경이 담긴 이야기인 동시에, 어린 소녀였던 라우나가 나뮬리에게 받은 사랑을 다시 자신보다 어린 아이들에게 되돌려줌으로써, 세상을 다시 이어나갈 힘을 만들어간 이야기이며, 시간 여행물의 한 갈래인 루프물로서도 훌륭한 구조를 갖고 있다.

한편 이 만화가 발표된 1996년, 소프트맥스는 게임 〈창세기전 2〉의 에필로그에서, 미래에서 오딧세이 호가 출발하는 모습을 보여 주며, 이 이야기가 170만 년을 넘어 반복되는 루프물임을 암시하기도 했다. 개인의 성찰과 각성으로 흘러가던 루프물은 그렇게 만화와 게임 속에서 거대한 시간의 흐름과 세계의 운명과 맞물리는 이야기로 거듭나며 후대의 작품들에 영향을 끼쳤다.

7부
순정만화 속 미래의 풍경들

날아다니는 경찰차가 전부가 아닌 미래
강경옥의 『라비헴 폴리스』

　사람들은 종종 자신이 즐기는 SF 속 미래의 날짜가 현실이 되는 순간을 흥미진진하게 즐기곤 한다. 지난 2015년, 사람들은 올해가 〈백 투 더 퓨처 2〉(1989)에서 주인공 마티가 타임머신 드로리안을 타고 도착했던 미래라며 즐거워했고, 이 영화의 리마스터링 버전은 사람들의 관심에 힘입어 마티가 도착했던 미래의 그 날짜, 2015년 10월 21일에 재개봉했다. 이 책을 쓰고 있는 2020년의 새해 첫날, KBS는 유튜브로 1989년 방영된 국산 애니메이션 〈2020 우주의 원더키디〉를 방영했다. 물론 그전에 사람들이 "2020년은 원더키디의 해"라고 열심히 이야기했기에 방송사에서도 그에 응답했을 것이다. 생각해 보니 지난 2015년 6월 22일, 〈신세기 에반게리온〉(1995)에서 사도가 제3 신동경시를 공격하고 이카리 신지가 에반게리온을 타고 첫 출격을 하던 그날에 오랜 팬들은 오랜만에 에반게리온 TV판을 1편부터 다시 보기도 했다. 그래서 가끔 생각한다. 다가오는

2025년, 『라비헴 폴리스』의 배경이 되는 그해에는 뭘 하고 놀면 좋을까 하고.

『라비헴 폴리스』는 1989년 『르네상스』에 연재되었다. 아직 『별빛속에』의 연재가 끝나지 않았을 무렵의 일이었다. 당시 작가들 중에는 심각하고 무거운 작품과 밝고 가벼운 작품을 동시에 연재하는 경우가 있었는데 예를 들자면 김진은 『르네상스』에 『불의 강』과 『조그맣고 조그마한 사랑 이야기』를 함께 연재하고 있었다. 강경옥도 마찬가지다. 카피온의 운명, 시이라젠느와 레디온의 애절하고 운명적인 사랑과 희생 이야기를 진행하는 한편으로, 강경옥은 2025년 라비헴을 배경으로 경찰 하이아리안과 라인 킬트의 유쾌한 활약과 둔감한 연애를 다룬 미래 배경의 일상물, 『라비헴 폴리스』를 연재한다.

고도로 발달한 과학 문명도, 인간과 구별할 수 없는 안드로이드도, 핵전쟁 이후의 디스토피아도 없는 지구의 어느 평범한 도시 라비헴. 이곳 사람들은 이 만화가 연재되던 1989년에도 크게 낯설지 않았을 평범한 생활 방식을 유지하고 있다. 경찰차는 하늘을 날아다니고, 달 왕복선은 달에서의 1박 2일 여행 상품을 판매하는 세상, 스마트폰 대신 커다란 화면이 달린 텔레비전 전화가 나오는 장면은 지금 보면 무척 귀엽고 유쾌하다. 주인공이 경찰이고 사건이 빠질 수 없으니, 이 이야기는 자연스럽게 옴니버스식으로 흘러가고 새로운 인물이 나타나 이전의 인물들과 관계를 맺는다. 그렇게 한 편 한 편 읽어 나가다 보면 라비헴이라는 도시의 모습이, 마치 직소 퍼즐을 맞추듯 조금씩 하나의 그림으로 그려진다. 각각의 에피소드에서 두 주인공이 만나는 인간 군상들의 모습은, 미래 역시 사람이 사는 시대이며 1999년 이후 기존 세계는 사라지고 디스토피아 세상이 된 것이 아니구나 하고 당시의 독자들을 안심시켰을 것 같다.

하지만 2020년 다시 이 이야기를 읽는 독자에게 피부에 와닿는 놀라운 미래는, 날아다니는 경찰차가 아니라 경찰 조직 그 자체다. 2020년 현재 대한민국 경찰 중 여성 경찰은 10퍼센트를 조금 넘는 정도다. 2022년까지 여경의 비중을 15퍼센트로 높이고 여성 관리자도 늘리겠다고 하지만, 이 숫자를 보고 있으면 어째서 데이트 폭력이나 스토킹 같은, 여성들이 두려움을 느끼는 범죄에 대해 경찰이 종종 미온적인 반응을 보이는지도 이해된다. 반면 『라비헴 폴리스』 속 경찰들의 경우 일단 그런 성비를 생각할 필요가 없을 만큼 여성 경찰이 많고, 하이아와 리안처럼 남녀가 혼성으로 파트너를 이루기도 한다. 물론 국장은 같은 성별끼리 파트너인 쪽이 비용 절감 면에서 유리하기에 혼성 파트너를 썩 좋아하지 않지만, 『라비헴 폴리스』의 경우 그런 국장이 오히려 엄격하며 고리타분한 인물로 받아들여진다.

앞서 다룬 신일숙의 『1999년생』의 크리스는 작품 속 누구보다도 탁월한 능력을 지닌 인물이다. 천부적인 ESP 능력도 강하지만, 가장 늦게까지 공부하고 가장 오래 연습한다. 노력과 재능을 겸비한 우수한 대원이자 무리의 알파 노릇을 하기에 부족함이 없는 사람이다. 하지만 이야기의 초반부, 크리스에게 가장 큰 난관은 바로 같은 조 동료들이다. 그들은 조장인 크리스를 여성이라고 무시하고 성적으로 희롱하고 텔레파시도 받지 않는다. 현실의 학교나 직장에서 여성이 일상적으로 겪는 불쾌감을, 크리스는 자신의 뛰어난 능력과 의지, 그리고 로페스 교관의 신뢰를 통해 극복했다. 강하고 뛰어난 알파 걸의 서사 자체도 필요하지만, 알파 걸 서사는 때로는 남성들을 압도할 만큼 뛰어난 인물이어야만 동료로 받아들여질 것이라는 메시지가 될 수도 있다. 2014년 드라마로도 만들어졌던 윤태호의 화제작 『미생』(2012)만 해도 그렇다. 원작인 웹툰 『미생』에서 장그래의 입사 동기 안영이는 원 인터내셔널에 수석으로 합격한 뛰어난 인물이지만, 노력의 성과를 제대로 인정받지 못하고 여성이라고 멸시당하거나 인격 모독에 가까운 비난을 받기도 한다. 딸이라고 실망했던 아버지, 여자애가 잘해 봤자 소용없다던 아버지를 극복하기 위해 열심히 노력하고 일하며 엘리트 코스를 밟아 왔지만, 회사에서도 무능하고 권위만 내세우는 상사를 만나며 계속 차별과 편견에 시달린다. 그리고 현실은 안영이의 상황보다 더 나쁘다. 남들보다 뛰어난데도 남성 입사 동기보다 승진에서 밀리고, 제때 승진하면 독하다는 말을 듣는다. 직장 내 성희롱에 속 시원하게 대처하려면 회사를 그만둘 각오를 해야 한다. 『1999년생』의 크리스는, 근미래라는 배경을 통해 그런 참담한 현실을 선명하게 그려낸 인물이다.

반면 『라비헴 폴리스』의 하이아 리안에게는 그런 난관은 거의 없다. 하이아는 미인이지만 사람들은 하이아를 미인이 아니라 뛰어난 신체 능력과 단순명쾌한 성격을 지닌 유능한 경찰로 떠올린다. 어떤 면에서 이 작품은 여성 경찰에 대해 같은 시기의 여성 작가와 남성 작가의 관점을 엿볼 수 있다는 점에서 『오! 나의 여신님』의 작가 후지시마 코스케가 1986년부터 1992년까지 부정기 연재했던 『체포하라』와 비교해 볼 만하다. 『체포하라』는 스피드광에 괴력의 소유자인 나츠미와 차량 개조와 에어 소프트건 수집이 취미인 미유키 콤비의 활약을 다룬 경찰 버디물이다. 기본적으로 여성 경찰들을 주인공으로 호쾌한 액션을 보여 주지만, 이 작품의 기본 시선은 여성을 존중하는 방향과는 거리가 멀다. 수사 능력은 엉망이지만 시험운만 뛰어나서 성적이 좋은 요리코나 적당히 경찰 일 하다가 그만두고 사교계에 데뷔할 생각인 부잣집 외동딸 치에, 치한을 잡기 위해 여장을 했다가 새로운 세계에 눈을 떠 이후 여장을 하는 아오이 등의 캐릭터들은 여성이나 성소수자에 대한 편견을 강화한다. 치마 제복을 입은 채 교태를 뽐내거나 총을 쏘며, 중간중간 미인계를 쓰기도 하는 여성 경찰은 강하고 유능한 여성보다는 모에화, 대상화된 캐릭터다. 반면『라비헴 폴리스』의 하이아는 여성스러운 모습을 강요하는 아버지에 대한 반발심으로 사회가 요구하는 전형적 여성의 모습을 거부하기도 하고, 미인이지만 굳이 미인계를 쓰지도 않는다. 과거의 일로 총을 두려워하는 라인이 총을 못 쏘고 덜덜 떨 때에도 그녀는 직접 몸을 날려 해결한다. 여성 경찰이 특별하고 동떨어진 존재, 곤란한 존재, 대상화가 되는 존재가 아니라 숨 쉬듯 자연스러운 존재가 된 세상이다. 창작물 속에서는 현실 경찰은 거의 입지도 않는 제복 치마를 입은 여성 경찰 캐릭터들이 난무하고, 심지어 경찰청 공식 캐릭터인 포돌이와 포순이도 성별에 따라 다른 제복을 입고 있지만,『라비헴 폴리스』의 세계에서는 여성 경찰들이 남성 경찰과 같은 형태의 경찰복을 입는 모습이 자연스럽다. 여성이 동료가 되기 위해 남성을 능가하는 투쟁을 할 필요가 없는 2025년, 1989년의 작가가 독자들에게 보여 주고 싶었던 희망찬 미래는 그저 성별에 상관없이 자연스럽게 일하고 사랑하며 살아가는 평등한 세계였다. 하지만 그 미래는 2020년의 독자에게도 아직 오지 않은, 결코 소박하지 않은 미래이기도 했다.

한편 『라비헴 폴리스』의 하이아 리안은, 이후 수많은 창작물에서 '사랑에 둔감한 주인공'의 한 전형이 된다. 히말라야의 연구소에서 고립된 어린 시절을 보낸 하이아는 사람의 감정, 특히 연애 문제에 익숙하지 못하다. 이 둔감함은 후대의 창작물에서 종종 잘못 만들어지는 '단순무식한 바보'나 '야생아'와는 다르다. 하이아는 제법 유능한 경찰이고, 아버지와 관계가 나쁘진 않지만 간섭으로부터 독립하려는 젊은 여성이다. 알고 보니 외계의 공주라는 거창한 운명을 짊어지거나, 위대한 명분들 앞에 피눈물을 흘리며 사랑을 희생하는 대신, 『라비헴 폴리스』는 젊고 건강하며 평범한 여성을 주인공으로, 사랑에 둔감할 수 있고, 사랑보다는 자신의 일상과 독립적인 새로운 삶이 더 소중할 수 있음을 적당한 러브 코미디와 함께 자연스럽게 설득해낸다. 첫 편에서부터 직간접적으로 온갖 방법을 동원하며 애정을 표현해도 사랑이 받아들여지기는커녕 이것이 구애라는 것조차 안중에 없는 상대에게 매달리는 라인 킬트의 고생은 독자에게 유쾌한 카타르시스를 안겨 준다. 라인은 누가 봐도 뛰어난 능력자에 미남이지만 아무도 믿지 않고 사랑하지 않으려 드는 고독한 냉미남 캐릭터의 전형이었다. 비극적 과거사를 간직한 캐릭터가 연애에 무심한 하이아에게 구애하고 좌절하며 망가지는 과정에서, 우리는 비장하게 자신을 희생하는 냉미남 캐릭터가 아니라 인간적이면서도 현실적인 순정남 캐릭터를 만나는 한편, 사람과의 만남을 통해 과거의 상처를 극복하고 나아갈 수 있는 가능성을 엿보게 된다. 물론 이 관계에서 성장하는 것은 라인만이 아니다. 커리어가 어느 정도 안정되고 마음의 여유가 생긴 이후, 하이아는 사람의 미묘한 호감과 갈등, 라인의 꾸준한 애정과 그에 따른 자신의 신체 반응을 이해하게 된다. 라인과 함께 있으면 자꾸 가슴이 두근거리는데 처음엔 그게 심장병인 줄 알았다가 정신과에 가 보라는 말에 "심장이 미쳤나?" 하고 중얼거리고, 나중에는 라인을 피하며 "미안, 라인! 나 오래 살고 싶어!"를 외치는 모습은 정말 잊을 수 없는 명장면이다.

옴니버스 형식에 전 4권이라는 길지 않은 분량이었던 이 만화는 독자들의 꾸준한 지지를 얻으며 2000년에 시공사에서 3권으로 다시 묶여 출간되었고, 같은 해에 MBC 라디오 만화 열전에서 오디오 드라마로 선보였다. 이때 당대의 인기 가수 신승훈이 라인과 형제처럼 자란 친구이자 라인과 하이아의 관계를 열심히 방해하는 인기가수 레이 신의 역할을 맡아 화제를 모으기도 했다. 가능하다면 다가오는 2025년, 라디오 만화 열전으로 방송되었던 『라비헴 폴리스』 오디오 드라마가 다시 공개된다면 오랜 팬들에게는 큰 선물이 될 것 같다. 그리고 날아다니는 경찰차는 시기상조겠지만, 일단은 국가가 공채에서 여성과 남성 선발 인원에 차등을 두는 것부터 그만두기를 바란다. 여성이 일상에서 여성 경찰을 더 많이 만날 수 있도록, 여성이 남성 몇 사람 몫을 하는 초인이 아니라 해도 동등하게 일할 수 있도록, 그런 모습이 소박하지 못한 몽상이 아닌, 특별할 것 없이 자연스러운 우리 일상의 풍경이 될 수 있도록.

소녀에게는 사랑을, 여성에게는 커리어를
원수연의 『휴머노이드 이오』

"인류는 과학의 발전을 거듭하면서 기아와 질병에서 완전히 해방되었고, 누구나 편안하고 안락한 생활을 누리게 되었다. 남북통일은 이미 100년 전에 이루어졌으며, 한국은 세계에서 가장 부유하고 살기 좋은 나라가 되었다. 조금 여유가 있는 사람들은 누구나 안드로이드를 하인으로 거느리고 있었다. 인류는 태양계 탐험 단계에서 목성까지 개발을 하여… 때마침 20세기 복고풍과 목성 붐이 전 세계적으로 일고 있었다."

『휴머노이드 이오』는 시작부터 친절하게 남북통일이 되고도 100년이 지난 미래 사회를 자세히 설명한다. 이 만화에서 그리는 한국은 공기가 맑고 안드로이드 생산으로 유명한 나라다. 특히 안드로이드를 개발한 유 박사는 주인공 은하의 할아버지이기도 하다.

열다섯 살 은하는 1980년대 스타 마이클 잭슨의 모습을 한 수다스러운 안드로이드와 함께 살고 있었다. 록 그룹 쥬피터와 같은 살아 있는 연예인들은 로열티가 너무 비싸서 못 만들지만 지난 세기의 연예인들 모습을 한 안드로이드는 흔한 세상, 유 박사는 손녀 은하의 생일에 자신의 지식이 총 집합된 휴머노이드 SN7002를 만들어 선물한다.

한편 누군가가 SN7002의 몸속에 데비 별의 역사가 기록된 마이크로 칩을 숨기고, 그 칩을 노리는 일당이 유 박사를 해친다. SN7002는 그 충격으로 깨어나 은하를 찾아가다가 벽에 붙은 쥬피터의 리드 싱어 이오의 포스터를 보고 그의 모습으로 변신한다. 칩을 노리는 무리는 휴머노이드 이오와 진짜 이오를 헷갈려 하다가 진짜 쪽을 납치하고, 휴머노이드 이오는 실종된 진짜 이오를 대신해 쥬피터의 무대에 선다.

이 이야기의 중심은 발달한 미래상보다는 '소녀의 풋사랑과 성장'에 있다. 할아버지에게 떼쓰고 어리광을 부리던 소녀는 데비 별에서의 모험을 통해 성장하고 집으로 돌아온다. 자신을 돌아보지 않는 성격 나쁜 가수 이오를 동경하던 소녀는, 그 가수와 똑같은 얼굴로 자신에게 충직한 휴머노이드 이오의 사랑을 받는다.

처음에 휴머노이드 이오를 가짜라며 미워하고 그 충실함조차 부담스러워했던 은하는 결국 휴머노이드 이오의 헌신에 마음이 움직이지만, 그때조차 그 마음이 진짜 이오에 대한 것인지 휴머노이드 이오에 대한 것인지 혼란스럽다. '짝사랑의 대상'과 '오직 나만을 바라보며 내게 충직한 존재' 사이에서 소녀는 어느 쪽이 진짜 사랑인지를 고민한다.

냉미남 대 온미남 같은 캐릭터 성격에서부터, 흑발 대 금발로 불리는 코드화된 디자인에 이르기까지, 전형적인 삼각관계를 만드는 기본은 우선 두 개의 대립적인 존재, 하지만 둘 다 매력적이라 어느 한쪽을 버리기가 정말 어려운 존재를 만드는 것으로 시작한다. 독자가 이입할 수 있는 인물에게 어느 쪽을 선택할 것인가를 계속 고민하게 만드는 것이다. 픽션 속 삼각관계는 대체로 둘 중 한 사람을 선택하며 끝난다. 물론 양쪽 모두 독자의 지지를 받아야 하겠지만 "순정만화에서 삼각관계가 나오면 흑발남주가 승리한다"는 농담도 있듯이, 어느 정도는 캐릭터 성격이나 조형 단계에서 최후에 선택받을 쪽을 짐작할 수 있게 만들기도 한다. 물론 주인공이 두 명의 남자 주인공을 모두 거느리는 소위 '양날개' 엔딩이나, 두 명의 남자 주인공은 물론 인간 자석처럼 등장하는 주인공이 모든 남자 캐릭터와 우정 이상의 관계를 유지하는 '역하렘' 같은 전개도 있을 수 있다. 결론에서야 한 명을 선택할지언정, 그 중간 과정에서는 연애 시뮬레이션 같은 개념으로 여러 남자 주인공들이 저마다 지분을 나누는 전개도 흔하다.

하지만 그럴 거라면 굳이 휴머노이드 이오가 진짜 이오와 똑같은 얼굴을 해야 할 이유는 없다. 이 이야기의 삼각관계는 조금 변증법적이다. 어떤 판단, 혹은 원본인 '정'과 그와 대립적인 '반'을 보여 주고, 보다 높은 판단인 '합'을 도출하는 소위 '정-반-합'의 관계 말이다. 휴머노이드 이오는 진짜 이오를 흉내낸 존재이지만, 그의 사랑은 인간의 사랑처럼 진짜라는 것에서 이 삼각관계의 양대 축은 하나로 겹쳐진다. 데비 별에서 자기희생과 이타심을 배운 휴머노이드 이오는 다른 사람들을 구하기 위해 자신을 희생하고, 은하는 휴머노이드 이오의 소멸을 통해 다음 단계로 나아간다. '동경의 대상'과 '나에게만 헌신적인 남자'라는 이상적이고 불가능한 존재들 사이에서 길을 잃는 대신 일상적이고 현실적이며 안정적인 선택을 하는 것이다. 이야기의 마지막에 은하는 진짜 이오의 동료인 '쥬피터'의 멤버이자 은하의 또래고, 조금 무뚝뚝하지만 자신을 무척 아껴 주는 에우로파와 데이트를 한다. 유명 록 그룹의 막내 멤버이니만큼 에우로파 역시 동경의 대상에 속하지만, 이오와 달리 에우로파는 '함께 어울리고 티격태격하는 또래의 남자아이'라는 점에서 좀 더 은하에게 가까운 일상성을 갖고 있다.

안드로이드들이 나온다고 해서 SF라고 말하기에는, 이 이야기는 SF보다는 사랑에 대한 우화에 가깝다. 이야기의 배경은 미래지만 이야기 속 장치들은 좀 더 고전적인 동화의 형태다. 그럼에도 한국 순정 SF를 이야기할 때 『휴머노이드 이오』를 빼고 갈 수는 없다. 이 만화가 나오던 1992년 무렵, 순정만화의 독자들이 상상하던 미래의 모습들을 볼 수 있으니까.

세상을 떠난 스타들의 모습을 꼭 닮은 안드로이드가 곁에서 시중을 들고, 학교는 며칠에 한 번만 가며 가사 노동이 자동화된 시대, 그리고 최정아 기자의 모습이 그렇다. 프리랜서인 최 기자는 유 박사의 실종 소식을 듣고 은하를 찾아왔다가 가짜 이오, 즉 휴머노이드 이오를 만나게 된다. 보통의 안드로이드와는 다른, 더욱 인간에 가까운 차세대 안드로이드이자 유 박사의 유작일지도 모르는 이오를 눈앞에 두고도 최 기자는 자신이 휴머노이드 이오, 즉 SN7002에 대해 특종을 발표하면 은하와 휴머노이드 이오는 매스컴에 시달리고 평범한 일상으로 돌아갈 수 없다는 것을 고민한다.

1990년대 초반 당시 여성 전문직은 흔치 않았다. 아니, 여성이 직장에서 계속 일할 권리도 제대로 보장되지 않았다. 여성은 회사에 다니더라도 결혼 후에는 으레 퇴직하거나 퇴직을 종용받았다. 1985년, 서울 민사법원은 한국 여성의 평균 결혼 연령은 26세이니 손해배상액 산정에서도 25세까지 근무하는 것을 전제로 한다는, 결혼한 여성은 어차피 회사를 그만둔다는 편견에 기반한 판결을 내리기까지 했다. 조영래 변호사가 "결혼퇴직제는 엄연한 위법"이라는 의견서를 제출하고, 다음 해인 1986년 원심이 뒤집혀 손해배상액 산정 기준을 정년으로 잡게 되었지만, 현실은 법원의 판결보다도 느리게 바뀌어 갔다.

  1970년대 이후 태어난 여성들은 본격적인 교육열의 영향을 받으며 자라났다. 집에서는 남자 형제에게 밀릴지언정, 학교에 가고, 고등학교, 나아가 형편이 닿으면 대학에 진학하기 시작한다. 민주화 운동의 시대를 거치고 난 1990년대 대학가에서는 점점 숫자가 늘어가는 여학생들을 중심으로 페미니즘에 대한 이야기들이 본격적으로 오가기 시작했다. 현실은 아직 이들을 제대로 받아 주지 못했지만, 순정만화에서는 여전사들이, 드라마에서는 김수현의 드라마를 중심으로 당대로서는 과감한 언행을 보여 주는 여성들이 등장하기 시작했다. 여성 주인공이 전문직을 갖고 세계를 누비거나(《파일럿》, 〈짝〉), 의상이나 구두는 물론 자동차 디자이너가 되기도 하고(《아스팔트 사나이》, 〈미스터 Q〉, 〈토마토〉), 의대생(《사랑이 꽃피는 나무》)을 넘어 머리를 짧게 자르고 외과 레지던트(《종합병원》)로 나오기도 했다. 영화에서도 마찬가지다. 여성이라서 취업이 잘 되지 않자 아예 남장을 하고 회사에 들어가 뛰어난 성과를 내거나(《가슴 달린 남자》), 남자라는 이유로 으스대는 남편에게 "나보다 학력고사 성적도 낮은 게!"라고 받아치기도 한다(《결혼 이야기》). 이들 드라마 속 전문직 캐릭터들은 여성이기 때문에 겪는 한계와 함께, 당시 여성들이 흔히 갖지 못했던 직업에 도전하며 일과 사랑 모두에서 성공하는 모습들을 보였다. 그것은 당대 여성들의 소망이자 그 당시의 현실로는 이루기 어려운 판타지였을 것이다.

원수연은 만화가가 되기 전에는 디자이너였다. 작가의 전직은 감각적인 그림과 연재 당시의 유행 요소를 살려 화사하게 각색한 캐릭터들의 패션에도 영향을 끼쳤지만, 작품 속의 '평범하지만 출근을 하며 부지런히 일하는 여성들'에게 조금 더 구체적인 이미지를 부여했다. 이 이야기에 등장하는 최정아 기자는 멋진 전문직 여성이자 자신의 성공을 위해 다른 사람을 희생시키지 않는 직업 윤리를 갖춘 인물로서, 조연으로 자연스럽게 등장하여 은하에게 조언을 한다. 직업적 성공과 자신의 윤리 사이에서 고군분투하는 커리어 우먼이 자연스럽게 등장하고, 퇴근 후에는 안드로이드가 집안일을 마친 집에서 문자 그대로 쉴 수 있는 시대. 1992년의 순정만화 작가와 독자가 꿈꾸던 미래는, 소녀는 은하처럼 우주로의 여행을 꿈꾸고 성장하며 사랑을 경험하고, 성인이 된 여성은 당당하게 자신의 커리어를 쌓으며 자기보다 어린 여성을 돕고, 여성이 가사에서 벗어나는 것이 자연스러운 날들이었을 것이다.

이후 원수연 작가가 후배 여성 작가들과 어시스턴트들이

겪은 성폭력 문제에 대해 보였던 모습은 아쉽고도 실망스러웠다. 하지만 『휴머노이드 이오』는 직업 윤리를 두고 고민하는 전문직 여성 캐릭터, 자신보다 어린 소녀를 도우려는 성인 여성 등 당대에 이상으로 삼았음직한 어른의 모습이 짧으나마 분명하게 드러난 작품이었다. 작가의 행보와 별도로 발표 당시 그런 의미가 담긴 작품이기에 언급하고 간다는 것을 밝혀 둔다.

주인공과 작가, 함께 한 걸음 더 앞으로
네온비와 피토의 《세기의 악녀》

"잃어버린 아름다움과 영광을 다시 찾을 수 있는 단 한 번의 위험한 기회! 당신이라면 미(美) 칩을 이식하시겠습니까?"

웹툰 《세기의 악녀》(2018)의 주인공 루리는 사랑받는 아역 스타였지만 자라면서 그 아름다움을 잃어 연예계에서 밀려났다가 매드 사이언티스트인 이모가 만든 '미 칩'을 몸에 심고 아름다움을 되찾아 재기를 노린다. 이 작품의 설정과 홍보 컷들을 보며 나는 저절로 두 작품을 떠올렸다.

하나는 테드 창이 2002년에 쓴 단편 소설, 「외모 지상주의에 대한 소고: 다큐멘터리」다. 이 소설 속에는 칼리아그노시아라는 장치가 등장한다. 이 장치는 사람의 얼굴은 구분할 수 있지만 미추(美醜)에 대한 판단을 막는 '실미증(失美症)'을 유발한다. 상대의 외모에 따라 평가를 바꾸는 일이 일어나는 것을 원천 봉쇄하는 것이다. 이 소설은 한 대학의 학칙 개정안과 그에 대한 의견들을 소개하는 형태로, "만약 우리에게 외모 지상주의를 극복할 기술이 주어졌다면?"이라는 의문을 통해 외모 지상주의에 대한 비판을 담고 있다.

또 하나는 모리타 유코의 만화 『사랑의 기적』이다. 소극적인 성격에 못생기고 뚱뚱한 외모에 대한 콤플렉스까지 있는 타에코 앞에, 천사처럼 아름다운 유키노가 나타난다. 유키노에게 모든 것을 빼앗긴 타에코는 성형외과 의사인 히지리를 만나고, 히지리가 소개해 준 마담 아키노의 도움을 받아 외모뿐 아니라 내면까지 변화시키는 훈련을 받는다. 그리고 인기 배우가 된 유키노와 메이크업 아티스트에서 시작하여 모델로, 다시 배우가 된 타에코가 연예계에서 재회한다. 유키노 때문에 돌아가신 어머니와 빼앗긴 집에 대한 타에코의 분노, 그리고 첫사랑이자 소설가가 된 마사토를 사이에 둔 유키노와 타에코의 갈등이 팽팽한 긴장감과 함께 이어진다.

결론만 말하면, 이 웹툰은 내가 이 작품을 처음 접했을 때 떠올린 두 작품을 합친 것보다 좋았다. 물론 테드 창의 소설은 훌륭하지만 똑같이 외모 지상주의에 대한 비판이라 해도 남성 작가와 여성 작가의 관점은 다르다. 다양한 SF 작품들 속에서 「외모 지상주의에 대한 소고: 다큐멘터리」는 단연 걸출한 작품이지만, 테드 창의 여러 빼어난 작품들 중에서는 다소 밋밋한 느낌이 드는 것도 아마 그 때문이리라. 한편 『사랑의 기적』은 다이어트로 아름다워진 착한 여자와 성형으로 아름다워진 나쁜 여자의 대결을 보여 주며, '여자의 적은 여자'라는 편견과 구원자로서의 남성을 보여 주고 있다. 당시에는 흥미진진했던 만화였지만, 지금 시대에 굳이 다시 읽어 보자고 권하기에는 무리가 있다.

그렇다면 이 웹툰 《세기의 악녀》는 어떤 작품일까. 이 작품에 대해 소개하기 전에, 먼저 작가에 대해 짚고 넘어갈 필요가 있다. 이 작품에서 스토리를 맡은 네온비는 배우자인 캐러멜과 협업으로 『미스 문방구 매니저』(2007), 『셔틀맨』(2010), 『다이어터』(2011), 『지옥사원』(2017) 등의 스토리를 썼으며, 『기춘씨에게도 봄은 오는가』(2011)와 『나쁜 상사』(2013)는 직접 스토리와 작화를 작업했다. 만화가로서도 스토리 작가로서도 다양한 장르를 아우르며 감각적인 연출과 빈틈없는 스토리를 선보이는, 흥행의 보증 수표 같은 작가다. 네온비는 《나의 보람》(2013), 《그녀의 암캐》(2015) 등의 화제작을 낸 피토 작가와 손을 잡고 《세기의 악녀》를 발표했는데 피토는 2018년 막바지에 폭로된 '미성년 작가 저작권 편취 사건' 피해자이기도 했다. 만 17세에 데뷔한 피토는 모든 스토리와 작화를 혼자 해냈는데, 당시 편집자로서 의견을 제시하던 플랫폼 대표가 작품의 저작자 표시란에 자신의 필명을 끼워넣고, 스토리 작가 명목으로 수익의 30퍼센트를 가져갔다는 충격적인 이야기였다. 작가는 성인이 되자마자 이 일에 대해 지식 재산권 반환과 사과를 요구했다. 이 소식을 듣고 두 작가 모두 정말 용감하다고 생각했다. 성인이 되자마자 자신의 권리를 되찾기 위해 싸우는 작가와 가장 힘든 시기에 협업으로서 그 작가를 강력하게 지지하는 다른 작가가.

그리고 이 《세기의 악녀》 속, 어린 시절 아역 스타였지만 자라서는 평범하지도 못한 외모를 갖게 된 루리, 루리의 친구이자 여전히 사랑받는 스타인 승찬, 미인에다 노력파인 연습생 하라의 관계도 마찬가지다. 이야기를 쉽게 만들자면 연기력은 부족해도 미인인 하라와 연기 천재이고 미 칩을 이용하여 미모를 되찾은 루리가 승찬을 사이에 두고 삼각관계를 이루며 서로 싸우는 이야기로 갈 수도 있었을 것이다. 하지만 이야기는 루리의 비밀과 승찬의 난독증, 하라의 연기력을 두고 세 사람이 함께 도우며 작중 등장하는 드라마 〈세기의 악녀〉를 완성시켜 가는 과정을 담고 있다.

천재 과학자인 루리의 이모가 만든 미 칩은, 제대로 칩을 심는다면 사람들에게 사랑받은 만큼 더더욱 아름다워진다. 그러나 수술 중 반대로 칩을 심는 바람에 루리는 미움을 받을수록 아름다워진다. 가장 가까운 사람에게 배신당한 루리 앞에 사도빈 사장이 나타나 다시 연기를 하게 되지만, 루리는 대중의 인기를 위해 대중의 미움을 사야 하는 딜레마에 놓인다. 하지만 미 칩을 제거하고 새 미 칩을 만들어 다시 똑바로 심는다고 해도 근본적인 문제가 해결되는 것은 아니다. 처음에는 미움받기 위해, 미 칩을 제대로 심은 다음에는 사랑받기 위해, 자신을 감추며 사는 것은 남들 눈에 띄지 않으려 웅크리고 살던 것과 다르지 않다. 이런 딜레마 속에서 갈등하다가 자신을 긍정하고 자신의 재능을 살릴 다른 방법을 찾아내며, 세 명의 주인공 모두 절친한 친구로 남는 《세기의 악녀》의 엔딩은, 예상 가능한 것이라고는 해도 안정적이고 단단한 마음의 성장이 느껴진다.

"아름다웠던 어릴 때 모습을 자라면서 잃어버린 주인공이 어떤 계기로 아름다움을 되찾지만, 변수로 인해 그 상태가 유지되지 않는 이야기"라는 조건을 만족시키기 위해 만들어진 미 칩이라는 설정과, 안드로이드가 어느 정도 자연스럽게 받아들여지는 세계라는 점 때문에 함께 여기에서 소개하고 있지만, 사실은 이 만화에 대해 조금 다른 이야기를 하고 싶었다. 정확히는 루리를 둘러싼 어른들에 대한 이야기다. 어린 나이에 엄마를 잃은 루리를 키워 준 아줌마는 강 PD에게 루리의 영상을 팔고, 루리가 다시 대중 앞에 나서자 그 수입에 대해서도 지분을 요구할 계획을 세운다. 리얼리티 쇼의 강 PD는 천재 아역 배우였던 루리가 왜 지금 공무원 준비를 하고 있는지 모든 국민이 알 권리가 있다면서 동의도 없이 루리의 현재 모습을 TV에 내보낸다. 언니가 죽었는지 살았는지, 조카인 루리가 뭘 하고 지냈는지도 모르고 살았던 이모는 인간은 행복해질 권리가 있으며 그 권리를 방해하는 것은 외모라고 믿으며 루리를 위한다는 명분으로 루리에게 불완전한 칩을 이식한다.

이런 주변의 '어른들' 중에서 제일 흥미로운 인물은 역시 사도빈 사장이다. 그는 얼핏 보면 루리를 위하는 듯 보이지만, 사실 루리는 물론 소속된 연예인들을 잘 굴려 큰 스캔들 없이 돈벌이를 하는 데 골몰한 사람이다. 실컷 루리를 띄워 준 사도빈이 돌아서서 계약서를 내미는 장면은 그중에서도 백미라 할 수 있다. 그는 루리를 중고 신인이라고 후려친 뒤, 온갖 비용을 다 제하고 전체 수익을 2대 8로 나누는 부당한 계약서를 내밀고는 "9대 1 비율을 8대 2로 바꾼 거지. 파격적으로! 두 배야, 두 배"라고 선심쓰듯 말한다. 이 장면은 어쩌면 피토 작가가 이전 작품에서 겪었던 부당한 계약에 대해, 작품으로 항의하는 의미는 아니었을까 생각해 본다.

세계와 맞서고 생의 중심을 자신에게 두는 것
유시진의 《꽃밭에서》

2020년 2월, MBC에서는 혈액암으로 갑자기 세상을 떠난 딸을 VR(Virtual Reality)로 다시 만나는 과정을 담은 다큐멘터리 〈너를 만났다〉를 방영했다.

세상을 떠난 아이의 생전 모습을 담기 위해 아이의 사진들과 몇 개 없는 동영상 속 목소리를 바탕으로 움직임과 목소리, 말투 등을 분석하고, 비슷한 나이대의 대역 모델을 통해 VR 속 모델의 기본 뼈대를 만들었고, 부족한 음성 데이터는 또래 아이들의 목소리를 더빙하여 딥러닝을 통해 만들어 냈다. 모션 캡처, AI 음성 인식, 3D 스캐닝, 가상 현실 등 다양한 기술을 동원하여 자료 수집부터 완성까지 7개월이 넘게 걸렸다. 이에 대한 반응은 뜨거웠다. 예고편만 보고도 가슴이 아파 다큐멘터리를 볼 수 없었다는 이야기부터, 역시 아이를 잃은 다른 부모의 간절한 마음, 그리고 가상 현실 속 만남에 우려를 표하는 의견도 있었다. 만남 이후 정신적인 후유증을 걱정하는 반응이었다.

기술을 통해 죽은 사람을 살아 있는 모습으로 구현하는 것은 이미 SF의 영역이 하넌 현실의 영역에 있다. 이를테면 〈스타워즈〉 시리즈 중 하나인 〈로그원: 스타워즈 스토리〉(2017)에는 〈스타워즈: 새로운 희망〉(1977)에서 타킨 총독을 연기했으며 1994년 사망한 배우 피터 쿠싱을 CG로 등장시켰다. 죽은 유명인은 영화뿐 아니라 홀로그램으로도 재현되고 있다. SK 그룹은 지난 2018년 고 최종현 회장의 20주기 추모행사 때 회장이 홀로그램으로 등장하여 육성으로 격려사를 남겼다. 비록 아직은 어색했지만 추모 당사자가 직접 등장하는 추모 행사는 자사의 AI 기술을 효과적으로 과시하는 이벤트였을 것이다. 지난 2012년에 사망한 가수 휘트니 휴스턴도 2020년 2월 자신의 여러 히트곡을 부르고, 팬들과 대화를 나누는 홀로그램 쇼 〈휘트니와의 저녁〉으로 유럽 투어에 나섰다.

기술을 통해 죽은 가족을 다시 만나는 이야기 자체는 이미 많은 SF 작품에서 다루어졌으며, 국내 작품 중에도 찾아볼 수 있다. 김초엽의 「관내분실」은 사후 마인드 업로딩이 보편화된 시대, 사람이 죽은 뒤에도 그 사람의 기억과 언행을 바탕으로 구현한 마인드를 만나 볼 수 있는 시대, 그래서 타인의 죽음 후에 "그 사람이 지금 살아 있었다면 뭐라고 말해 주었을까?"라는 질문이 마인드 도서관을 통해 해결되는 시대를 배경으로 하고 있다. 전혜진의 단편 「언인스톨」은 죽은 사람이 업로드되는 것이 보편화되다 못해, 몇 대조 조상들이 후손의 일에 감 놓아라 배 놓아라 잔소리하는 미래를 다루고 있다. 물론 픽션 속에서 죽은 가족과 재회하는 이야기는, 대개 죽은 사람의 기억이나 의식을 그대로 업로드한 상태이고, 본인도 자신이 죽었다는 것을 인지한다. 그리고 이번 다큐멘터리는 어디까지나 살아 있는 사람의 회복을 위한 것이라는 차이가 있다. 하지만 적어도 픽션 속에서 구현된 근미래가 이제 손 닿을 만큼 가까이 다가왔다는 점에서는 의미가 있다.

그리고 유시진의 《꽃밭에서》를 다시 읽었다. 이 작품은 2015년 5월, 네이버의 〈한국만화거장전: 순정만화 특집〉의 20번째 에피소드로 공개되었다. 아이의 상실을 받아들일 수 없었던 부모는 죽어 가는 아이에게서 DNA와 실생활 데이터를 포함한 모든 데이터를 스캔하고, 죽은 뒤 가상 현실에서 만날 수 있는 '서천 꽃밭' 서비스를 신청한다.

'서천 꽃밭'의 '퍼스낼리티 클론' 서비스는 홀로그램, 연령 추정 얼굴 변화, 가상 현실을 이용해 세상을 떠난 가족과 실제로 대화하는 느낌을 구현하고, 죽은 것이 아니라 학교 기숙사에서 지낸다는 설정으로, 아이가 가상 세계 안에서 성장하고, 친구들과 즐겁게 지내고, 키가 자라고, 사춘기에는 변성기가 오거나 반항하는 모습들까지 보여 준다. 많은 사람들이 이 서비스를 이용하고 싶어하지만 당연히 이 서비스는 막대한 비용이 들기에, 평범한 가정에서는 이 서비스를 유지하기 위해 한도까지 대출을 받고 장기를 팔아야 할 정도다. 그럼에도 불구하고 엄마는 절박하다. 불가능하지 않은 근미래의 기술을 토대로 지극히 현실적인 돈 문제가 얽히는 한편, 엄마의 마음이 일찍 죽은 아이에 대한 지울 수 없는 깊은 애정이자, 건강하지 못한 집착이라는 양면적인 형태로 읽히는 이야기다. 여기에 '서천 꽃밭'에 대한 설화까지 결합되며 이 작품에서는 유시진의 작품에서 찾아볼 수 있는 여러 요소가 종합적으로 발견된다.

유시진은 강경옥이 만든 아마추어 만화동아리 PAC 출신이다. 이후 유시진은 「유토피아 2030」(1990)으로 『르네상스』 신인 만화 공모전을, 「지난봄 이야기」(1992)로 『댕기』 신인 만화 공모전을 통과하고 작가 활동을 시작한다. 단편집 『베이지톤 삼색체크』와 중편 『아웃사이드』는, 당시 순정만화에서 흔히 볼 수 없었던 독특한 그림체와 남들보다 뛰어나지만 소외되고 고립된 듯한 인물상, 자의식 강하고 개인주의적 캐릭터로 당시의 청소년들에게 깊은 인상을 남겼다.

그리고 1995년, 유시진은 『윙크』에 용왕 설화와 처용 설화를 바탕으로 한 『마니』를 연재한다. 용왕의 모든 자손들은 성년이 되면 목숨을 걸고 싸워 살아남은 한 명만이 용왕이 되는데,

오빠인 백룡 소양과 나이도 마력도 압도적으로 차이가 나는 적룡 마니는 살기 위해 주술사 해루와 함께 인간계로 도망쳐 평범한 고등학생들 속에 섞여서 지내고 있다. 어머니의 희생으로 도망쳐 살아남은 마니는 자신의 죄책감을 바탕으로 "어떻게 사는가"에 대해 고민한다. 한편 아버지 처용의 마력을 나누어 받았다가 아버지의 마력과 여의주까지 전부 흡수하고 흑룡이 되어 버린 해루는, "살아남는 것" 자체를 가장 중요하게 여긴다. 그런 이들이 인간계에서 사람들을 만나 성장하고 서로의 관계 역시 발전시켜 나가는 가운데, 용왕 계승을 위한 다툼이 벌어진다. 이 과정에서 유시진은 집요하게 남녀차별, 가족 이슈, 우리에게 익숙한 억압들을 톺아보게 했다.

『마니』를 완결한 유시진은, 같은 잡지에 『쿨핫』(1996)을 연재한다. 학교에서 주목받지만 이질적인 존재들인 김동경과 이루다를 중심으로, 학교라는 좁은 공간 안에서 제대로 적응하지 못하고 소외되는 인물들과 그에 반감을 느끼는 인물들의 손쉬운 편견과 폭력, 새로운 관계 맺기 등을 보여 주는 작품이다.

유시진은 집단으로서의 청소년이 아닌 개인이자 개체인 이들을 섬세하게 그려낸다. 외모뿐 아니라 섬세하게 배합하여 개성을 살린 성격, 소수자성, 가족과의 문제 등을 통해 이들은 독특하고 이질적이며 자아가 강한 존재, 그렇기 때문에 더 쉽게 소외되는 존재들로 그려진다. 이들은 자신과는 반대되는 속성을 지닌 타인과의 만남을 통해 자신과 자신의 세계를, 그 불완전성을 온전히 인식하게 되지만 이는 결코 쉽지 않으며 종종 고통스러운 충돌이 되기도 한다. 『온』(2003)에서의 제경과 사현이나 『그린빌에서 만나요』(2004)의 이비, 이언과 도윤의 관계처럼. 스스로 고립되었거나, 혹은 쉽게 고립될 상황에도 불구하고 관계 맺기를 시도하는 인물들을 보여 주면서 청소년이라는 약자성과 감정의 방향을 그리고, 당시 대학가를 중심으로 이야기되던 페미니즘, 소수자 담론과 약자에 대한 폭력도 지면에 담아 낸다. 마땅히 존중되어야 함에도 존중받지 못하는 개체의 차이를.

지금의 독자는, 『마니』와 『쿨핫』 이후 유시진의 작품 방향이 어떻게 뻗어 나갔는지, 그 반복되는 요소들의 근원을 발견할 수도 있을 것이다. 이를테면 가족이라는 테마다. 『마니』에서 인간들의 가족은 자식을 편애하거나 여자라고 차별하면서도 잘못되었다는 생각을 하지 못한다. 용족의 가족은 서로 죽고 죽이는 투쟁의 관계다. 형제를 죽이지 못하면 살아남지 못한다. 마니의 어머니와 해루의 아버지는 하나뿐인 자식을 사랑하고, 자식을 위해 죽음을 무릅쓰고 희생하지만, 이 역시 건강한 관계라고는 보기 어렵다.

『쿨핫』에서는 이 가족 관계가, 가부장제에 대한 반발로 나타난다. 유명 영화감독인 동경의 아버지는 가정에 무관심하고 여자 관계가 복잡하며, 가족에게는 권위를 내세운다. 동경의 어머니는 이런 남편을 견디지 못하고 자살하며, 이 때문에 동경은 아버지를 증오한다. 이와 같이 '강력한 가부장이고자 하는 아버지'와 '아버지를 증오하는 딸'의 관계는 『신명기』(1998)에서 더욱 강화된다. 타마라의 아버지는 유명 인사 정도가 아니라 천신족의 수장, 동천제 인드라(환인)이다. 수많은 자손을 두었어도 전부 아들이었던 인드라에게 있어, 데바족(마족) 출신의 비가 낳은 딸 타마라는 '남성성의 손상'이다. 마족 출신이자 인드라의 유일한 딸이라는 이질적인 존재이고, 성인이 되자마자 천신족 최고 기구인 상급회의에 진입할 만큼 뛰어난 타마라에게 있어 아버지 동천제는 어머니를 자살하게 만들었고, 자신의 지배 권력을 확인하기 위해 타마라를 강간하려 했던 원수다. 인도 신화와 한국의 단군 신화, 그리고 마니로 이어지는 용왕의 계보를 담아 만든 이 세계는 『쿨핫』에서의 동경의 가족 관계를 극한까지 확장한다. 동경의 별명은 '공주'이지만 이 작품은 천신족의 공주인 타마라를 내세우고, 동경에게는 한 명의 이복형제가 있지만 타마라에게는 수도 없이 많은 이복형제가 있다. 동경과 타마라의 어머니는 모두 자살했으며, 동경의 아버지는 왕처럼 굴었지만 타마라의 아버지는 천신족의 수장, 하늘의 왕인 동천제다. 동경은 아버지를 증오하지만, 타마라는 아버지를 죽이고 싶어한다. 많은 딸들이 아버지를, 아버지가 어머니를 대하는 태도를, 아버지가 권위로 찍어누르고 억압하는 것을, 괴로워하고 미워하고 증오하면서도 뿌리깊은 유교적 사상 때문에 제대로 이름 붙이지 못하던 그 감정을, 유시진은 과감하게 전면에 드러내 보인다.

한편 루다를 통해 당시의 독자들에게 충격적일 만큼 이상적인 가족 관계를 제시한다. 루다는 딸 아들을 평등하게 대하고 자유를 중시하는 진보적인 가정에서 태어나, 어머니에게 타인과 자신을 비교하지 말고 자신의 최선과 지금의 모습을 비교하라는 말을 들으며 자랐다. 루다가 타인의 시선에 휘둘리지 않고 자신의 선택에 충실할 수 있는 것은, 애정에 기반하여 개성과 욕구를 존중하는 가족의 영향이 컸다. 딸을 기대해서 오빠의 이름을 '이루리'라고 짓고, 마침내 딸이 태어나자 기뻐하며 '이루다'라고 이름을 지었다는 이야기가, 어쩌면 아들을 기대한다고 딸 이름을 '후남'이라고 짓는 것과 뭐가 다르냐고 무신경하게 말하는 사람도 있을지 모른다. 하지만 당시에도 아들을 선호하여 딸을 공공연히 차별하고, 태아 성 감별로 여아는 태어나기도 전에 낙태해 버리곤 했다. 낙태된 수자령의 복수를 다룬 공포 드라마 〈M〉이 방송된 것이 1994년의 일이다. 〈M〉이 방영된 다음 날, 여자아이들은 교실에 모여 앉아서 목소리를 낮춘 채 소근거렸다. 우리 집에도 태어나지 못한 언니나 동생이 있다고. 혹은 자신도 하마터면 낙태당할 뻔했었다고. 그런 현실에서 이와 같은 소소한 전복은 통쾌한 판타지에 가깝다. 지금

이 만화를 읽는 내 현실은 그렇지 않지만, 이 세상 어딘가에는 이런 가족도 있을지 모른다는 희미한 희망과 함께.

그리고 《꽃밭에서》와 네이버의 〈한국 만화 1990〉에 수록된 《Fragile》은, 앞서 언급한 이 요소들이 좀 더 현실적이고 질척거리는 형태로 변주된다. 자신이 아닌 자식에게 매달리는 무력한 어머니, 자식을 잃고도 자신의 인생에는 별 차이가 없이 자기 연민을 하는 아버지, 죽은 아이와의 재회와 설화적/동화적인 요소, 파국을 맞는 가족까지. 자의식 강한 인물들 대신 생활에 지친 중년들, 가정에 무관심한 아버지, 무력한 어머니의 자기 파괴적인 선택으로 이루어진, 유시진이 그려내는 '붕괴하는 가족'은, 적나라한 고통을 선보이는 대신 '서천 꽃밭' 설화와 근미래에 구현 가능한 기술을 더한 SF로 탄생하였다.

유시진에게 있어 SF는 결코 낯설고 드문 시도가 아니다. 『댕기』에 게재한 단편 「그의 텔레파시」(1993)는 에스퍼 레진과 그와 능력을 공유하고 텔레파시를 들을 수 있는 타노의 관계를 통해 곁에 있는 사람의 소중함과 그리움에 대해 다루었다. 『윙크』에서 연재한 『아웃사이드』(1993)는 엄마가 재혼하며 가족이 된 초능력자 형제를 통해 다른 것이 틀린 것이 아니라는 것을, 다르다는 이유로 세상에서 소외되어서는 안 된다는 주제를 이야기했다. 『나인』에서 연재한 『폐쇄자 The Closer』(1999)에서는 다중 우주론에 입각한 세계관을 바탕으로, 이 세계를 유지하거나 닫을 수 있는 신적인 능력을 한 사람에게 부여한 뒤, 세계가 그 한 사람에게 '키퍼'로서의 의무를 다할 것을 강요하는 폭력을 휘두르는 모습을 보여 주었다. 자신을 죽이고 억누르며 전체의 일부가 되라는 가부장제, 전체주의, 사회적인 억압에 맞서며 전체가 아닌 개체로서, 독립적인 개인으로서, 폐쇄적으로까지 보이는 자아를 기르며 일어서는 인물들을 그려 온 작가에게, 세계에 맞서지도, 자신을 생의 중심에 두지도 못한 지친 사람들이 극단적인 현실 앞에서 붕괴하는 결말은, 어쩌면 당연하고 자연스러운 것이었으리라.

다시 처음으로 돌아가, 결국 해당 다큐멘터리는 보지 않았다. 어떤 감정은 특히 소중하게 다루어져야 한다고 생각했다. 타인의 내밀한 슬픔을 다큐멘터리로 적나라하게 전시하는 것을 굳이 찾아보며 목격자가 되고 싶지 않았다. 그러면서도 문득, 본편을 보지 않았어도 가슴이 아파지는 그 예고편을 보다가 이 만화를 다시 떠올렸다. 그리고 생각했다. 작품을 두고 그저 다른 작품과 비교하고 분석하는 것이 아니라 타인의 고통에 대한 연민과 이해하는 것에 대해. 어떤 희생을 감수하고서라도 소중한 사람을 다시 만나고 싶은 그 마음에 대해.

기술이 바꾸어 낸 사랑의 방식
천계영의 《좋아하면 울리는》

천계영의 만화는 늘 시대를 앞서갔다.

일단 출발부터 기록적이었다. 천계영은 1996년, 단편 「탤런트」가 서울문화사 신인 공모전 대상 수상작으로 선정되며 데뷔했다. 그때까지 서울문화사 창립 이래 공모전에서 대상 자리는 늘 비어 있었다. 천계영은 서울문화사 최초로 공모전 대상을 차지하고 데뷔한 작가였다.

1997년 등에 날개를 달고 풍선껌을 불고 있는, 천진한 표정의 SD 캐릭터가 전국을 휩쓸었다. 그것은 『언플러그드 보이』의 주인공 강현겸이었다. 작가의 첫 장편이었고, 15만 부가 팔려나갔다는 뉴스가 나왔다. 그야말로 초대형 신인의 탄생이었다. 팬시 제품이 수도 없이 나오다 못해 해적판 티셔츠도 나왔다. 현겸의 "난 슬플 때 힙합을 춰"라는 대사를 모르는 사람이 없을 정도였다.

강현겸은 당시로서는 정말 신기하고 새로운 남자 주인공이었다. 당시 학원물에 종종 등장하던, 주먹을 휘두르지만 내 여자 친구에게는 부드러운 남자 주인공과는 달랐다. 어른스럽고 퇴폐적인 매력을 과시하지도, 안경을 끼고 교복 넥타이 하나 흐트러지지 않은 모범생도 아니었다. 그 시절 X세대의 대명사처럼 이름을 날리던 오렌지족도 아니었다.

힙합을 좋아하는 순진무구한 현겸은 학교 밖 청소년이다. 이 나라 대한민국은 불량 학생도, 폭력을 휘두르는 학생도 수업 시간에 잠을 잘지언정 학교에는 가는 나라다 보니, 학교 밖 청소년이 나오는 작품 자체가 거의 없었다. 김수용의 『힙합』에 나오는 주인공들이 힙합으로 경쟁하고 성장한다면, 현겸에게 힙합은 슬픔과 고민을 잊는 방법이다. 화려한 기술로 승부를 보거나 고민 속으로 깊이 침잠하는 것이 아니라, 불안하게 흔들리는 마음을 안고서도 어디에도 얽매이지 않고 자신의 일상을 살아 나가는 천진한 소년, 그것이 『언플러그드 보이』의 강현겸이었다.

발뒤꿈치를 들고 어른인 척하지 않고, 애써 어른이 되려 하지 않고, 자신의 속도대로 자연스럽게 살아 가며 "난 슬플 때 힙합을 춰"라 말하는 현겸과, 현겸이가 천사처럼 날아가 버리지 않을까 하는 엉뚱한 걱정을 하는 여자 친구 채지율, 그리고 지율의 친구들이 나오는 이 이야기는 어떤 이들에게는 평범한 학원물로 보일 수도 있었다. 하지만 사실은 새 시대의 서막을 알리는 작품이었다. 독자들이 이 작품에 반응하고 열광한 것은, 멋진 그림이나 패션 감각만이 아니라 그 자연스러운 새로움, 만화를 그리고 읽는 세대가 바뀌었음을 알리는 듯한 지점이었을 것이다.

두 번째 장편인 『오디션』은 어떤가. 스타일리시하고 시원시원하지만 돈은 없는 멋진 두 여자와, 천부적인 재능을 가졌지만 지금은 저마다의 문제를 갖고 있는 네 남자가 힘을 합쳐 재활용 밴드의 승리와 송송 회장의 유산을 향해 질주하는 듯한 이 이야기는, 『언플러그드 보이』와는 달리 철저하게 『드래곤볼』의 천하제일 무도회(武道会)를 연상시키는 대결의 연속으로 이루어진다.

그러면 이 이야기는 진부한가? 일단 주인공인 송명자와 박부옥도, 재활용 밴드의 네 사람도, 그들이 열 번의 토너먼트 오디션을 거치는 동안 만나는 경쟁자들도, 겹치는 캐릭터 없이 다들 대단한 개성의 소유자들이다. 특히 송송 레코드를 노리는 회사 간부 변득출의 패션 센스는 경이로울 정도다. 디자인이나 캐릭터뿐이 아니다. 당장 공중파와 케이블에서 지금도 현재 진행형으로 계속되는 수많은 서바이벌 오디션 프로그램을 생각해 보라. 이 이야기는 장장 20년이나 앞서 세상에 나왔다. 그 이전에도 현실의 음악 콩쿠르라든가, 『유리 가면』의 각종 연극 대회, 『드래곤볼』의 무술 대회처럼 경쟁을 다루는 창작물들이 있었지만, 지금처럼 대중 가요의 서바이벌 오디션이 진부하도록 보편적인 모습이 된 시대에 다시 생각하면, 『오디션』역시 놀라운 작품이었다.

　『예쁜 남자』만 해도 그렇다. 한 줄로 요약하면 이 이야기는 "가진 건 예쁘고 잘생긴 얼굴밖에 없는 재벌가의 사생아 독고마테가 성공을 위한 발판으로 열 명의 여자를 공략하며 기업을 성공시키는 이야기"다. 평범한 막장 드라마고, 시작부터 얼굴로 타워팰리스를 뜯어내는 독고마테를 보자니 뭐 이런 만화가 다 있나 싶기도 했다. 그런데 이 만화의 주인공은 독고마테가 아니다. 그렇다고 독고마테에게 일편단심인 김보통도 아니다.

　독고마테는 이혼당한 형수 홍냐냐가 제시한 성공한 여자들에게 가까워지기 위해, 그들의 콤플렉스나 약점을 찾아 공략한다. 이미 오디션에서 열 팀의 개성적인 라이벌을 만들어 낸 작가는, 서로 공통점도 없어 보이는 열 명의 (성공한) 여자들에게 저마다의 사연과 약점, 강점과 제시할 지혜를 부여하고, 여자들끼리의 인맥 관계를 형성하여 서로 돕거나 견제하고 최종적으로 독고마테를 격려하고 앞으로 나아가게 만든다. 독고마테는 그 열 명의 여자들을 연결하는 끈일 뿐이다. 막장 드라마처럼 보이지만 굉장한 심리극이기도 하다.

　이렇게 다양한 캐릭터와 화려한 패션감각, 그리고 지금보다 한 걸음 앞선 이야기를 제시하며 계속 새로운 시대를 걸어온 작가는, 마침내 SF 로맨스인《좋아하면 울리는》을 선보인다.

《좋아하면 울리는》은 표면적으로는 소년소녀의 사랑 이야기다. 특히 이야기 초반, 학교에서 벌어지는 일들은 사람들이 생각하는 학원물 순정만화의 정석이기도 하다. 부모님을 여읜 조조가 이모 댁에서 더부살이하며 사촌인 굴미에게 구박을 받는 설정부터가 고전 순정만화들을 떠올리게 하니까. 현재까지 발견된 한국 최초의 순정만화로 알려진 한성학의 『영원한 종』 (1957)의 주인공 영옥도 전쟁 중 언니와 어머니를 잃고 양아버지 슬하에서 자라고 있었다. 박인하는 『누가 캔디를 모함했나』 에서 "1960년대 소녀 취향 만화의 주인공들은 착하고 고운 심성을 지녔고, 가난하거나 부모를 잃었거나 계모에게 구박받는 등의 시련을 겪는 소녀"라고 설명했다. 이런 착하고 박복한 소녀가 계모 슬하나 친척집에서 더부살이를 하거나, 혹은 남의 집에 식모로 가서 고생을 하는 이야기들은 1960년대 순정만화, 소녀 취향 만화뿐 아니라 명랑 소설 계열에서도 찾아볼 수 있었다.

『캔디 캔디』처럼, 고아 소녀 조조는 학교 최고의 인기남 선오, 공부 잘 하는 모범생이지만 선오네 집 가정부의 아들인 혜영, 그리고 굴미를 짝사랑하는 '좋알람' 개발자 덕구와 얽힌다.

한 번씩 비틀어진 형태로 얽혔던 이 관계들은, 네 사람이 어른이 된 뒤 조조가 혜영의 고백을 받는 것을 시작으로, 사춘기 때와는 다른 복잡한 형태로 옛 갈등을 이어가거나 풀어 낸다.

그런데 이것이 왜 SF일까. 간단하다. 조조와 세 명의 남자 주인공 사이에 벌어지는 갈등들은 전부 '좋아하면 울리는', 작중에서 흔히 '좋알람'으로 불리는 앱에서 비롯된 것이기 때문이다. '좋알람'은 "나를 좋아하는 사람이 반경 10미터 안에 들어오면 알람이 울리고, 좋알람 하트에 숫자가 늘어나는" 앱이다. 다시 말해 이 앱은 인류 최고의 난제인 사랑을 눈에 보이는 형태로 변화시켰다는 말이다. 이 기술은 세상을 변화시켰고, 사람들은 더 이상 '좋알람'이 없던 시절로 돌아갈 수 없다. 마치 휴대폰이 대중화되면서 더는 갓 시작한 연인들이 10원짜리 동전을 들고 공중전화 박스에서 좋아하는 사람에게 조심스럽게 전화를 거는 모습을 찾아볼 수 없고, 드라마 주인공들이 서로 아슬아슬하게 엇갈리며 애를 태우는 모습을 볼 수 없게 된 것처럼. 이렇게 과학 기술이란 종종 사랑의 형태까지 변화시킨다.

하나의 과학 기술이 세상을 변화시키고, 그 이전으로 돌아갈 수 없는 이야기는 당연히 흠잡을 데 없는 SF다. 이 이야기는 기술의 선악을 논하는 이야기가 아니라, 아직 존재하지 않는 기술로 인해 상상하지 못한 영역까지 바뀌어 나가는 훌륭한 사고 실험의 결과이며, 신기술로 인해 바뀐 세상에서 주인공이 자신의 인생을 위해 분투하는 이야기다. 조조가 고등학생 때, 다시 말해 첫사랑을 시작할 무렵 나온 이 앱은, 출시 당시부터 사회적으로 큰 반향을 일으켰다. 그리고 조조가 성인이 되었을 무렵에는, 많은 사람들의 하트를 받는 사람들만이 가입 대상이 되는 '좋알람 배지 클럽'이 사람들의 동경의 대상이 되기도 하고, 배지 클럽에 들어갔기 때문에 더 많은 하트를 받기도 한다. 물론 사랑을 수치화하는 좋알람을 반대하는 '안티 좋알람'도 존재하고 있었다. 이런 다양한 사회적 분위기에서, 사람들의 연애 방식은 근본적으로 바뀌어 있었다.

태어났을 때부터 휴대폰이 있었던 세대가 스마트폰이 없는 세상을 상상하지 못하듯이, 첫사랑을 시작할 무렵부터 좋알람이 있었던 세대는 좋알람이라는 일종의 '사랑의 확인' 없이 사랑을 하는 것을 쉽게 상상하지 못한다. 다시 말해 이 시대는 혼자만의 짝사랑을 마음속에 감추는 것이 불가능해진 시대, 짝사랑으로 인한 갈등이 사라진 시대이기도 하다. 밀당이 무의미해지고, 자신에게 호감을 가진 사람이 다가오면 좋알람이 울려 복잡한 고백 없이도 서로의 마음을 확인할 수 있는 세계에서, 조조는 마음을 감춰야 할 상대 앞에서 자신의 마음을 가려 주는 축복이자 혼자 힘으로는 벗겨 낼 수 없는 저주 같은 '좋알람 방패'를 가진 사람이다. 덕구에게서 받은 좋알람 방패 덕분에 조조는, 선오와 헤어져야만 한다고 생각한 순간 더는 그의 좋알람을 울리지 않음으로써 이별할 수 있었다. 하지만 어른이 되어 혜영과 다시 사랑을 시작하는데도 그의 좋알람을 울려 줄 수 없어 고민한다. 이 이야기는 기술에 의해 '축복이자 저주'를 받게 된 여자아이가, 자신의 저주를 풀고 진심과 마주하기 위해 싸워 나가는 성장기이자, 기술이 세계를 근본적으로 변화시키는 방법을 보여 준 SF 만화다.

SF와 판타지는 여러 면에서 비슷하며, 종종 한 카테고리로 묶이는 경우가 많다. 이들은 신화나 설화와도 종종 닮아 있다. 김보영 작가의 『진화신화』는 "『삼국사기』에 나오는 설화적 존재들이 만약 사실 그대로를 서술한 것이라면 어떨까" 하는 상상에서 출발한다. 어슐러 르 귄의 단편 「셈레이의 목걸이」는 조상이 남긴 목걸이를 되찾기 위해 모험을 떠나는 여왕의 이야기로, 북구 신화적 요소와 무릉도원 설화, 여기에 광속 우주 여행이 결합되었다. 이들을 어디까지 SF고 어디부터는 판타지라고 칼로 자르듯 분류하는 것은 쉽지 않다.

하지만 많은 경우 판타지로 분류되는 작품의 주인공들이 모든 이야기가 끝난 뒤 자신이 떠나 왔던 고향으로 돌아간다면, SF로 분류되는 작품의 주인공들은 주로 기술이나 논리로 설명할 수 있는 어떤 이야기가 끝난 뒤에도 변화된 세계에서 계속 살아 가야 한다. 그런 점에서 다음에 연재 중인 천계영의 《좋아하면 울리는》은 순정만화인 동시에 훌륭한 SF다. 그리고 이 세계의 연애는, 브라이언 천이 공개한 신기술, '나를 좋아할 사람'을 통해 다시 한 번 근본적으로 바뀔 순간을 맞이하고 있다.

사실 이 이야기를 매주 기다리며 한 화씩 볼 때는 조금 욕하며 기다리는 막장 드라마 같은 느낌이 들 때도 있다. 하지만 한 시즌씩 몰아서 보면 이 이야기가 다루는 주제가 무엇인지 분명히 보인다. 기술로 인해 변화된 사랑의 방식과, 그 안에서 기술을 대하는 사람들의 태도가 먼저 보이고, 그 구체적인 세계 안에서 섬세한 감정선을 펼치면서도 독자를 쥐었다 놓았다 하는 자극적 요소를 적절하게 배치하는 작가의 연출에 감탄하게 된다.

제작 과정 역시 조금 독특하다. 대부분의 작가가 손으로 만화를 그리던 1996년, 데뷔작인 「탤런트」를 포토샵으로 작업했고, 2007년 『하이힐을 신은 소녀』부터 3D맥스를 사용했으며, 한국 만화 박물관에 전시된 작가의 도구로 낡은 마우스를 내놓았을 만큼 기술 친화적인 행보를 보여 온 천계영은, 2020년 현재 3D 애니메이션 기법을 이용하여 만화를 그리고 있다. 입체적이고 독특한 그림체 역시 그 결과물이다.

물론 작중 배경을 스케치업과 같은 3D 모델링으로 만들어 배경으로 사용하는 것은 이미 웹툰의 보편적인 작업 방식 중

하나다. 하지만 동영상으로 공개한 바에 의하면 천계영의 작업 방식은 그 이상이다. 4D 시네마에서 미리 구축된 배경과 캐릭터를 가져오고, 옷을 갈아입히고 동작을 부여하며 이를 포토샵으로 출력하여 마무리하는 형태로 작업하고 있었다. 그뿐이 아니다. 관절염 등으로 고생하던 작가는 이들 프로그램에 미리 입력해 둔 매크로를 음성 인식으로 실행시키며, '목소리로 그림을 그리는' 작업을 하고 있었다. 작가의 건강을 걱정하는 한편으로, 그 끊임없는 고민과 연구가 느껴지는 대목이다.

한참 휴재 중이었던 《좋아하면 울리는》은 2020년 2월부터 다시 연재되기 시작했다. 작가님이 건강을 회복하시기를, 그리하여 기술이 바꾸어 놓은 세계의 어떤 모습을 마저 볼 수 있기를 간절히 기원한다.

✺ 붙임1. ✺

순정만화 속 BL(Boys Love), BL 속 SF

지금은 한국에서 SF를 쓴다는 것이 자연스럽고, SF를 전문적으로 취급하는 출판사들도 여럿 생겼다. 또한 대형 출판사에서도 SF 작가들을 포함한 앤솔로지를 기획하고, SF 전문 잡지가 생기는 등 SF를 발표할 수 있는 지면도 많이 늘어났다. 하지만 불과 몇 년 전까지만 해도 SF를 발표할 수 있는 공간은 극히 제한적이었다. 장편 소설을 낼 기회는 쉽게 오지 않았다. 몇몇 웹진 등에 발표한 단편들을 단편집으로 묶어 내고자 해도, 차라리 SF가 아닌 신작을 쓰면 어떻겠느냐는 제안이 들어오곤 했다. SF 단편들은 수요가 너무 적다는 이야기와 함께.

그러던 어느 날, 모 출판사의 PD님이 진지하게 얘기했다.

"BL을 써 보는 게 어때요?"

"한 번도 생각 안 한 분야인데요."

"생각해 봐요. 솔직히 말해 SF나 추리나 호러는 안 팔려요. 하지만 일단 두 남자가 만나서 갈등하고 사랑에 빠지기만 하면, SF든 추리든 호러든 BL로 팔 수 있다고요."

그건 그랬다.

순정만화와 SF 이야기를 한다는데 갑자기 BL이라니. 뜬금없게 들릴 수도 있다. 하지만 어떤 의미에서 현재의 BL은, 과거 순정만화라 불렸던 장르와 유사한 행보를 걷고 있다.

여성 작가가 여성 독자를 위해 그린 만화는 장르 불문, 순정만화라고 불렸다. "꽃 날리는 배경에 멋진 남자와의 사랑 이야기만 다룬다"는 편견으로 무시당하기도 하고, 순정지의 원고료는 소년지보다 적게 책정하는 등 대놓고 차별하는 경우도 많았지만, 그럼에도 불구하고 순정만화는 폭넓은 이야기를 담아내며 어떤 장르보다도 앞선 이야기들을 내놓았다.

그렇다면 BL은 어떨까. BL 역시 여성이 스스로 만들고 향유해 온 장르, 여성 작가가 여성 독자를 위해 쓴 소설이나 만화다. 1980년대 이후 아마추어 만화 동호회나 PC 통신의 여러 소모임에서는 종종 패러디를 통해 좋아하는 캐릭터를 재해석했다. 여기에 일본에서 유입된 야오이 문화, 아이돌 가수들을 주인공으로 하는 팬픽션 문화가 결합되며 BL이 정착했다. 남성간의 성애를 다룬다는 점에서 BL은 흔히 음지의 문화로 알려졌다. 하지만 전자책 시장이 확대되며, BL은 크게 성장했다. 2019년 한겨레 신문의 기사 「페미니즘 시대 '비엘' 논쟁 뜨거운 까닭은」에 따르면, 이미 BL은 전자책 시장의 메인스트림이고 대형 온라인 서점 및 전자책 전문 서점의 매출 성장률도 압도적이다. 비록 시작은 음지 문화였다 해도 BL은 과거 순정만화가 그랬듯이 최소한의 장르 규칙, 즉 여성이 쓰고 여성 독자가 읽으며, 이상화된 남성들의 성애를 다룬다는 규칙 안에서 다양한 이야기를 담아 내기 시작했다. 물론 SF를 포함해서.

그렇다면 BL에서 SF는 어떤 식으로 다루어질까. 개괄적으로 살펴보는 데는 키워드를 사용하는 것이 편리할 것이다. 키워드는 특정 작품에서 사람들의 흥미를 끌 만한 부분을 간략하게 단어로 정리한 것이다. BL과 로맨스 판타지, 로맨스를 포함하여 대부분의 웹소설의 소개란에 블로그의 태그, SNS의 해시태그처럼 단어의 앞에 #를 붙인 것이 바로 키워드다. 지금 웹소설에서는 빠르게 자기가 원하는 취향의 신간을 찾아보기를 원하는 독자에게 핵심적인 키워드를 제공하여 마케팅 포인트로 삼고 있다. 일상에 지쳐 잠시 스트레스를 풀기 위해 스낵컬처로서 웹툰이나 웹소설을 즐기려는 독자가, 취향에 맞지 않는 작품을 선택하여 오히려 스트레스를 받는 것을 막고, 굳이 미리보기를 들여다보지 않고도 원하는 주인공과 서사의 방향을 찾아 읽게 하는 것이다. 인기 키워드란 그 자체로 독자들의 욕망을 반영하는 것이다 보니, 이제는 키워드를 단순히 마케팅 단계에서 활용하는 것뿐 아니라, 아예 기획과 집필 과정에서도 인기 키워드를 염두에 두고 이야기를 구성하기도 한다.

그러면 BL에서 SF는 어떤 식으로 다루어질까? 여기서는 리디북스의 'BL 키워드로 검색하기' 메뉴를 이용하여 간단히 살펴보자. 2020년 5월 기준, 리디북스에서는 BL 만화에서 #한국BL, #BL판타지/SF, #ㅇㅇ버스 등의 키워드를, BL 소설에서 #SF/미래물, #ㅇㅇ버스, #오메가버스, #초능력 등의 키워드를 찾아볼 수 있다. 여기서 BL 만화와 소설을 따로 검색하고, 키워드가 나뉘어진 이유는 소설 쪽이 압도적으로 많기 때문이다. 특히 BL 만화 쪽에는 일본 작품이 훨씬 많아 #한국BL 이라는 키워드가 따로 있지만, BL 소설 쪽에서는 한국 작품이 많기 때문에 #한국BL 대신 #해외BL 키워드가 있다. 이렇게 키워드만 살펴보더라도 전반적인 분위기를 짐작할 수 있다. 엄밀히 말해 남성이 임신하고 아이를 낳는 세계관인 #오메가버스 역시 SF라고 볼 수 있지만, 이 장르는 이미 사극풍 판타지나 현대물과 결합된 경우가 많아 일단 제외한다.

BL 소설의 #SF/미래물을 살펴보자. 이 분류에는 2020년 5월 현재 230여 편의 국내 #SF/미래물이 있는데 지구에 재해가 일어나거나 대규모의 생화학 테러가 일어난 근미래 디스토피아나 군부물을 비롯하여 사이코메트리 능력을 지닌 검사, 국가 프로젝트에 동원되어 동성간의 임신 연구에 투입된 군인들, 안드로이드, 초능력자, 클론, 흡혈종, 수인 등 인간과 비슷하지만 차별받거나 떠받들어지는 존재들이 나오는 이야기 등 다양한 서사들을 확인할 수 있다. 물론 게임 판타지나 게임 빙의물 등 웹소설 전반에서 유행하는 요소를 적극적으로 사용하기도 하고, 퇴마나 종교, 포스트 아포칼립스 등이 결합되기도 한다.

BL 만화의 #BL판타지/SF 분류에는 2020년 5월 현재 50여 편의 만화/웹툰이 있다. 흡혈귀, 성적(性的) 지시가 날아오는 앱을 설치하며 벌어지는 이야기, 전대미문의 역병이 도는 세계, 초능력자들, 지구의 자원을 아끼기 위해 범죄자들을 추방해 모아 놓은 우주의 감옥 등, 여러 소재와 다양한 서사들이 엿보인다. 물론 이와 같은 소재와 서사는 많은 경우 두 남성 주인공, 흔히 공과 수로 불리는 주인공들을 만나게 하고, 종종 서로 원치 않았는데도 육체적 끌림을 얻게 하는 장치로 사용된다. 특히 SF적인 소재에서 디스토피아, 포스트 아포칼립스 등의 극단적인 배경은 주인공들의 감정을 더욱 고조시키고, 신분의 차이를 강조하거나 군인으로서 명령을 받아야 하는 경우 주인공들을 원치 않지만 필요에 따라 성관계를 갖도록 압박하는 데 사용된다. 초능력이나 흡혈종 등은 상대를 매혹시켜 자신의 뜻대로 움직이게 하는 식으로 전개되기도 한다. 다시 말해 BL에서 SF는, 주인공들이 좀 더 적극적으로 성애적 관계에 돌입하게 하는 장치로 종종 사용된다.

하지만 앞서 말했다시피, 현재의 BL은 과거 순정만화와 마찬가지로 많은 장르를 포괄하고 있다. 그리고 BL에서의 SF 요소가 오직 주인공들의 성애를 위해서만 존재한다고 단언하는 것은, 순정만화에서의 SF가 주인공이 멋진 남자 주인공과 연애를 하기 위한 배경으로 존재한다고 말하는 것만큼이나 편협한 주장이다.

그렇다면 소설과 만화, 웹툰을 어우르는 여러 국내 BL 중에서도, 의심의 여지 없이 순정만화 장르에 포함되는 작품들을 잠시 살펴보려 한다. 전통적인 분류의 잡지 순정만화에도 BL과 SF의 요소를 함께 포함하는 만화를 꾸준히 발표하는 작가들이 있다. 바로 『이슈』에서 활동하는 이시영과 『윙크』에서 활동하는 전유호다. 이들 잡지는 전연령가다 보니, 여기서의 BL 요소는 남성간의 구체적인 성애보다는 미묘한 관계성을 보여 주는 정도이지만, 이와 같은 요소가 순정만화 안에서 어떤 식으로 변주되었는지를 살펴볼 수는 있을 것이다.

이시영은 1995년 단행본 『환상의 게임』으로 데뷔했으며 이후 『Feel So Good』을 발표했고, 『이슈』에 『지구에서 영업 중』을 연재하기 시작했다. 고아원 출신의 진은 15년 만에 자신의 쌍둥이인 린과 재회한다. 그런데 예전에 자신은 피나리아 성 출신 외계인이고 "지구에서 영업 중"이라고 말했던 린은 그 사이 거대 기업 'Man to Man'의 회장님이 되어 있었다. 타인의 머리카락이 있으면 10분 동안 그 사람으로 변신할 수 있는 린, 그리고 상대의 기억을 읽고 조작할 수 있는 페몬 성인 타오는 사람들의 의뢰를 받아 지구인들의, 주로 사랑에 얽힌 사건들을 해결한다. 한편 린과 진, 그리고 린이 세상에서 유일하게 사랑했던 유나 씨의 비밀이 서서히 밝혀지면서, 린이 사실은 절대적인 신이 세상을 관찰하기 위해 능력을 부여한 특별한 외계인이었으며, 그가 사랑하고 배신당하며 어두운 진실을 보는 자로 바뀌었던 과거가 드러난다. 이 이야기는 외계인들 및 성별이 이리저리 바뀌는 인물을 포함하여 여러 미소년과 미청년들이 위험한 구도로 아슬아슬한 연애감정의 줄타기를 하는 듯 보이지만, 한편으로는 「선녀와 나무꾼」의 각색이며, 기억을 지우고 지워도 계속해서 만나는 운명적인 사랑과 배신에 대한 이야기이다.

이후 이시영은 『한눈에 반하다』에서 아무리 막으려 해도 결국은 다시 만나게 되는 질기고 질긴 운명적인 사랑에 대해, 씩씩한 소녀 반하다와 그 소꿉친구 진한새를 중심으로 풀어나간다. 물론 하다를 중심으로 모여드는 미소년들의 아슬아슬한 관계 역시 인기 요소였다. 이후 『네가 있던 미래에선』에서는, 병으로 사람이 죽는 일 자체가 희귀해진 미래의 네오테라를 배경으로, N 바이러스라는 불치병에 걸린 '반도의 악마' 토비아스 키르네와, '스노브'라 불리는 귀족들의 돌봄과 간병을 맡는 호스피스 '렌즈맨' A.27, 그리고 사이브리드 단테의 관계를 그려낸다. 이 이야기는 '악수'가 단순한 인사가 아니라 모든 것을 줄

만큼 각별하다는 뜻으로 바뀔 만큼 사람들의 문화가 바뀐 미래다. 사람들의 분신이나 다름없는 사이브리드, 초호화 비행선, 공감각실에서 상대방과 교신하는 '동기화', 과거 회상 장면 대신 사용되는, 개인의 일거수일투족을 찍은 '다큐봇' 등, 소소해 보이지만 확실하게 현재와는 다른 미래의 생활상이 펼쳐진다. 이런 구체적인 미래를 배경으로, 성격 나쁜 귀족 청년 토비아스는 죽음을 앞두고 버킷 리스트를 수행한다며 A.27과 단테에게 떼를 쓰고 억지를 부리며 하고 싶은 일은 다 하고 지낸다.

  이시영의 만화는 얼핏 보기에 가벼워 보인다. 주로 섬세한 미소년들 사이에 벌어지는 밀고 당기는 감정의 줄다리기와, 당대의 유행을 적극 반영한 인물들의 대화, 그리고 스타일리시하면서도 일면 사람의 살갗이 닿았다 떨어지는 끈적함이 느껴지는 감각적인 그림체 덕분에, 진지하고 심각한 이야기조차도 조금 폼을 잡고 껄렁거리는 듯한 느낌이 들게 만든다. 하지만 이와 같은 가벼운 분위기 덕분에 이시영은 죽음이나 운명적인 사랑, 그리고 질척거리는 인간 관계에 대한 묵직한 이야기를 독자에게 좀 더 깊숙이 전할 수 있었다. 작가는 자기 작품들 사이의 세계관을 서로 연결하여, 창조한 캐릭터들을 한 번만 사용하는 대신 여러 작품에 등장시키고, 스핀오프를 발표하며 캐릭터들의 생명을 살려 왔다. 작품 세계를 그렇게 확장시켜 온 작가에게 있어 SF적인 요소는, 현실적이다 못해 질척거리는 인간 관계를 다루면서도, 이것을 현실과 붕 떠 있는 이미지로 만들기 위한 도구로 보인다. 토비아스 키르네가 자신은 머지 않아 죽으니 버킷 리스트를 수행해야겠다며 아무리 생떼를 써도, 설마 이렇게 기술이 발달한 미래인데 죽겠냐 하고 가볍게 페이지를 넘길 수 있을 만큼. 그리고 이야기 결말부에서, 가볍게 지나갔던 장면들이 모여 날리는 한 방은 퍽 묵직하다. 이시영의 만화에서 SF는, 현실에 아주 가깝게 두고 말하기에는 너무 무거운 이야기들을 거리를 두고 이야기할 수 있게 만드는 장치다.

이야기를 펼쳐내는 데 다양한 시공간을 사용한다는 면에서는 전유호도 이에 못지 않다. 전유호는 BL 잡지를 표방했던 『뷰티풀 라이프』 1호에 단편 「Ghost」(2007)를 발표하며 데뷔한 이래, 같은 잡지에 황태자 아델라원과 그의 수호 기사인 릭트 제네지오가 황립 학교에서 사랑과 우정과 오해와 각종 음모에 휘말리는 연작들을 선보였다. 이 이야기는 서울문화사에서 첫 단행본 『Zelo』(2011)로 발간되었다.

이후 전유호는 이코믹스에서 『코어 스크램블』(2011)을 연재한다. 이차원과 연결되는 통로인 '홀'이 서울 여기저기에 나타나고 몬스터 '버그'가 출몰하자 이를 막기 위해 모인 마력 보유자들의 조직 클라러스 오비스의 이야기를 다룬 전형적인 SF 배틀물이다. 주인공 채언은 클라러스 오비스 소속으로 상사 가운을 동경하고 있다. 그런 채언 앞에 무법 집단 검은 올빼미 소속의 문후라는 남자가 등장한다.

초능력 면에서도 물리력 면에서도 『코어 스크램블』의 남자들은 강하다. 섬세하고 신경질적인 이시영의 남자 주인공들과는 다르다. 이시영의 남자 주인공들은 초능력을 지니거나 힘을 사용할 수 있다고 해도, 기본적으로 선이 가늘며 심리적인 약점이 크다. 답답한 일이 있더라도 비밀을 품어 안고 혼자 괴로워할 것 같은 남자들이다. 하지만 전유호의 남자 주인공들은 다르다. 이들도 고민을 하지만, 좀 더 솔직하고 호방하다. 자신의 강함을 알고, 그 힘으로 싸워 나가며 이야기의 갈등들을 풀어 낸다. 동양풍의 고전적 배경이었다면 영웅호걸이라는 말을 들을 만한 인물들이다. 그렇게 이 세계의 문제들을 해결하거나 만들어 낼 힘을 지닌 강한 남자들은 배틀을 벌이며 서로를 의식하고, 관계 맺기를 시도한다.

이후 전유호는 하늘의 셀라인즈, 숲의 베넘, 사막의 웰츠민, 바다의 퀘잔이라는 네 종족이 살고 있고, 마법과 주술, 그리고 몬스터가 출몰하는 넥시오라는 세계를 배경으로 하는 『넥시오』(2013)를 발표한다. 셀라인즈 종족의 전사이자 대사제로부터 성물을 되찾아오라는 명령을 받은 세피오와 그 성물을 훔쳐 간 베넘 종족의 맥스. 이 두 사람은 죽음의 결속으로 묶여 있으며, 만나자마자 서로에게 강렬하게 이끌린다. 현재 연재 중인 『언브레이커블 마스터』(2018)도 마찬가지다. 나루는 성격 좋은 평범한 대학생이지만 어릴 때부터 조금만 평정심을 잃으면 만지는 모든 것들이 망가지고 부서지곤 했다. 그러던 중 깨다 깨다 못해 남의 결계까지 깨 버려 뒤틀린 공간 속에 들어가 버린 나루는 그 결계의 주인인 태헌과 마주친다.

전유호의 만화에서는 강한 힘과 순진한 심성을 지닌 남자 주인공이, 역시 그에 못지않은 힘을 지녔으며 노련하지만 사연 있는 남자와 만나며 이야기가 시작된다. 그리고 평범한 세계에서는 어지간해선 만날 수 없을 이런 영웅호걸들은, SF나 판타지 혹은 19세기 유럽의 왕실 분위기를 빌려 온 낯선 세계 안에서 자연스럽게 만나고 충돌한다. 이 세계는 청결하게 소독약 냄새가 날 것 같은 세계가 아니라, 치열한 싸움 끝에 목덜미가 땀으로 젖고 쓰러뜨린 적의 피 냄새가 풍길 것 같은 세계다. 그 세계 안에서, 가장 강한 남자들은 종종 작가의, 그리고 이야기를 읽는 독자의 시선에서 솔직한 욕망의 대상으로 그려진다. 전연령가 잡지에 실리다 보니 직접적인 장면은 나오지 않지만, 이들의 근육과 강한 힘, 그리고 절절한 관계성은 그야말로 "독자님들 보기에 좋았더라"라고 요약할 수 있는, 욕망의 집결체다. 여자들을 위한 만화이기에 이렇게까지 남자들을 대상화할 수 있다는 것을 실감하게 하는 것이다.

최근 들어 BL에 대한 페미니즘적 비판들도 나오고 있다. 남성 캐릭터만 등장하고 여성 캐릭터를 배제한 BL은 남성 중심적 서사가 아닌가, BL의 공-수 관계 역시 종종 관계에 의한 위계가 정해져, 현실에서 남성과 여성의 차별이나 권력 관계를 반영하는 것이 아니냐는 이야기다. 한국과 일본의 BL을 연구해 온 김효진 서울대 일본연구소 교수는 『여성 문학 연구』 47호 (2019)에 수록한 「페미니즘의 시대, 보이즈 러브의 의미를 다시 묻다: 인터넷의 '탈BL' 담론을 중심으로」에서 이에 대해 "BL 비판과 BL 옹호라는 두 입장 모두 '페미니즘'이라는 틀 안에서 이루어지고 있다"고 설명한다. 비판적 측면에서는 남성 캐릭터들간의 관계를 소비하고 여기 이입하며 여성 캐릭터를 배제함으로써 '현실 사회의 여성 혐오(misogyny)를 반영'하고 있다고 지적하며, 옹호하는 측면에서는 여성이 주체적으로 창작하고 소비하는 대중 매체라는 점을 강조한다. 한편 이와 같은 탈BL을 주장하는 계층이 가장 적극적으로 BL을 소비하던 젊은 여성으로, 페미니즘적 자기 성찰을 통해 탈BL의 계기를 찾는다는 점도 지적했다. 이런 점에서 BL이 앞으로도 다양한 장르를 담아 내며 활발하게 창작되고 소비될 것인지에 대해서는 의문이 있다. 하지만 적어도 현재까지, BL은 여성의 욕망에 가장 솔직하고 충실하게 다가갔던 장르이며, SF가 지금처럼 대중적이지 않았을 때에도 SF로 장편 서사를 창작할 길이 열려 있을 만큼 다양한 소재가 받아들여진 장르이기도 하다. 김효진 교수가 말한 대로 "1990년대 이후 약 30년에 걸쳐 한국에서 여성이 주도하는 문화적 실천으로서 BL이 수용되고 발전해 온 상황"에서, 한국 SF의 역사를 이야기할 때 BL에 대한 부분을 빼놓고 가는 것은, 역시 한국 만화나 SF의 역사에서 순정만화를 배제하고 갔던 것처럼 무척 게으른 논리일 것이다.

✳ 붙임2. ✳
어디서 이 작품들을 읽을 수 있을까(2020년 5월 기준)

1980~1990년대의 순정만화들은 구하기 쉽지 않다거나 찾아보기 어렵다고 하지만, 의외로 적지 않은 작품들이 온라인에서 서비스되고 있다. 한국 순정만화 속 SF 작품들과, 순정만화의 맥을 잇는 여성 작가의 SF 웹툰들 중에서 이 책에서 다룬 작품들과, 자세히 설명하진 못했지만 이 책을 쓰며 다시 읽은 작품들 위주로 52편을 골라 보았다.

작가	제목	종이책	네이버 시리즈	다음 카카오	저스툰 코미코	리디북스	기타
강경옥	노말 시티	○	○	○	○		
	라비헴 폴리스	○					
	별빛속에	○					레진코믹스
	설희	○	○	○	○	○	
	펜탈+샌달	○					
골드키위새	죽어도 좋아	○		○			
권교정	매지션	○	○			○	
	제멋대로 함선 디오티마	○					
김우현	밀레니엄	○	○	○	○	○	
김진	러브메이커	○	○			○	
	푸른 포에닉스	○					
	푸른 포에닉스 외전 - 레테		○	○		○	
	푸른 포에닉스 외전 - 호모 루덴스		○				

작가	제목	종이책	네이버 시리즈	다음 카카오	저스툰 코미코	리디북스	기타
김혜린	아라크노아	○	○	○	○	○	
네온비 피토	세기의 악녀		○				봄툰
민송아	나노리스트		○				
	좀비가 있어도 여고생은 잘 살고 있어요♥		○	○	○	○	
박소희	궁	○					
뻥	그리고 인간이 되었다						레진코믹스
	뻥 단편선			○	○		
서문다미	END	○					
	루어	○	○	○	○	○	
수신지	곤 GONE	○					페이스북 인스타그램
신일숙	1999년생	○	○	○			
	나무 박사를 찾아서	○	○	○			
	나의 이브	○	○	○			
	지구에서 온 여자		○				
	카야	○		○			
신지상 오은지	리버트 디디		○	○	○	○	
양여진	세인트 마리	○	○				
원수연	휴머노이드 이오	○	○		○		
원혜정	오늘은 조선 한양에서	○	○	○	○	○	
유시진	꽃밭에서		○				
	아웃사이드	○					
	폐쇄자 The Closer	○					
이미라	남성 해방 대작전	○	○				

작가	제목	종이책	네이버 시리즈	다음 카카오	저스툰 코미코	리디북스	기타
이보배	이블자블 대소동						한국만화박물관, "보물섬" 1991년 9월호~ 1993년 2월호
이시영	네가 있던 미래에선	○	○	○	○	○	
	지구에서 영업 중		○	○	○	○	
이정애	열왕대전기	○	○	○	○	○	
임주연	소녀교육헌장	○	○	○	○	○	
	씨엘 Ciel - The Last Autumn Story	○	○	○	○	○	
	천년도 당신 눈에는	○				○	
전유호	언브레이커블 마스터	○	○	○	○	○	
	코어 스크램블	○	○	○	○	○	
전혜진 김락현	리베르떼	○	○	○	○	○	
지애	에이리언 아이돌	○			○		
차경희	걸스 온 탑	○	○		○	○	
천계영	좋아하면 울리는			○			
허윤미	당신만의 앨리스	○	○	○	○	○	
황미나	레드문	○	○	○	○	○	
	파라다이스	○	○				

※ 단행본 출간작의 경우 현재 절판된 경우도 포함하였다.
※ '기타'는 종이책을 제외하고 유일하게 온라인 서비스되는 경우, 독점 연재 등만 별도 기재하였다.

✸ 작가의 말 ✸

SF 작가라면 대체로 싫어하는 "한국 SF 불모지론"이나, 순정만화를 오래 읽어 온 독자들이 대체로 기함하는 "순정만화는 비현실적인 사랑 이야기를 다루는 장르" 같은 말이 나올 때마다, 나는 꾸준히 그런 말을 해 왔다. 가서 한국 순정만화 중 SF 작품들을 한번 읽어 보라고.

하지만 추천을 하려고 해도 쉽지 않았다. 순정 SF 만화에 대한 이야기들이 나오면 『별빛속에』를 위시하여 몇몇 작품만 드문드문 나오다가 이야기가 끊어지곤 했다. 거장들의 작품, 단행본으로 나왔다가 절판된 뒤에도 다시 애장판이 나오곤 하던 작품들이 아니면 논문은 고사하고 평론도 찾아보기 어려웠다. 그렇다고 SF 평론 쪽에서 이 분야를 좀 더 이야기해 주기를 바라기에는, 이 분야의 규모가 아직 너무 작았다. 간혹 순정 SF 만화들에 대해 언급하는 내용도 『별빛속에』, 『레드문』과 같은 완결이 난 대형 작품에 국한되는 것을 보고 조바심이 났다. 시기상조였지만, 누군가는 이야기를 하고, 기록을 남겨야 했다. 어떤 것들은 기록하지 않으면 빠르게 사라지고 잊힌다. 논문으로, 평론으로, 혹은 물성을 지닌 책으로, 언젠가 SF 평론 분야가 더 성장한 다음에, 순정 SF 만화를 다룰 때 이 작품들을 우선 읽어봐 주면 좋겠다고, 그 목록만이라도 만들어야 했다.

그리고 문득 생각했다. 적어도 현재로서는, 그 일을 할 수 있는 사람이 바로 나였다.

SF 작가이자, 만화 잡지 『이슈』에 SF 만화를 연재한 순정만화 스토리 작가. 내가 정리할 수 없다면 적어도 지금은 누구도 이 기록을 남길 여력이 없을 것이다. 그래서 썼다. 30퍼센트 정도는 내가 사랑한 작품들에 대한 절절하고 열렬한 애정을 담아서, 30퍼센트 정도는 그런 작품들이 종종 여자들의 작품이라 홀대당하고, 기록되지 않고, 지워지고 잊히고 중간에 잡지가 망해서 중단되거나, "순정만화 치고는 훌륭하다"는 칭찬 같지 않은 소리를 듣거나, 몇몇 SF 팬들에게 무시당하던 것에 대한 원한과 울분과 억울함으로, 그리고 40퍼센트는 누군가 해야 한다면 내가 하고 말겠다는 의무감으로.

이 책은 학술적인 목적으로 쓰여진 논문도, 심도 있게 전문적으로 분석한 평론도 아니다. 굳이 말하자면 이 작품들을 보고 자란 작가가 쓴 리뷰로 분류해야 할 것이다. 리뷰란 사뭇 사사로운 기록에 불과할 수도 있지만, 그럼에도 이 책에 적어도 한 가지의 의의는 있을 것이라 생각한다. 『별빛속에』에서 시작하여 거장들의 시대를 거쳐, 한국 순정만화를 읽고 자란 세대가 다시 작가가 되어 그려 낸 순정 SF들과, 다시 이 작품들을 읽고 자랐을 세대가 한국의 SF를 쓰고 있는 지금에 이르기까지, 1987년에서 2020년까지의 서른세 해에 걸쳐, 놓쳐선 안

될 작품의 목록들을 만들어 보았다는 것. 한국 순정 SF로 분류할 수 있는 작품 전부를 이 책에서 다루고 언급하진 못했지만, 적어도 언젠가 SF 평론의 세계가 만화와 웹툰의 영역에까지 닿았을 때, 이 책이 그 역사를 되짚어보기 위한 불완전한 첫 번째 이정표가 될 수 있었으면 한다.

 이 책에서 리뷰한 작품을 쓰고 그려 주신 모든 작가님들께 경의를 표한다. 현재 한국 SF계에서 여성 작가들이 약진하는 데는, 전면에 드러나 보이지는 않았더라도 순정 SF의 꾸준한 흐름이 뒷받침되어 왔을 것이라 믿고 있다. 이 책이 나올 때까지 꾸준히 도움을 주셨던 구픽 김지아 대표님, 애정어린 조언을 해 주신 손진원 평론가님, 황금숲토끼님, 만화가 김현희 작가님, 다드래기 작가님, 양여진 작가님, 임주연 작가님, 전유호 작가님, SF 작가 배미주 작가님, 송경아 작가님께 감사드린다. 내가 만드는 이야기가 소설뿐 아니라 '순정만화'의 장르 안에 충분히 포함된다는 것을 가르쳐 준 『이슈』 편집부와 손현주, 김유진 님께도, 이 자리를 빌어 지난 14년을 소급하여 감사의 인사를 전하고 싶다. 그리고 무엇보다도, 세상 누구보다도, 나의 '선생님'께도.

2020년 5월 전혜진

✹ 참고문헌 ✹

이지용, 『한국 SF 장르의 형성』, 커뮤니케이션북스, 2016
박인하, 김낙호, 『한국현대만화사 1945~2019』, 두보북스, 2012
박인하, 『누가 캔디를 모함했나』, 살림, 2000
김소원, 『만화웹툰작가 평론선-김진』, 커뮤니케이션북스, 2018
김은혜, 『만화웹툰작가 평론선-신일숙』, 커뮤니케이션 북스, 2019
김소원, 『만화웹툰작가 평론선-강경옥』, 커뮤니케이션북스, 2019
한상정, 『만화웹툰작가 평론선-김혜린』, 커뮤니케이션북스, 2018
이기진, 『만화웹툰작가 평론선-황미나』, 커뮤니케이션북스, 2018
김은정, 『만화웹툰작가 평론선-네온비』, 커뮤니케이션북스, 2018
조영주, 『한국 순정만화 작가 사전』, 파사주, 2018
박인하, 『시대를 읽는 만화』, 이런책, 2019
최샛별, 최흡, 『만화! 문화사회학적 읽기』, 이화여자대학교 출판부, 2009
박상준 외, 『한국 창작 SF의 거의 모든 것』, 케포이북스, 2016

장진영, "한국만화에서 느끼는 '재미'와 '현실'의 연관연구", 『만화애니메이션연구』, 한국만화애니메이션학회, 통권 제25호(2014)
김효진, "페미니즘의 시대, 보이즈 러브의 의미를 다시 묻다: 인터넷의 '탈BL' 담론을 중심으로", 『여성문학연구』, 한국여성문학학회, 47권(2019)
윤선희, "소녀들의 감성으로 본 과학: 소녀 만화에 나타난 과학에 대한 성찰성", 『과학기술학연구』, 한국과학기술학회, 통권 제28호(2014)
김낙호, "진행형 영혼-『제멋대로 함선 디오티마』", 「기획회의」, 한국출판마케팅연구소, 2008.03.01.
김은미, "세대별로 살펴본 순정만화의 페미니즘적 성취", 『대중서사연구』, 대중서사학회, 13호(2005)
서은영, "순정 장르의 성립과 순정만화", 『대중서사연구』, 대중서사학회,

21호(2015)

김소원, "소녀 잡지의 등장과 순정만화의 장르 확립", 『대중서사연구』, 대중서사학회, 22호(2016)

김효진, "요시나가 후미의 오오쿠(大奥)", 『일본비평』, 서울대학교 일본연구소, 6권 2호(2014)

미르기닷컴, "보유하고 있는 한국 만화잡지의 '발행순서' 정리", http://blog.daum.net/mirugi/6347539

아트인사이트, "키워드로 읽는 웹소설", https://brunch.co.kr/@artinsight/355

두고보자 작가 인터뷰, "컴온의 양여진 작가와 주고받은 이야기들", http://www.dugoboza.net/no004/interview/yang.htm

두고보자 작가 분석, "외로운 폐쇄자 유시진", http://www.dugoboza.net/no004/creator/usijin1.htm

min4rin 인스타그램, https://www.instagram.com/min4rin/

GONE 곤 인스타그램, https://www.instagram.com/noh.family

"영화 '2009…' 지재권 침해" 소설가 복거일씨 손배訴, 「동아일보」, 2002.2.17.
http://www.donga.com/news/article/all/20020217/7788871/1

〈〈2009 로스트 메모리즈〉, 〈비명을 찾아서〉 저작권 소송〉. 「씨네21」, 2002.12.23.
http://www.cine21.com/news/view/?mag_id=15973

"MBC '궁S' 제호 논란 마무리", 「연합뉴스」, 2007.1.25.
https://entertain.naver.com/read?oid=001&aid=0001529870

"비상하는 한국의 창작 SF 남아있는 과제는", 「고대신문」, 2019.10.16
https://www.kunews.ac.kr/news/articleView.html?idxno=30925

"유명 만화가 천계영, 손 대신 목소리로 만화 그리는 이유",

「매일경제」, 2019.7.8.
https://www.mk.co.kr/news/society/view/2019/07/497023/
"관행이라며 저작권 편취, 미성년 작가 착취한 레진 코믹스",
「서울경제」, 2018.12.6
https://www.sedaily.com/NewsVIew/1S8CZK7RJO
"만화〈주희주리〉에 가해진 자체검열",「딴지일보」, 2003.3.24.
http://www.ddanzi.com/ddanziNews/607558
"페미니즘 시대 '비엘' 논쟁 뜨거운 까닭은",「한겨레」, 2019, 5.17
http://www.hani.co.kr/arti/culture/book/894266.html
"'오메가패치' 처벌 가능성은",「머니투데이」, 2016.7.8
https://news.mt.co.kr/mtview.php?no=2016070713088234717
"그루밍: 미성년 성폭력 절반 해당하는 '그루밍 성범죄'는 무엇?",
「BBC 코리아」, 2018.11.9.
https://www.bbc.com/korean/news-46148607
"너를 만났다: '가상현실' 속 그리운 사람과의 재회, 대중화 가능할까",
「BBC 코리아」, 2020.02.14.
https://www.bbc.com/korean/news-51498614
노수인, "어설픈 뒤집기의 씁쓸함, 이미라의『남성해방 대작전』",
「스토리 오브 서울」, 1999.7.1.
http://www.storyofseoul.com/news/articleView.html?idxno=335
김민예숙, "'여성 혐오', 누구의 관점인가?",「한겨레」, 2017.1.8.
http://www.hani.co.kr/arti/opinion/column/777830.html#csidxe641fe09e3f0b9fae87921bb6cb3a44
김보영, "종교와 SF, 이질적 장르의 환상적 만남",「한국일보」, 2017.8.12.
https://www.hankookilbo.com/News/Read/201708120479050442
박인하, "『사일런트 리밋』의 이정애 절필 선언",「씨네21」, 2002.1.17.
http://www.cine21.com/news/view/?mag_id=6886

성상민, "지워진 작가의 자리: 출판만화는 왜 몰락했을까",
「슬로우뉴스」, 2017.7.14.
http://slownews.kr/64719
이미숙, "디지털 영생 시대", 「문화일보」, 2020.3.2.
http://www.munhwa.com/news/view.html?no=2020030201073011000002
성상민, "웹툰 '며느라기' 작가가 오픈마켓으로 간 이유",
「미디어오늘」, 2019.7.13
http://www.mediatoday.co.kr/news/articleView.html?idxno=201162
박성환, "길이 달라 보여도 하나로 통한다? 불교와 SF의 융합이 제시하는 비전", 「크로스로드」 웹진, 2020.5.
http://crossroads.apctp.org/myboard/read.php?Board=n9998&id=1249&s_para4=0027
KOSIS 국가통계포털, 시/도 출산순위별 출생성비
http://kosis.kr/statHtml/statHtml.do?orgId=101&tblId=DT_1B81A19&conn_path=I2

순정만화에서
SF의 계보를 찾다

1판 1쇄 인쇄 2020년 6월 15일
1판 1쇄 발행 2020년 6월 25일

지은이   전혜진

발행인   김지아
표지 및 본문디자인   진다솜
펴낸곳   구픽
출판등록   2015년 7월 1일 제2015-27호
주소   서울시 광진구 동일로 459, 1102호
전화   02-491-0121
팩스   02-6919-1351
이메일   guzma@naver.com
홈페이지   www.gufic.co.kr

ⓒ 전혜진, 2020

ISBN 979-11-87886-49-5 03800

* 이 책은 구픽이 저자와의 계약에 따라 발행한 것이므로 본사의 서면 허락 없이는 어떠한 형태나 수단으로도 이 책의 내용을 이용하지 못합니다.
* 책값은 뒤표지에 있습니다.
* 파본은 구입하신 서점에서 교환해드립니다.